宽 容

〔美〕亨德里克·威廉·房龙 著

刘成勇 译

中华书局

图书在版编目(CIP)数据

宽容/(美)亨德里克·威廉·房龙著;刘成勇译. —北京:中华书局,2022.5
(国民阅读经典)
ISBN 978-7-101-13465-0

Ⅰ.宽… Ⅱ.①亨…②刘… Ⅲ.思想史-世界 Ⅳ.B1

中国版本图书馆 CIP 数据核字(2018)第 231767 号

书 名	宽 容	
著 者	〔美〕亨德里克·威廉·房龙	
译 者	刘成勇	
丛 书 名	国民阅读经典	
责任编辑	林玉萍	
出版发行	中华书局	
	(北京市丰台区太平桥西里 38 号 100073)	
	http://www.zhbc.com.cn	
	E-mail:zhbc@zhbc.com.cn	
印 刷	三河市航远印刷有限公司	
版 次	2022 年 5 月第 1 版	
	2022 年 5 月第 1 次印刷	
规 格	开本/880×1230 毫米 1/32	
	印张 11¾ 插页 2 字数 245 千字	
印 数	1-4000 册	
国际书号	ISBN 978-7-101-13465-0	
定 价	35.00 元	

出版说明

在二十一世纪的当代中国，国民的阅读生活中最迫切的事情是什么？我们的回答是：阅读经典！

在承担着国民基础知识体系构建的中国基础教育被功利和应试扭曲了的今天，我们要阅读经典；当数字化、网络化带来的"信息爆炸"占领人们的头脑、占用人们的时间时，我们要阅读经典；当中华民族迈向和平崛起、民族复兴的伟大征程时，我们更要阅读经典。

经典是我们知识体系的根基，是精神世界的家园，是走向未来的起点。这就是我们编选这套《国民阅读经典》丛书的缘起，也因此决定了这套丛书的几个特点：

首先，入选的经典是指古今中外人文社科领域的名著。世界的眼光、历史的观点和中国的根基，是我们编选这套丛书的三个基本的立足点。

第二，入选的经典，不是指某时某地某一专业领域之内的重要著作，而是指历经岁月的淘洗、汇聚人类最重要的精神创造和知识积累的基础名著，都是人人应读、必读和常读的名著。

第三，入选的经典，我们坚持优中选优的原则，尽量选择最好的版本，选择最好的注本或译本。

我们真诚地希望，这套经典丛书能够进入你的生活，相伴你的左右。

中华书局编辑部

二〇一八年五月

目|录

Tolerance

序 言　*I*

第一章　无知的暴政　*I*

第二章　希腊人　*II*

第三章　束缚的开始　*47*

第四章　众神的黄昏　*59*

第五章　囚禁　*79*

第六章　生活的纯洁　*89*

第七章　宗教法庭　*99*

第八章　求知的人　*119*

第九章　向印刷文字开战　*133*

第十章　关于一般历史的写作和本书的特殊性　*141*

第十一章　文艺复兴　*145*

第十二章　宗教改革　*153*

第十三章　伊拉斯谟　*167*

第十四章　拉伯雷　*183*

第十五章　旧时代的新招牌　*193*

第十六章　再洗礼教徒　*213*

第十七章　索兹尼叔侄　*223*

第十八章　蒙田　*233*

第十九章　阿米尼乌斯　*239*

第二十章　布鲁诺　*249*

第二十一章　斯宾诺莎　*257*

第二十二章　新的天国　*271*

第二十三章　太阳王　*285*

第二十四章　腓特烈大帝　*291*

第二十五章　伏尔泰　*295*

第二十六章　百科全书　*315*

第二十七章　革命的不宽容　*323*

第二十八章　莱辛　*333*

第二十九章　汤姆·佩因　*347*

第三十章　最近一百年　*353*

序　言

人们幸福地生活在安宁无知的山谷中。

永恒的山脉向四周绵延。

知识的小溪缓缓地流过破烂不堪的山间溪谷。

它从昔日的山脉中流出来。

它消失于未来的沼泽之中。

虽然它只是一条不能与江河相比的小溪，但是与求之甚少的村民们的需要相比，它就是一条大河。

傍晚来临，村民们让牲口饮饱水，灌满水桶，满足地坐下来尽情享受一天中最悠闲的时光。

整天坐在阴凉的角落中，对着一本内容神秘的古书沉思不解的老人们此时也被搀扶出来。在人们的眼中他们是无所不知的。

这时他们会对着孙辈们说一些古怪的话，而孩子们心里却只想着去玩那些从遥远的地方捡来的鹅卵石。

他们口中吐出的话通常令人费解。

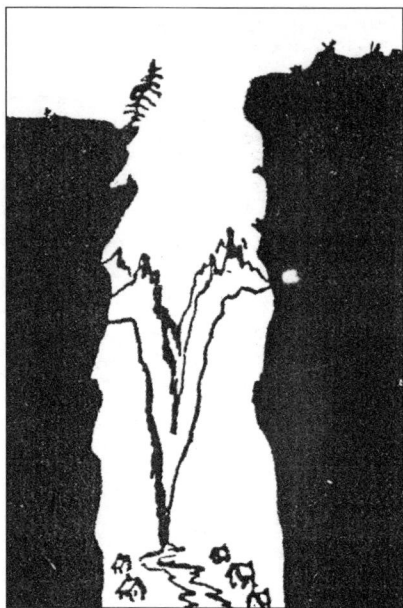

无知山谷

　　但是这些内容来自一千年前一个不知名的民族所写的书中，因而也是神圣的。

　　在无知山谷中，凡是古老的东西都受到尊敬。那些胆敢否认祖先智慧的人必会受到所有正派人的冷落。

　　生活在山谷中的人们就这样来维持他们的秩序。

　　恐惧时时伴随着他们，担心如果不能共享园中的果实怎么办？

　　夜晚来临时，一些模糊不清的故事悄悄地在小镇狭窄的街巷里流传着，是讲述那些敢于提出疑问的男男女女的故事。

　　故事中的男男女女向山外走去，再也没有出现过。

　　一些人试图攀登那遮天蔽日的悬岩峭壁。

　　而他们的白骨却永远留在了山崖之下。

岁月在年复一年中流逝。

人们依然幸福地生活在安宁的无知山谷中。

在一个漆黑的夜晚，一个人艰难地移动着。

他手上的指甲已经磨破了。

他的双脚缠着破布，由于长途跋涉而浸透了鲜血。

他艰难地来到最近的一间小屋前，费力地敲敲门。

然后就昏倒了。借着微弱的烛光，他被抬进了小屋。

早晨，"他回来了"的消息就在村子里传开了。

邻居们围拢着他，摇头叹息。他们早就明白有这样的结局。

对于敢于走出山脚的人，等待他们的只有失败和屈服。

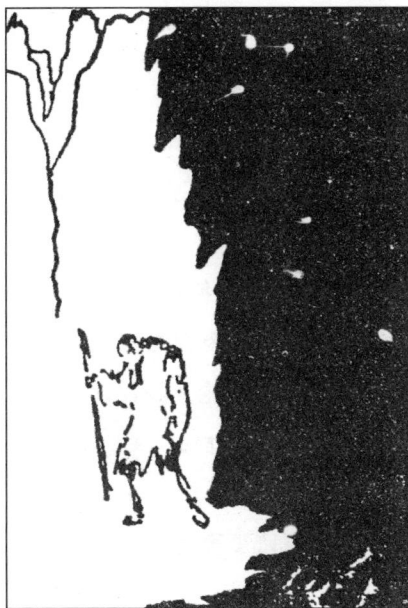

孤独的漫游者

在村中的一角，老人们摇着头，嘴里吐出一些恶狠狠的话。

他们并非生性残忍，但是律法就是律法。这个人严重地违背了老人们的期望。

一旦他的伤口愈合了，就必须遭到审判。

老人们本想宽厚地对待他。

因为他们依然记得他的母亲那双陌生的愤怒的眼睛，更不会忘记他的父亲30年前在沙漠中失踪的悲剧。

但是，律法就是律法，必须遵守。

老人们就是律法的捍卫者和执行者。

老人们将漫游者抬到市场，人们围拢在一起，心中充满了敬畏，不敢言语。

由于饥渴，他还很虚弱，老人们命令他坐下。

他拒绝了。

他们命令他闭嘴。

但是他偏要说话。

他别过脸不去理会老人们，眼睛搜寻着不久前还是他的同志的人们。

"听我说，"他恳求道，"听我说，你们会感到振奋的。我刚从山外回来，我的双脚踏上了一片新的土地，我的双手接触了其他的民族，我的双眼饱览了神奇的景致。"

"在我孩提时代，我的整个世界就是我父亲的园子。

"自古以来，四周只有绵延的山脉。

"当我问山那边是什么时，只有阻止我的嘘声和急速的摇头。如果我还是固执己见，就会被带到岩石边去看那些敢于挑战上帝的人的累累白骨。

"我喊道：'骗人！上帝热爱勇敢的人！'老人走过来，对着我读起他们的圣书。他们解释道，天上人间的万事万物预先就有规定好的法则。我们生活的山谷归我们所有，由我们掌管。野兽、花朵、果实和鱼类都由我们来统治，都得按照我们的旨意办。但是山脉是上帝的。山外有什么永远是个谜，直到世界末日来临，也不会为人所知。

"他们说的这些话都是谎言。他们对我撒谎，也同样对你们撒谎。

"在山外的那些山中有牧场和同样肥沃的牧草，生活着与我们一样有血有肉的男女，那些城市拥有人们经过千年劳动创造的辉煌的历史。

"我找到了通往更加美好的家园之路，我已经看到了充满希望的幸福生活。跟我走吧，我带领你们去那幸福的地方。上帝的微笑不只是在这里，他的微笑无处不在。"

当他停下来时，突然爆发了恐怖的怒吼声。

"亵渎！"老人们怒吼着，"亵渎，这是对神圣的亵渎！给他的罪以应有的惩罚吧！他已丧失理智，他竟敢蔑视一千年前写下的律法，他罪该万死！"

人们举起沉重的石头向他砸去。

人们杀死了他。

人们将漫游者的尸体扔到了山崖脚下，以警示所有胆敢怀疑祖先智慧的人们。

过了不久，山谷遭遇了一场特大干旱。知识的小溪干枯了，牲口渴死了，田地里的庄稼枯萎了，无知山谷到处都是饥荒。

但是，老人们并没有丧失信心，他们预言一切最终都会好的，因为圣书中是这样写的。

而且，他们本身对食物的需求就很少，因为他们非常老了。

冬天来临了。

村子里一片荒芜的景象。

大部分村民都在这场可怕的天灾所导致的饥荒中死去。

幸存者把惟一的希望寄托于山外的世界。

但是律法上却写道："不行。"

可怕的冬天

并且律法必须要遵守。

一天夜里，爆发了一场叛乱。

绝望鼓起了那些曾因恐惧而一直不敢反抗的人们的勇气。

老人们无力地反对着。

他们被推到了一旁，他们因此抱怨他们的命运，悲叹孩子们的忘恩负义。但是当最后一辆马车离开村子时，他们却拦住了车夫，并强行让他将他们一起带走。

向一个未知的地方进发的旅程开始了。

这时距离探索者返回山谷，已经过去了许多年。再要找到他曾经做过标记的道路已经很困难了。

在艰难地找到第一个石堆路标之前，已经有数以千计的人死于饥渴。

此后的旅程顺利了许多。

细心的先驱者在丛林乱石中用火烧出了一条清晰的道路。

人们踏着先驱者的足迹从容地来到了处处都是绿色牧场的新世界。

人们默默地相视着。

"最终他是对的，"人们说道，"他是对的，老人们错了……"

"他讲的是真话，而老人们撒了谎。"

"他的尸骨还在山崖下腐烂，而老人们却坐在我们的车里，口中依然唱着古老的歌谣。"

"他救了我们，我们却杀死了他……"

新的家园

"对于所发生的事情,我们深感内疚,但是,如果那时我们就明白的话,也就不会……"

接着,人们解下牛马的套具,将牛羊赶进牧场,为自己建造房屋,平整土地,从此人们又过上了幸福的生活。

几年之后,人们想将勇敢的先驱者安葬在一座新建的漂亮的大厦里,那是为智慧老人而建的。

于是,一支隆重而肃穆的队伍回到了早已荒无人烟的山谷,寻找先驱者的尸骨。当人们来到先驱者尸骨曾经所在的山脚下时,什么也没有发现。

饥饿的狼群早已把尸骨拖入它们的洞穴。

纪念的石碑

　　为了纪念逝去的先驱者，人们在他开辟的道路的尽头立起了一块石碑，上面刻着敢于向黑暗恐怖的统治挑战的先驱者的名字，是他将人们带向了新的自由世界。

　　石碑上写着：这是由心怀感恩之情的后代们建立的。

　　这样的事情发生于过去，也发生于现在，但愿不再发生于未来。

第一章　无知的暴政

公元 527 年，弗雷维厄斯·阿尼西厄斯·查士丁尼成为东罗马帝国的统治者。

这个塞尔维亚的农夫视书本知识如粪土（他来自于尤斯坎普，第一次世界大战中极具争议性的交通要塞）。由于他的命令，古雅典的哲学派别最终被查禁了。也正是他关闭了惟一的埃及寺庙，自从信奉新基督教的教士涌入尼罗河流域进行传教以来，这座寺庙已经存在几个世纪了。

这座寺庙位于一个名为菲莱的小岛上，距离尼罗河上的第一大瀑布不远。自从人们有记忆以来，这座寺庙就一直是人们朝拜女神埃西斯（埃及神话中司生育与繁殖的女神）的地方。不知是什么原因，与她相抗衡的非洲、希腊和罗马的诸神们早就悲惨地消失了，惟有她幸存下来。直到公元 6 世纪，这个小岛一直是人们了解古老而神圣的象形文字的场所，为数不多的教士们继续从事着在奇阿普斯其他地方早已被人们遗忘的传教活动。

而现在，一个自称为"皇帝陛下"的文盲农夫一声令下，寺庙以及与其毗邻的学校都被宣布为国家的财产，所有的雕像都被送进了君士坦丁堡的博物馆里，教士和象形文字的书法家被关进了监狱。随着这些艺术家逐渐被饥饿和虐待折磨而死，古老的象形文字工艺也就随之成为了一门永久失传的艺术。

　　所有这一切真是太可惜了。

　　如果查士丁尼（这个该死的家伙！）手下留情一点，将一些老艺术家抢救到文学的"诺亚方舟"上，那么他就会为历史做出很大的贡献，也将使得历史学家的工作容易许多。尽管（归因于商博良的天才）我们可以再次读出奇怪的埃及文字，但是对于我们来说，要理解它想要传达给后代的真正的内在含义还是极其困难的。

　　在古代社会中，其他国家也都有类似的事情发生。

　　当那些留着奇怪胡须的巴比伦人虔诚地高喊着"将来有谁能够理解天国中上帝的忠告"，却只给我们留下整个刻满宗教内容的砖场时，他们在想什么呢？他们如何去面对他们不断祈求的神灵？他们竭力解释神灵的法律，他们将神灵的旨意刻在他们最神圣的城市的花岗岩石柱上。为什么他们刚刚还是最为宽容的人，鼓励他们的教士研究天国，探索陆地和海洋，又立即变成了最为残酷的刽子手，对那些违反了早已无人问津的繁文缛节的人们实施骇人听闻的惩罚？

　　直到现在我们也没有搞清楚。

　　我们向尼尼微派出探险队，在西奈沙漠上凿挖洞穴并破译出数英里长的楔形文字字版。在美索不达米亚和埃及的每个地方，我们都尽力寻找打开这个神秘智慧宝库前门的钥匙。

突然，也纯属偶然，我们发现了一直开着的后门，我们可以随意进出宝库。

但是，这个方便的小门并不坐落于阿卡德或孟斐斯附近。

它位于密林深处。

它几乎完全被异教徒寺庙中的木柱遮挡住了。

我们的祖先在寻找容易获得的掠夺物过程中，与他们乐于称之为"野人"或"野蛮人"的人碰面了。

这是一次不愉快的相遇。

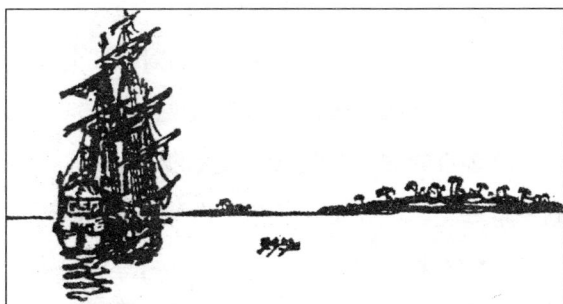

东西方的会见

可怜的野蛮人并不了解白人的意图，却以齐举长矛和弓箭的方式来欢迎他们。

来访者却用大口径步枪回敬他们的好意。

从此，平心静气和公正地交流思想的机会就丧失了。

野蛮人总是被描写成崇拜鳄鱼和枯树的肮脏、懒惰、无用的废物，他们只配过这样的生活。

直到 18 世纪情况才有了变化。让·雅克·卢梭开始以令人感伤的情怀重新审视这个世界。与他同时代的人被他的思想深深地打动了，也泪眼婆娑地加入了他的行列。

于是，愚昧无知的野蛮人成为人们最喜爱谈论的话题。在他们看来（尽管他们从没有见过野蛮人），野蛮人是环境的牺牲品，也是所有人类各种美德的真正化身，三千年腐朽的文明制度却将人类这些美德扼杀了。

现在，至少在这个特定的研究领域里，我们懂得了更多。

我们研究原始人就像研究经过驯养的高级家禽一样，一般说来这两者并非毫不相关。

在大多数情况下，我们都能从辛苦的付出中获得报偿。要不是上帝的恩典，生活在恶劣环境下的野蛮人就是今天我们的写照。通过对野蛮人的仔细研究，我们开始对尼罗河和美索不达米亚半岛早期社会有所了解；通过对野蛮人的全面而彻底的认识，我们也得以了解许多奇异的、藏匿着的人类的天性，它深藏于一层薄薄的礼仪和习俗之下，这种礼仪和习俗是人类在最近五千年中形成起来的。

这种发现并没有增添我们的自豪感。但是从另一方面来说，对曾经生活过的环境的认识，以及对曾经做出的业绩的欣赏，只能鼓起我们做好现有工作的新勇气。除此之外，如果还有别的有益的收获的话，那就是对落后于我们的异族兄弟要宽容一些。

本书并不是一本人类学手册。

它是一本关于"宽容"的书。

但是宽容是一个非常大的主题。

离题的诱惑力是非常巨大的，而且一旦偏离主题，只有天晓得我们在说什么。

有鉴于此，我还是用半个章节来准确而详细地阐明我所要讲的

"宽容"。

语言是人类最具欺骗性的发明，所有的定义都必定带有主观臆断性。因此，对于无名小辈来说，应该以权威书中的定义为准，因为它已经为大多数人所接受，这些人都说着与书中所使用的文字相同的语言。

我所指的就是《大不列颠百科全书》。

该书第 26 卷的第 1052 页中写道：

> 宽容（来源于拉丁语 tolerare）：容许别人有行动和判断的自由，对不同于自己或公众的观点持耐心和公正的容忍。

或许还有其他的定义，但是就本书所要阐述的内容而言，我还是应该遵循《大不列颠百科全书》中的定义。

既然宗旨已经明确了（不论好坏），那么我现在就应该回到野蛮人身上，将我从有记载以来最早的社会形态中所发现的宽容告诉你吧。

人们通常仍然以为，原始社会是非常简单的，原始语言只是一些简单的咕哝声，原始人拥有的自由在社会变得"复杂"以后消失了。

近五十年来，探险家、传教士和学者对生活在中非、北极和波利尼西亚地区的土著居民进行了研究，得出了完全相反的结论。原始社会是极其复杂的，原始语言的词形、时态和变格比俄语和阿拉伯语还要多，原始人不仅是现在的奴隶，而且是过去和将来的奴隶。简言之，他们是悲惨可怜的生灵，在担忧中求生，在恐怖中死去。

这可能与通常描绘的一群勇敢的红色的原始人在大草原上悠闲自得地寻找野牛和战利品的图像相去甚远，却更接近于真实。

事情怎么会是这样的呢？

我阅读过许多讲述奇迹的故事。

就惟独没有关于讲述人类生存下来的奇迹的书。

人类这种最无防御能力的哺乳动物一直是以什么方式来抵御细菌、巨兽、冰雪和炎热的侵袭而生存下来，最后成为了万物的主宰，并不是本章所要探讨的。

但是，有一点是肯定的，这不是一个人单独所能完成的。

为了成功地生存下去，个人必须将自己的个性融于复杂的部落民族性格中。

在原始社会中人们只有一个信念，即至高无上的求生的欲望。

求生是非常困难的。

最终，所有其他的想法都只能服从于最高的需要——活下来。

总的说来，个人是毫无价值的，集体是最重要的。部落是一个活动的堡垒，人们自给自足，依靠群体的力量生活着，并且只有排斥一切外来东西，才能得到安全。

但是问题比最初看起来更为复杂。我刚才所说的只适用于可见的世界，与不可见的世界相比，早期社会的可见世界是微不足道的。

为了全面地理解这一点，我们必须记住，原始人与我们是不同的，他们并不懂得因果法则。

如果我让自己坐在有毒的常青藤上，我会责怪自己的疏忽，请来医生，并要求我的小儿子尽快弄走毒藤。识别因果的能力告诉我，有毒的常青藤会引起皮疹，医生会给我止痒的药，而清除毒藤会防止这种痛苦的经历再次发生。

真正的野蛮人的反应与我们是完全不同的。他根本无法将皮疹与毒藤联系在一起。因为在他生活的世界中，过去、现在和将来没有界限地纠缠在一起。死去的首领变成了上帝，死去的邻居变成了神灵；他们仍然是部落中不可见的成员，无论活着的人走到哪里，他们都陪伴在身边。他们同活着的人同吃同睡，并为活着的人守门。活着的人要考虑的是避免与他们亲近还是获得他们的友谊，如果做得不好，会立即得到惩罚。因为活着的人无法知道如何取悦于所有的神灵，总是害怕上帝将不幸降临到他的头上，以示对他的惩罚。

因此活着的人将每一件事都归结于不可见的神灵的干预，而不是归结于本来的原因。当他看到胳膊上的皮疹时，他不会说："该死的毒疹！"而是小声地说道："我触怒了上帝，上帝来惩罚我了。"他跑到巫医那里，但不是去要能够除藤毒的膏药，而是去要一张比愤怒的上帝（不是毒藤）扔给他的"符"更灵验的"符"。

至于使他遭罪的罪魁祸首：毒藤，他仍然会让它在那儿生长着。如果有个白人带来一桶汽油意外地将毒藤烧掉，他必然会骂白人招惹麻烦。

这就会产生这样的结果，在每一件事的发生都被看做是不可见的神灵操纵的社会里，它要继续维持下去，就必须严格遵循可以平息上帝愤怒的律法。

按照野蛮人的观点，确实存在这样的律法。他们的祖先创立了律法并传了下来，现在他们最神圣的职责是保持律法的完整，以其现有的完备的形式传给他的孩子们。

当然，这在我们看来是荒唐可笑的。进步、发展、稳定和不断的改进是我们不变的信仰。

不过"进步"是近几年才出现的新名词。低级社会形态的典型特征是，人们看不到有什么理由去改进在他们看来是最好的社会，因为他们从来没有见过别的社会。

假定确实如此，那么如何防止律法和已建立的社会形态的变更呢？

答案很简单。

就是靠及时惩罚拒绝将公共规章看做神的旨意的那些人，明白地讲，就是靠严酷的专制体制。

如果我据此说，野蛮人是最不宽容的，并非是侮辱他们，因为我要赶紧加上一句，在他们特定的生活环境下，不宽容是必然的。如果允许肆意抵触部落赖以维持安全、头脑安宁的许多法则，那么部落的生存将会受到严重威胁，这也是犯了弥天大罪。

对于今天拥有数百万军队和数以千计警察的我们来说，实施一些普通法律都很困难，那么一群为数不多的人是如何来保护一套最为复杂的口头法则呢？（这是一个值得探讨的问题。）

答案同样简单。

野蛮人比现在的我们聪明得多，他们利用精明的预测实现了靠暴力不能实现的事情。

他们发明了"禁忌"这一概念。

或许使用"发明"一词表述不当，这样的东西不可能来自于一时的灵感，而是要经过长期的提炼和实践才能得到。无论如何，非

禁忌

洲和波利尼西亚的野蛮人发明了"禁忌"一词,因此省去了许多麻烦。

我们所说的"禁忌"一词源于澳大利亚。我们或多或少都知道它的意思。我们现在生活的世界到处充满了禁忌,就是那些我们不能做的事情或不能说的话。比如,吃饭时谈起最近一次手术,或将勺子放在咖啡杯里不拿出来。但我们的禁忌性质并不严重,只是一套礼仪规矩而已,并不会妨碍我们个人的幸福。

反过来,对于原始人来说,禁忌是最为重要的。

它意味着某些人或非生物有别于世界上的其他东西,他们(用希伯来语说)是神圣的,不能用即刻失去的痛苦或永恒的磨难的危险来谈及他们。对于胆敢违背神灵、祖先意志的人,没有什么难办的,就让不幸降临到他们的身上对其进行惩罚。

是教士发明了禁忌,还是维护禁忌才产生了教士,这是尚待探讨的问题。由于传统比宗教历史更久远,因此禁忌可能早在男巫和女巫出现之前就存在了。但是巫师一出现,就成为禁忌的忠诚的支持者，大肆使用禁忌，最后将其变成了史前"禁物"的标志。

当我们第一次听说巴比伦和埃及的名字时，它们还处于禁忌的重要发展期。与后来在新西兰发现的粗糙原始的禁忌完全不同，而是带有"汝不能……"这样严肃字眼的戒规，就像我们熟悉的基督教十诫中的六条一样。

不用说，在那些国家的早期历史中，人们完全不懂宽容的含义。

我们有时错将宽容看做由于无知导致的漠不关心。

我们并没有发现国王或教士有一丝愿望（哪怕是一点点），允许别人有"行动和判断的自由"，或"对不同于自己或传统观点的见解持耐心公正的容忍"，但这一点已成为我们现代社会的理想。

因此，除了要从反面阐述之外，本书的兴趣不在研究史前历史，或通常所称的"古代历史"。

直到个性发现以后才开始为宽容而斗争。

所有现代发现中最伟大的发现——个性发现的荣誉应归于希腊人。

第二章　希腊人

在地中海一个偏远的角落里有一个岩石小岛，它在不到两个世纪的时间里，从政治、文学、戏剧、雕塑、化学、物理等许多方面，为当今世界提供了一套完整的实验架构，这是如何发生的呢？许多世纪以来，人们百思不得其解，每位哲学家在其一生中都曾一度去竭力寻找答案。

与化学、物理、天文和医学方面的专家不同，可敬的历史学家们总是以难以掩饰的轻蔑态度看待人们试图发现被称为"历史法则"的努力。蝌蚪、细菌和流星中所包含的有益的东西似乎一点也不适用于人类。

我可能犯了一个大错误，但是在我看来肯定存在这样的法则。事实上，迄今为止，我们尚未发现什么。另外，我们也从没有认真探索过。我们一直忙于积累事实，却没有时间对其加以反复提炼，从中提取最为精华的智慧结晶，对于我们这种特殊的哺乳动物来说，这可能才是真正具有价值的东西。

当我学着科学家的样子提供如下历史原理时，不免惶恐。

根据现代科学家的权威理论，当所有的物理和化学成分都达到第一个细胞形成的必要的理想比例时，生命（不同于非生物的有生物）就开始了。

用历史术语来表述，就是：

> 当所有种族、气候、经济和政治条件都达到理想的比例或接近理想的条件和比例（因为它们可能处在不够理想的环境中）时，高级形式的文明才可能突然地、自发地出现。

让我举几个反面的例子对其加以阐述。

头脑进化程度还相当于穴居人水平的种族是不会繁荣昌盛的，即使在天堂也不会。

如果伦勃朗等艺术家们是出生在阿波尼韦卡附近的爱斯基摩人的圆顶屋里，一直过着在冰上捕海豹的生活，那么伦勃朗就画不出图画，巴赫就谱不出受难曲，普拉克西特列斯也雕不出塑像来。

如果达尔文不得不在兰开夏郡的棉纺织厂里谋生，那么他就不会在生物学上做出贡献。如果亚历山大·格雷厄姆·贝尔是一个没有自由的奴隶，生活在罗曼诺夫庄园的一个偏僻村子里，那么他就发明不了电话。

第一个高级文明发祥地的埃及，气候宜人，但是土著居民体格并不健壮，也没有冒险精神，政治和经济条件也非常恶劣。巴比伦和亚述也是这样。后来迁移到底格里斯河和幼发拉底河流域的闪米特族身体强壮、精力充沛，气候也不成问题，但是政治和经济环境却很糟糕。

希腊

在巴勒斯坦，气候条件并没有值得一说的，农业落后，在横贯国家、沟通亚非两洲的大篷车道以外的其他地区几乎没有任何商业，反之亦然。而且，巴勒斯坦的政治完全由耶路撒冷寺院的教士控制，这当然无益于任何个性的发展。

腓尼基的气候对人没有什么影响，人们身强力壮，贸易条件也不错。然而，国家的经济体制却严重不平衡。一小部分船主阶层把持着全部财富，并建立起严格的垄断。因此在早期的推罗和西顿，政权就落入了富人手中。穷人被剥夺了所有合法劳动的权利，变得呆板和冷漠。最终，腓尼基也难逃迦太基的命运，毁灭于目光短浅、自私贪婪的统治者手中。

简言之，每个早期的文明中心都缺乏必要的成功因素。

当一种完美平衡的奇迹最终出现在公元前 5 世纪的希腊时，它只持续了很短的时间，而且说来也奇怪，尽管那样，它也不是出现在本土，而是出现在爱琴海沿岸的殖民地上。

在另一本书中，我详细地介绍了连结欧亚大陆的岛屿桥梁，自古以来，埃及、巴比伦和克里特商人就是经过这些桥梁来到欧洲的。主要的登陆点位于小亚细亚西海岸的名为伊奥尼亚的狭长地带上，商人们不仅将商品从亚洲带到了欧洲，而且也带来了亚洲的思想。

在特洛伊战争前的几百年里，这个90英里长、约几英里宽的狭长疆域一直由来自大陆的希腊人所控制，他们在这里建立了许多殖民城镇，其中以弗所、福西亚、艾丽斯莱和米利都最为著名。在这些城市中，成功的条件以非常完美的比例显现，其文明程度是现代文明难以超越的。

第一，这些殖民城市居住着十多个来自不同民族的最积极和最勇敢的人。

第二，这里拥有从新旧世界和欧亚间贸易获得的大量财富。

第三，殖民统治者给予广大自由人充分发挥个人才能的机会。

我之所以没有提及气候，是因为气候对于这些专门从事商业的

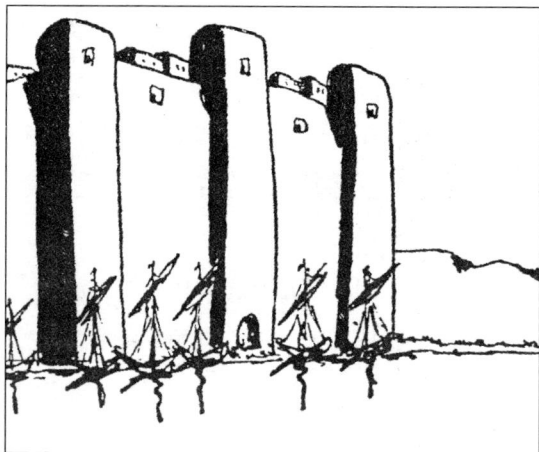

商业城市

国家来说并没有多大关系。无论是晴天还是雨天，都可以建造船只和装卸货物。只要不出现冷得使港口冻结，大水把城镇淹没的情况，居民就不会对每天的天气预报感兴趣。

除此之外，伊奥尼亚的气候非常有利于知识阶层的发展。在书籍和图书馆出现之前，知识是借人之口代代相传的。

城镇水源所在地是最早的社会活动中心和最古老的大学。

在米利都，每年的365天中人们就有350天围坐在水源周围。早期的伊奥尼亚教授们如此有效地利用了气候的优点，以致成为一切未来科学发展的先驱。

据我们所掌握的资料，第一个真正的现代科学奠基人，其身份令人怀疑。并不是说他抢劫过银行，或谋杀过家人，然后从不为人所知的地方逃到米利都来的，而是无人知晓他的过去。他是维奥蒂亚人还是腓尼基人？是北欧人（用我们有学问的人类学专家的行话来说）还是闪米特人？

这表明，位于麦安德山口的这座小小古城是当时一个多么重要的国际中心。其人口由许多不同民族的人组成，人们只通过表面判断来接受他们的邻居，并不深究其家庭来历。

既然本书不是一本数学史和哲学手册，那么也就没有必要花上一些篇幅去探讨泰勒斯的思想。但是他倾向于对当时伊奥尼亚盛行的新思想的宽容态度，还是值得提一下。与此同时，罗马还只是一个小集镇，位于某个遥远的不为人所知的地区中一条混浊的小河旁；犹太人仍然是亚述人的俘虏，这时候的西欧和北欧还只是狼群出没的荒原。

为了理解这种发展的原因，我们必须搞清在希腊首领渡过爱琴海，意欲掠夺特洛伊城堡财富的岁月里所发生的变化。这些声名赫赫的英雄们仍然只是极其原始的文明形态的产物，他们是一群四肢发达的孩子，将人生看做一场漫长而又光荣的搏斗，充满了刺激、较量和各种比赛，以及一切我们现在非常乐于去做的事情，假如不是为了提供面包和香蕉而不得不做一些日常工作的话。

这些狂暴的斗士和他们的上帝之间的关系，就像对待日常生活中严肃问题的态度一样直接而简单。就公元前10世纪统治着希腊人世界的奥林匹斯山上的神来说，他们与普通的凡人并没有多大区别，也属于实实在在的人间。人和神究竟是在什么时间、什么地方和如何分开的，这是一个难以弄清的问题，一直都是一个谜。即使这样，生活在云端之上的神一直对生活在地球上的凡人们怀有友谊，从未间断过，而且始终充满亲切的个人情怀，这就赋予希腊宗教独特的魅力。

当然，所有希腊好孩子都会受到适当的教导，宙斯是一个非常强有力的统治者，长着长长的胡子，偶尔会以暴烈的面目出现，

哲学家

狂风骤起，雷电交加，就好像世界末日来临一样。但是当孩子长到能够阅读古代传说时，就开始能够鉴别这些他们在摇篮中听到的可怕神灵的局限。而现在他们是在欢乐的家庭晚会的灯光下看到这些神灵的——他们一直彼此嬉戏着，参加世俗朋友们激烈的政治争论，以致希腊世俗的每一次争论都会立即引来天国神灵间的一场相应争吵。

尽管宙斯拥有所有这些人类的弱点，但仍不失为一位非常伟大的神灵和强有力的统治者，为了安全起见，最好不要冒犯他。不过，他是"讲道理的"。如果方式得当，人们是可以接近他的。而且，他最大的特点是具有幽默感，并没有过分看重他自己和他的世界。

或许，这不是对神圣形象的最高评价，但它有着显而易见的优点。在古希腊人中间，从来不存在一条关于人们看待什么是真理、什么是谬误的严格而明确的规定。由于没有现代意义上的"信条"概念，以及严格的教义和借助于绞刑架推行其教义的职业教士们，这个国家不同地方的人都可以按照最适合他们自己个性的标准来重塑其宗教思想和道德观念。

居住在距离奥林匹斯山不远的塞萨利人与居住在遥远的拉科尼亚海海湾村子里的阿索比人相比，他们对威严的邻神们的尊敬就要差得多。雅典人自以为是受自己的守护神雅典娜直接保护的，认为他们可以随意对待女神的父亲①。而居住在远离主要通商要道的山谷里的阿卡迪人依然固守着淳朴的信仰，极为反感以轻浮态度对待严肃的宗教信仰。至于福西斯居民，是靠前来德尔菲村朝圣的人维持

---

① 指宙斯。——译注

希腊传说

生计的，因此，他们坚信阿波罗（在有利可图的圣地接受朝拜的神）是最伟大的神灵，值得那些远道而来、口袋里还有一两个德拉克马的人的朝拜。

犹太人只信仰一个上帝，这就使他们有别于所有其他民族。如果犹太人不是集中围绕一个单独城市而居，而且这个城市又强大得足以摧毁所有与之竞争的朝圣地，那么它是难以保持其对宗教长达千年的垄断的。

希腊就不具备这样的条件。无论是雅典人还是斯巴达人都未能成功地为其建立全希腊公认的首都。他们为此奋斗的结果只导致了毫无意义的长年内战。

因此也就不奇怪怀有如此崇高理想个性组成的民族，会为独立思考精神提供极其巨大的发展范围了。

《伊利亚特》和《奥德赛》有时被称为"希腊人的圣经"。其实它们与《圣经》完全不同，仅仅是两本书而已，从未被纳入"圣经"之列。这两本书主要讲述了某些非凡英雄们的冒险故事，当时的希腊人把这些英雄看做自己的祖先。书中包含了大量的宗教信息，因为神灵们都无一例外地参加到凡人的争端之中，并尽情观看在他们的领地上演的一场罕见拼斗，而将其他事情抛之于脑后。

然而，荷马的作品是否直接或间接地受到宙斯或米涅瓦或阿波罗的启发，对此，希腊人从未想过。它们在文学史上占有光辉的一席之地，是人们在漫长冬夜中的最佳读物；而且它们使孩子们深以自己的民族为荣。

这就是一切。

在这样一个充满知识和精神自由的氛围中，在弥漫着来自七大海船只带来的刺鼻的气味、装饰着东方织品、到处都能听到饱食终日的人们的欢笑声的城市里，泰勒斯诞生了。他在这样的城市里工作和教学，最后在这样的城市里死去。如果他所得到的结论与大多数世人存在很大的差异的话，请记住，他的思想一直局限在一个很有限的范围里。普通的米利都人都可能听说过泰勒斯这个名字，就像现在的一般人都可能听说过爱因斯坦这个名字一样。如果问他爱因斯坦是谁，他会回答，是一个蓄着长发、叼着烟斗、拉着小提琴的人，并写过一个人从火车这头走到那头的故事，有一次一份星期日报纸还登载过一篇有关这个故事的文章。

而这个叼着烟斗、拉着小提琴的怪人抓住了真理之花，最终推翻了（至少是大大修改了）近六千年来形成的科学结论。千百万悠闲自在的平民百姓对此漠不关心，他们对数学的兴趣，远不及他们对最喜爱的击球手试图推翻万有引力定律所引起的争论感兴趣。

古代历史教科书通常避开这个难题，只印上"泰勒斯，米利都人（前 640～前 546 年），现代科学的奠基人"。我们几乎可以在《米利都报》上看到这样的标题："本地研究生发现了真正的科学秘密。"

　　但是泰勒斯是在何时、何地、如何独辟蹊径，超越前人，我也无法告诉你。但有一点是肯定的，他不是生活在知识的真空里，他的智慧也不是产生于思想意识。公元前 7 世纪，在科学的王国里，人们已经做了许多开拓性的工作，有大量数学、物理、天文学资料可供研究者使用。

　　巴比伦的天文学家，已经开始探索天空了。

天文学家

　　埃及的建筑学家经过大量测算之后，才敢将数百万吨的花岗岩放在金字塔中心的墓室顶部。

　　尼罗河流域的数学家认真研究太阳活动，以预测出旱季和雨季，向农民提供一份日历，使他们能够据此安排农活。

但是已经解决上述所有问题的人们，仍然将自然界的力量看做不可见的神灵的意志表现，神灵们管理着季节更替、星球运行和潮涨潮落，就像政府管理农业部、邮局或财政部一样。

泰勒斯并不同意这种观点。但是与当时大多数受过良好教育的人一样，他不愿公开讨论。如果出现日食时，海边卖水果的小商贩趴在地上，因恐惧这怪异的景象而不停地呼唤宙斯的名字，他决不会去竭力说服他们相信：稍有一点基本知识的人都能预测出公元前585年5月25日的某某时间，月亮会运行在地球和太阳之间，因此米利都镇会经历比较黑暗的几分钟。

在当时却发生了这样的事（的确发生了），在出现日食的那天下午，正在厮杀的波斯人和吕底亚人由于缺乏足够的光线而停止了残杀。泰勒斯认为这并不是吕底亚神灵们（仿效几年前阿加伦山谷的一场战斗中所发生的有名的先例）所创造的奇迹，使天国之光突然熄灭，以使胜利归属于他们所宠爱的一方。

泰勒斯已经达到了这样一种境界（这也正是他的伟大功绩所在），他敢于将一切自然现象看做是"永恒意志"的具体体现，是永恒法则支配的结果，而不受那些人们根据自己的想像臆想出的神灵们的影响。所以在他看来，即使除以弗所大街上发生了狗打架，或在哈利卡勒斯举行了一场婚礼之外，别无更重要的事情发生，日食也会照样发生。

泰勒斯根据他个人的科学观察得出了符合逻辑的结论。他发现了一条天地万物所遵循的普遍必然法则，并做出了这样的推测（而且在一定程度上推测是正确的），世间万物都起源于水，水从四面八方包围着世界。或许开天辟地时，水就已经存在了。

遗憾的是，我们无法见到泰勒斯本人写下的任何东西。很有可能他曾将自己的思想通过具体的形式表达出来（因为那时希腊人已经从腓尼基人那里学会了字母），但是属于他的东西现在一页也见不到了。我们对他及其思想的了解，是从他同时代人的书中所提供的极其有限的资料中得到的。尽管如此，我们还是了解了一些泰勒斯的个人生活情况。泰勒斯是个商人，与地中海的各个地方有着广泛的联系。顺便提一下，这是大多数早期哲学家的一大特点，他们是"智慧的热爱者"。但是他们从不忽视这样的事实，生活的秘密源于生活。如果"为智慧而智慧"，那么这就与"为艺术而艺术"和"为食物而吃"一样是相当危险的。

对于他们来说，人类，包括各种品性的人：好的、坏的、中间的，是世间万物至高无上的衡量标准。因此，他们将自己的闲暇时间都花在了耐心研究这种奇怪的动物上了。他们是按照人本来的样子，而不是凭空想象对其进行研究。

这样他们就能够与自己的同胞保持友好的关系，从而扩大影响。这要比他们努力向其周围的人指点通往理想王国的捷径所产生的影响更大。

他们极少提出严格的行为准则。

但是他们以自己为例，向世人表明，对自然力量的真正理解，必然会带来心灵的安宁，这是所有幸福之源。他们以此赢得了社会的好感，也由此获得了研究、探索、调查的所有自由，甚至被允许进入通常被认为属于神灵所主宰的领域。作为这种新真理的先驱者，泰勒斯贡献出了才华横溢的一生。

尽管他将希腊人眼中的整个世界分开了，分别考察每一小部分，并对所有自创世以来大多数人一直认为是确认无疑的事实提出了公开的质疑，但是他最后还是能够在床上平静地故去。即使有人要求他对自己的异端作出解释，我们现在也无据可考了。

一旦泰勒斯指明了道路，就会有许多人前赴后继。

例如，科拉多梅纳的阿那克萨哥拉 36 岁时离开小亚细亚来到了雅典，随后多年他当过"诡辩家"，也做过私人教师，在希腊的几座城市中生活过。他专门研究过天文学，除此之外，他还指出太阳并不是通常认为的由天神驾驭的马车，而是一个赤热的火球，比整个希腊大千万倍。

当他平安无事，天神并没有因他的肆意妄为而惩罚他时，他就更进一步地发展了他的理论，大胆地提出月亮表面上覆盖着山脉和山谷，最后他甚至于暗示存在某种"原始物质"，是万事万物的起源和归宿，从创世之日起就存在了。

正如他以后的其他许多科学家一样，他涉足了非常危险的领域，因为他探讨的都是人们所熟悉的事情。太阳和月亮是离我们遥远的天体。普通希腊人并不关心哲学家们怎样称呼它们。但是这位先生开始提出万事万物都是从一个被称为"原始物质"的不明确物质逐渐成长起来的——显然他走得太远了。他的观点与迪凯利翁和皮拉的故事背道而驰，是他们在大洪水之后，将小石头变成男人和女人，使世界再次有了人的。所有希腊的孩子们从他们很小的时候就一直受到这样的教育，要否认这一最为庄严的故事，对已建立起的社会安全来说是极其危险的。这样会使得孩子们怀疑其长辈的智慧，这是万万不行的。因此阿那克萨哥拉成为"雅典父母联盟"的猛烈攻击的对象。

在君主制或共和制的早期，城邦的统治者完全能够保护那些宣扬不受欢迎的学说的教师免受雅典文盲农夫们的愚蠢敌视。但是那时的雅典已实现了高度民主，个性自由已今非昔比了。而且，就在那时与大多数人所持观点不同的伯里克利，正是这位伟大的天文学家的得意门生，对阿那克萨哥拉的法律起诉成为了一场反对城市老独裁统治政治运动的工具。

一个名叫狄奥菲特的教士，也是一个人口最稠密的郊区的行政长官。他使这样一条法律通过了，法律规定："对一切不相信现有宗教或对一切神圣事物持有不同见解者，要立即起诉。"根据这项法律，阿那克萨哥拉被关进了监狱。不过，最后城市中的进步势力占了上风。阿那克萨哥拉在交了一点罚金之后，就获释出狱了，并移居到小亚细亚的兰普萨克斯，声名赫赫，活到公元前428年才与世长辞。

他的经历表明，官方对科学理论的压制是难有结果的。虽然阿那克萨哥拉被迫离开了雅典，但是他的思想却流传下来，两个世纪以后引起了一个名为亚里士多德的人的注意，并将这些思想作为他自己许多科学假设的基础。经过一千年漫长的黑暗时期，他的思想又传给了一位名叫阿布杜尔瓦利德·穆罕默德·伊本·艾哈迈德（通常称为阿威罗伊）的人，一位伟大的阿拉伯医学家，他在西班牙南部的摩尔大学的学生中传播这些思想，然后，结合自己的观察，将这些思想写进了许多书里。这些书被及时送到比利牛斯山那边的巴黎和波伦亚大学。在那里，他们被翻译成拉丁语、法语和英语。西欧和北欧如此彻底地接受了这些思想，以至于它们成为了今天科学

普罗泰哥拉

入门书中不可或缺的部分，被看做如同乘法口诀一样无害。

再回来谈谈阿那克萨哥拉。在他受到审判之后的几十年中，希腊科学家获准教授与大众信仰相违背的学说。就在那时，公元前5世纪末，又发生了一件类似的事。

这次受害者是普罗泰哥拉，一名四处游历的教师。他来自希腊北部伊奥尼亚殖民地的阿布德拉村。这个地方因是德谟克利特的出生地而名声不佳。德谟克利特，一个有独到见解的"可笑哲学家"。他提出了一条法则："只有为最大多数人提供最大幸福最小痛苦的社会才是有价值的。"他因此被视为一个激进分子，受到了当局的监视。

深受这一学说影响的普罗泰哥拉来到了雅典。经过多年研究之后，他宣称，人是衡量世间万物的尺度，人生苦短，不能将宝贵的时间浪费在探究神的可疑存在上，而应该将所有的精力用于使生活更美好更愉快的目标上。

当然这一观点切中了事情的根本。这肯定比任何书面和口头的东西都更能动摇人们的信仰。而且，这一观点的诞生正值雅典和斯巴达激战正酣之际，经受一连串失败和瘟疫折磨的人们陷入了极度的绝望之中。此时对神灵的超凡神力进行探讨而激起上帝的愤怒，显然是不合时宜的。普罗泰哥拉被指控为无神论者，即"不信神"，当局要求他将其学说提交法庭。

伯里克利本来可以保护他，但此时他已经不在人世了。尽管普罗泰哥拉是个科学家，但对殉道并不感兴趣。

他逃走了。

不幸的是，在逃往西西里的途中，他乘坐的船失事了。看来他也溺水身亡了，因为人们再也没有听到过他的任何消息。

至于成为雅典人恶毒用心的牺牲品的道哥拉斯，他根本不是哲学家，只是一个青年作家，由于他在一次官司中未能得到神灵的支持而心怀怨恨。在很长一段时间里，他为想象中受到的不公苦闷不已，最终他的思想受到了影响。他四处以各种各样的亵渎语言对在北部希腊人中享有广泛影响的"神明"进行诽谤。他因这种不适宜的行为被判死刑。在临刑前，这个可怜鬼得到了一次逃生的机会。他逃到了科林斯，继续谩骂他的奥林匹亚敌人，最后死于他的坏脾气。

现在我们来看看希腊不宽容史上有记录的、最臭名昭著、最有名的案件，即对苏格拉底的死刑判决。

当有时谈到这个世界根本没有发生改变，雅典人不比后人宽宏大量多少时，争论中的人们就会提到苏格拉底，以此作为希腊

苏格拉底

人顽固的可怕例证。但是今天，在我们仔细研究这个案件之后，我们对他了解了更多，这位才华出众而又让人恼怒的街头演说家，将其一生的心血都贡献给了公元前 5 世纪的古希腊所盛行的思想自由精神了。

当同时代的一般人仍然坚定地信仰有大量的天神存在时，苏格拉底却把自己视为惟一的上帝的先知。尽管当他谈到他的"精灵"（daemon，内心神灵启示的声音，告诉他做什么说什么）时，雅典人并不一定能够理解他在说什么，却能完全感受到他对周围人心中敬仰的神灵所持的否定态度，以及对传统习俗极端缺乏应有的尊重。然而，这位老人最终死于政治的屠刀之下，他的神学观点（尽管为了所谓大众的利益硬是将其作为加罪的理由）实际上与审判的结果几乎没有关系。

苏格拉底是石匠的儿子，他的父亲有很多孩子，没有什么钱，他因此负担不起正规大学的学费，因为当时的大多数哲学家都是很实际的，教授一门课经常要收取 2000 美元的费用。况且，对于年轻的苏格拉底来说，追求纯粹知识和研究无用的科学事实只不过是浪费时间和精力。所以他认为，只要一个人树立起自己的道德观，没有几何学知识也能够做好，了解彗星和行星的真正性质也无助于对灵魂的拯救。

这个鼻梁塌陷、衣衫褴褛的平凡的小人物，白天与街角的无业游民争论，夜晚静听其妻的训斥（她为了养活一大家人不得不替别人洗衣，而她的丈夫却将谋生看做最微不足道的小事）。这个雅典元老院的前议员、经历过多次战争和远征的光荣老兵，在当时的许多教师中，被选中为他的信仰而献身。

为了了解事情发生的原委，我们必须要了解苏格拉底为人类知识和进步付出艰辛而非常有益的贡献时，雅典的政治情况是怎样的。

在他漫长的生涯中（他被判处死刑时已年逾七旬），苏格拉底都在试图向其周围的人表明，他们是在浪费光阴，虚度年华，把太多的时间浪费在空洞的欢乐和徒劳的胜利上，为求几小时的虚荣和自我满足，而一味浪费伟大而神秘的上帝赋予我们的神圣礼物。他是完全坚信人的崇高使命的，他因此挣脱了旧哲学的束缚，甚至比普罗泰哥拉走得还远。因为普罗泰哥拉的观点是"人是衡量万物的尺度"，而苏格拉底则宣扬："人的不可见的良知是（或应该是）万物的最后尺度，塑造我们命运的不是上帝而是我们自己。"

苏格拉底在决定他的命运的法官（由五个人组成，确切地说，他们都是经过其政敌仔细挑选的）面前的演讲，对于任何听众来说，无论他们是否持同情态度，都是他所曾做过的最令人愉快、最通俗易懂的一次演讲。

这位哲学家争辩道："世界上没有人有这样的权力，告诉另一个人他应该信仰什么，或剥夺他自由思考的权利。"他进而又说："人只要具有良好的道德，即使没有朋友的支持，没有金钱，没有家庭，甚至无家可归也行。但是，如果不彻底地研究每个问题的前因后果，人们就不可能得出正确的结论，因此人们必须拥有充分自由地讨论所有问题的机会，并且完全不受官方的干涉。"

不幸的是，对于这个被告来说，完全是在错误的时刻进行错误的阐述。自伯罗奔尼撒战争以来，在雅典的富人和穷人之间、劳资之间就一直存在着尖锐的斗争。苏格拉底是一个"温和主义者"——一个自由主义者，他看到了政体双方的利弊，又试图找到一个令所有明智之人都满意的折衷方案。结果自然得不到任何一方的欢迎，但那时双方一直势均力敌，才没有对他采取行动。

最后，到了公元前403年，百分之百的民主派完全控制了国家，并驱逐了贵族派，苏格拉底注定难逃厄运。

他的朋友们知道了这些情况，建议他尽快离开这个城市，这是明智之举。

苏格拉底的敌人和朋友一样多。在大半个世纪中，他一直扮演口头"专栏作家"的角色，一个绝顶聪明的大忙人，热衷于揭露那些将自己看成是雅典社会支柱的人的伪装和思想骗术。结果，每个人都知道他。他的名字在整个希腊人所共知。他早晨说的一些趣事，到了晚上全城都知道了。人们为他写过戏剧，当他最后被逮捕并关进监狱时，全希腊没有人不对他的一生了如指掌的。

那些在实际审判中起主导作用的人（比如那个可敬的粮贩子，既不会读也不会写，却通晓上帝的旨意，他因此在起诉中最卖力）无疑相信他们是在为社会做贡献，为这个城市除掉一个极其危险的所谓的知识分子，一个只能教导别人懒惰、犯罪和散播不满的人。

相当有趣的是，即使在那样的环境下，苏格拉底以其精湛的口才为自己辩护，使得陪审团的大多数成员都赞成释放他，只要他放弃争吵、辩论和说教的可怕习惯，简言之，只要他不再干涉他周围的人和他们的爱好，不再用无休止的疑问打扰他们，就可以赦免他。

但是苏格拉底没有接受。

"决不，"他喊道，"只要我的良知，只要我心中细小的声音，还在要求我继续向前，并为人们指引通向理智的真理之路，我就应该继续将我的想法告诉我遇到的每个人，不计后果。"

这样，除了判处他死刑外，别无选择。

苏格拉底被缓刑 30 天。一年一度去提洛岛朝圣的船还没有返航，按照雅典法律的规定，这期间是不允许行刑的。这位老人在地窖中静静地度过了他人生的最后一个月，尝试改进他的逻辑体系。尽管他有过多次逃生的机会，他都拒绝了。他不枉此生，尽了自己

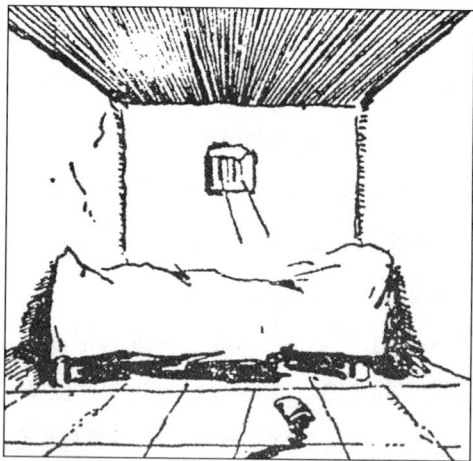

苏格拉底之死

的职责。他累了，准备离去。直到行刑的时候，他还在继续和朋友们交谈，力图用他认为什么是正确的、什么是真理来开导他们，要求他们将思想放在精神世界而不是物质世界上。

然后他喝下一杯毒酒，躺在床上，所有深层次的争论都随着他的安息永远消失了。

一段时间里，他的门徒们被狂怒的群众吓坏了，认为明智之举还是离开他们以前活动的场所为好。

但当一切都平静下来之后，他们又回来重操公众教师的旧业。在老哲学家死后的十多年里，他的思想所产生的影响比以前更广泛了。

同时，这座城市经历了一段非常困难的时期。这时争夺希腊半岛领导权的战争已结束五年了，战争以雅典人的失败、斯巴达人的最后胜利而结束。这是一场体力全面战胜脑力的战争。不用说，这种情况没有持续多久。从没有写下过一行值得人记忆的话，也没有为人类知识做过一丝贡献（除了一些还在现代足球比赛中运用的军事战术之外）的斯巴达人认为他们已经完成了任务，因为他们已经推翻了竞争者的城墙，雅典人的船队也只剩下了十几条船。但是雅典人的思想依然闪烁着智慧的光芒。伯罗奔尼撒半岛战争结束十多年后，古老的比雷埃夫斯港口又挤满了来自世界各地的船只，雅典将领们又身先士卒地战斗在希腊的联合船队中。

虽然伯里克利的努力不为他同时代的人所欣赏，却使雅典这座城市成为了世界知识之都——公元前 4 世纪的巴黎。罗马、西班牙和非洲的富人们都希望自己的孩子受到时髦的教育，哪怕是被允许参观一下一所位于雅典绿阴丛中的学校，也会感到不胜荣幸。

我们这些现代人很难正确理解古代社会的人严肃看待生存问题的态度。

在异教文明之敌——早期基督教的影响下，罗马人和希腊人普遍被看做是一群道德沦丧的家伙，无知地崇拜一些不伦不类的天神，余下的时间便在狂吃滥饮、埃及舞女的低声细语中度过，惟有的改变就是奔赴战场，屠杀无辜的日耳曼人、法兰克人和达西雅人，这也仅仅是为了寻求纯粹的流血刺激。

自然在希腊有许多的商人和战争贩子，在罗马更是如此，他们聚敛了万贯家财，苏格拉底在法官面前对伦理原则所做的完好界定对他们来说一文不值。由于这些人非常富有，人们不得不因此对他们忍让三分，但这并不意味着他们享有社会名望并被看做当时文明值得称道的代表。

我们发掘了爱帕弗罗迪特的别墅，作为帮助尼禄掠夺罗马及其殖民地的同伙之一，他聚敛了百万家财。我们望着这个老投机商用不义之财建起的有 40 间房子的宫殿的废墟，不禁摇头叹息："多么腐败！"

然后我们坐下来阅读爱比克泰德的作品，他是爱帕弗罗迪特这个老匹夫的家奴，我们发现自己正在与人类所曾有过的高尚的灵魂相伴。

我知道，对周围的人和其他民族进行品头论足是人们最喜欢关起门来做的事，但是不要忘记，与爱帕弗罗迪特一样，哲学家爱比克泰德也是他生活的那个时代的真正代表，对于美好事物的追求，20 个世纪以前的人与现在的我们没有什么不同。

毫无疑问，他们追求的美好事物与我们今天所追求的美好事物，

其概念是不同的。那是完全欧化的产物，与东方毫无关系。但是将它作为他们认为最高贵最合乎需要的东西的理想而建立起来的"野蛮人"才是我们自己的祖先。如果我们同意心地坦荡、生活简朴、身体健康和收入充足是幸福美满生活的最佳保障的话，那么就可以说他逐渐发展起来的生活哲学是极其成功的。至于灵魂未来的归宿，他们并不感兴趣。他们认为自己是特殊的哺乳动物，因为其运用智力的能力远比其他动物高级得多。如果他们经常提及天神，他们使用这个词就像我们今天使用"原子"、"电子"和"以太"一样，事物起源都得有一个名字。爱比克泰德嘴里的宙斯就像欧几里德解题时设未定值为 X、Y 一样，其含义可大可小。

那些人最感兴趣的是生活，仅次于生活的是艺术。

因此，他们研究丰富多彩的生活，按照苏格拉底创造并经常使用的推理方法，取得了非凡的成果。

有时他们因过分追求精神世界的完美而走到了荒谬的极端，这是令人遗憾的，人毕竟是人。但是在所有古代理论家中，柏拉图是惟一一个绝对追求完美精神世界而宣扬不宽容学说的人。

正如我们所知，这个年轻的雅典人是苏格拉底的得意门生，也是其思想的书面执行人。

他以此身份搜集了所有苏格拉底曾经说过的话或思想，并集成一套对话，可真正称得上《苏格拉底福音书》。

完成这项工作之后，他开始对他的老师学说中一些晦涩难懂之处做了详尽的注解，并撰写了一系列精彩文章加以阐述。最后他开了许多演讲课，使雅典人公正和正义的思想越过希腊国界，远播四海。

在所有这些活动中，他所表现出的极大热忱和无私奉献精神，几乎可与圣保罗相提并论。圣保罗过着极富挑战和危险的生活，他从南到北、从东到西，将上帝的福音传播到地中海的各个地方。而柏拉图从未离开过他的舒适的花园座椅，世界各地的人都前来雅典拜见他。

天生的优势和独立拥有的财富允许他这么做。

首先，他是一个雅典公民，而且从其母亲的血缘可以追溯到梭伦身上。他一成年就继承了一笔足够维持其俭朴生活的财富。

最后，他那雄辩的口才使人们甘愿不辞劳苦来到爱琴海，哪怕只在柏拉图大学听上他几堂课也好。

至于其他方面，柏拉图与他同时代的年轻人极其相似。他服过兵役，但对军事毫无兴趣；他参加户外活动，是一个不错的摔跤手和一个称得上优秀的赛跑运动者，但从未在什么运动比赛中得过荣誉。同样，与大多数当时的年轻人一样，他花了许多时间到国外旅行，他曾渡过爱琴海，对埃及北部进行短暂的访问，他那赫赫有名的外祖父梭伦也曾有过类似的经历。然而，他回国之后就再也没有外出旅行。在随后的 50 年中，他一直在位于雅典郊外赛菲休斯河畔的一座景色宜人的花园的阴凉角落中传授其学说，这座花园因而被称为"学园"。

柏拉图起初是一位数学家，后来逐渐转向了政治学，成为现代政治学的奠基人。他内心坚定乐观，相信人类进化是一个连续不断的过程。因此他认为，人的生命是由低级到高级缓慢进化的。世界从美好的外在形体发展到美好的制度，又从美好的制度中孕育了美好的思想。

柏拉图学园

　　这写在羊皮纸上很动听，但是当柏拉图试图提出一套建立完美国家应依据的明确原则时，他追求正义和对公正的渴望是如此的强烈，以至于一点也不顾及其他。从此，他的共和国一直被纸上乌托邦的构筑者视为人类最后一个完美的世界，一个非常奇特的国家。这样的共和国无论是过去、还是现在和未来，都精确地折射出那些退伍军官们的偏见。他们享有私人收入带来的舒适生活，他们只喜欢在上层社会圈子里活动，对下层人怀有极度的不信任。惟恐他们忘记了"他们的地位"而企图分享应由"上层"人享有的特权。

　　不幸的是，柏拉图的书在中世纪的西欧学者中备受推崇。著名的《共和国》(《理想国》)在他们手里成了对宽容精神宣战的可怕武器。因为这些博学的学者们故意忽视了这样一个事实，柏拉图得出结论的前提与他们所处的公元12、13世纪是完全不同的。

　　例如，柏拉图从基督教意义上说根本不是一个虔诚的人，他对

祖先们心中敬仰的神灵怀有很深的鄙视，将他们看做是来自遥远的马其顿的举止粗俗的乡下人。他曾为特洛伊战争编年史中记载的神灵们的丑恶行径深感耻辱，但是随着年龄的增长，在小小的橄榄园中坐得越久，对小小的城邦间的愚蠢争吵就越愤慨。并逐渐相信，对于普通公民来说，宗教信仰自由是必要的，不然他想像中的共和国会立即退化到可怕的无序状态。因此，他主张模范社会的立法机构应该确立一套明确的适用于所有公民的行为准则，无论是自由人还是奴隶，都必须遵守这些法律条款，否则就处以死刑、流放或监禁。这听起来像是对不久前苏格拉底为之英勇战斗的宽容精神和良心自由的彻底否定，其实这正是柏拉图理论的实质。

找出这种态度变化的原因并不困难。苏格拉底置身于民众之中，而柏拉图却害怕生活，逃离丑陋的令人不愉快的世界，躲进了他自己的梦想王国中。当然，他知道他的理想是无法实现的。各自为政的小城邦制，无论是想象中的还是现实中的，都永远成为了过去。集权制的时代已经来临，整个希腊半岛都归属于辽阔的马其顿王国，从马里查河一直延伸到印度河畔。

但是，征服者的魔掌尚未伸到古老半岛上难以驾驭的民主国家之前，已经诞生了一位最伟大的、给人类带来恩惠的思想家，使整个世界对已灭绝的那一代希腊民族怀有永恒的感恩之情。

当然我指的是亚里士多德，一个来自斯塔吉拉的神童，他在那个时代已经知道了尚不为人知的许多事情，为人类的知识宝库增添了许多内容，他的书成为取之不尽的知识源泉。此后 50 代的欧亚两洲人都能够从中获得心灵的满足，无需为纯理论知识的学习耗尽心力。

18 岁的亚里士多德离开了马其顿的家乡，来到了雅典的柏拉图大学学习。毕业之后，他在许多地方授课。直到公元前 336 年，他才回到雅典，并在阿波罗拉赛斯神庙附近的一座花园里开办了自己的学校。学校很快以"亚里士多德学园"而闻名，吸引了来自世界各地的学生。

非常奇怪的是，雅典人并不赞成在他们的城市里多开办一些学园。雅典城最终丧失了古老的重要的商业地位，大多数精力旺盛的居民都移居到亚历山大、马赛和其他南方或西方城市。那些留下来的人要么太穷，要么太懒。他们是老一代自由民中最墨守成规者的残余。他们与苦难深重的共和国一起经历它的兴衰和荣辱，对柏拉图学园里发生的事情没有什么好感。当柏拉图去世十多年之后，他的最著名的学生又回来公开教授关于世界起源和神灵的威力有限等更不能让人容忍的学说，老保守派们一本正经地摇着头，口中念念有词地诅咒着这个将他们的城市变得思想自由和无信仰的人。

如果他们按照自己的意愿行事的话，就会把他从这个国家驱逐出去，但是他们明智地克制了这个想法。因为这个眼睛近视、身材矮胖、以爱好书籍和衣着讲究而闻名的绅士，在当时的政治生活中并不是一个无足轻重的小人物，不是雇用一两个打手将其赶走就能了事的。他是马其顿宫廷御医之子，和皇子们一起长大。而且，当他一完成学业，就被指派为皇储的家庭教师，和年轻的亚历山大朝夕相伴八年之久。因此，他享有世界上最强大的统治者的友谊和保护。当君主前往印度前线视察时，管理希腊各省的首领们小心守护他，惟恐有什么伤害降临到这位帝王的挚友身上。

然而，亚历山大的死讯一传到雅典，亚里士多德的生命就陷

亚里士多德

入危险之中。他记起了苏格拉底的遭遇，不愿看到他的命运在自己身上重演。与柏拉图一样，他小心地避免将哲学和现实政治混为一谈，但是他对民主制政府的厌恶和对平民治国能力的怀疑是众所周知的。当他看到汹涌的怒潮席卷整个雅典，将马其顿的驻军赶走时，便渡过犹比亚海峡，来到了卡尔西斯。他是在马其顿再次征服雅典，惩治叛乱前的几个月去世的。

　　时间久远，要找出指控亚里士多德不忠诚的确凿证据谈何容易。但是通常情况下，在那个到处都有业余演说家的国度里，他的案情不可避免地与政治纠缠在一起。他的不得人心与其说是与他散播耸人听闻的新异端学说，使雅典遭受了宙斯的报复有关，倒不如说是由于他漠视一些怀有偏见的地方实力派的缘故。

这已经无关紧要了。

各自为政的共和国气数已尽。

不久之后，罗马人继承了亚历山大在欧洲开创的业绩，希腊成为他们众多省份中的一个省。

于是所有进一步的争论都结束了，因为罗马人在大多数事情上甚至比"黄金时代"的希腊人更宽容。他们允许其臣民自由思考，只要不对某些政治权术的原则提出质疑就可以了，因为罗马政权自古以来保持繁荣安定，全部仰仗这些原则。

激励西塞罗同时代人的理想和伯里克利追随者所推崇的理想之间仍然存在细微的差别。希腊思想家中的老一代思想家将他们的宽容建立在某些明确的结论上，这些结论是经过几个世纪的认真试验和反复思考才得出的。而罗马人则认为不经事先研究也行。他们仅仅是漠不关心，而且还为此感到自豪。他们只对实际的东西感兴趣。他们是实践家，对口头理论的轻视由来已久。

如果其他人愿意花上一个下午的时间坐在老橄榄树下，讨论统治理论或月亮对潮汐的影响，对此罗马人是大大欢迎的。

而且，如果他们的知识能够付诸实践，那么就会更加受到罗马人的重视。否则，这些哲学思考的事情，连同唱歌、跳舞、烹调、雕塑、科学等一起，还是留给希腊人和其他外国人去做。仁慈的朱庇特把他们创造出来，只是为了让他们向世界提供一些罗马人不屑一顾的东西。

与此同时，罗马人自己正全力以赴管理不断扩大的疆域。他们要训练必要的外国骑兵和步兵以保卫边沿省份，勘察连接西班牙和比利时的道路。他们通常情况下还要将精力花在保持五百多个不同

部落和民族间的和平上。

让我们把荣誉的桂冠戴在值得戴的人的头上。

罗马人所做的工作非常精细，他们建立起的体系以这样或那样的形式延续至今，这本身就是一个了不起的成就。只要缴纳必要的税赋，表面上尊重罗马统治者制定的一些行为准则，异族臣民们就可以享有高度的自由。信仰什么或不信仰什么也是他们的自由。他们可以信仰一个上帝或十几个天神，或所有充满天神的庙宇，这都可以。但是，不管信仰什么宗教，在这个横跨世界的大帝国中混居的各式各样的臣民们必须记住："罗马帝国的和平"有赖于成功地运用"自己活，也让别人活"的原则。不论在什么情况下都不得干涉自己的邻人或国家内的异乡人，即使他们认为他们信仰的天神可能受到了亵渎，也不能向地方法官求援。正如提比略大帝在一次重要场合中所说的："如果天神认为应该为他们受到的不公申冤的话，他们一定会关照自己的。"

靠这么一句宽慰的话，所有类似的案件都一概不予考虑，人们可以在法庭外保留其个人意见。

如果许多卡帕达西亚商人决定定居在卡罗西人聚居的地方，他们有权力带着他们自己敬仰的天神一起定居，在卡罗西镇建立他们自己的神庙。反过来，如果卡罗西人以同样的理由移居到卡帕达西亚人聚居的地方，他们也当然享受同样的权利和平等的信仰自由。

人们经常争论的是，罗马人之所以摆出一副至高无上的优越和宽容的态度，是因为他们对卡罗西人、卡帕达西亚人以及其他野蛮民族怀有同样的鄙视。这或许是真的，我不清楚。但是存在这样不可否认的事实，500年间，一种几乎完全彻底的宗教宽容在文明和

半文明的欧洲、亚洲、非洲的绝大部分地区得到了严格的维护，罗马人发展了一种治国之术，就是最大限度地减小摩擦，获得最大限度的实际成果。

在许多人看来，太平盛世已经实现，这种相互宽容的状况将永远持续下去。

但是没有什么是永远的，尤其是靠武力建立起来的帝国。

罗马人征服了自己，结果也毁灭了自己。

年轻士兵们的累累白骨被扔在数以千计的战场上。

在近五个世纪中，最具智慧的精英们将他们的精力耗费在管理从爱尔兰海到里海的巨大殖民帝国上。

恶果开始出现了。

由于一个城市统治整个世界的壮举难以为继，罗马人身心俱疲。

接着，可怕的事情发生了，整个国家的人民开始厌倦生活，对生活失去了热情。

他们已经拥有所有他们渴望得到的城乡住宅、游艇和公共马车。

他们拥有全世界的奴隶。

他们什么都吃过、什么都看过、什么都听过。

他们尝遍了所有美酒，足迹踏遍了世界每个角落，玩遍了从马赛罗到底比斯的所有女人。世界上所有文字的书籍都能在他们的藏书中找到，世界上最聪明的音乐家在席间为他们演奏，当他们还是孩子的时候就请来了最好的老师授课，学到了所有他们应该知道的知识。结果，所有的食物和美酒都失去了原有的味道，所有的书籍都变得枯燥乏味，所有的女人都变得毫无魅力，甚至连生存本身都成了一种负担，许多人都渴望有一个体面的机会来结束生命以卸下这个负担。

剩下的惟一安慰就是对未知和无形世界的沉思遐想。

但是古老的天神已经死去，没有一个明智的罗马人再会去轻信那些赞颂朱庇特、米涅瓦的骗人歌谣。

此时出现了伊壁鸠鲁学派、斯多噶学派以及犬儒学派等哲学派别，他们都宣扬仁慈、自我否定，提倡无私有益的人生美德。

这些主张都太空泛了。到处的书店都有齐诺、伊壁鸠鲁、爱比克泰德和普鲁塔克的书，书中写的都非常动人。

但是从长远来看，这些纯理性的东西缺乏罗马人所需要的营养。罗马人开始追求一种"情感"作为他们的精神食粮。

因此，纯哲学"宗教"（它们的确如此，如果我们将宗教思想和追求有益高尚的生活联系在一起的话）只能取悦于一小部分人，几乎所有上层社会的人都早已受过出色的希腊教师的单独教育。

对于普通百姓来说，这些经过仔细推理、论证的哲学毫无价值可言。他们的思想也发展到了这样的高度，认为许多古代神话看起来都是粗俗轻信的祖先们幼稚编造的结果。但是他们还不可能与所谓的知识高人相比，否认上帝和所有天神的存在。

于是，他们做了所有未受过良好教育的人在这样的情况下会做的事情。从表面上和形式上对共和国官方认可的天神表现出尊敬的态度，私下里却为了寻找真正舒适幸福的生活而参加一个宗教行会，在最近两个世纪中，这些宗教行会受到了台伯河畔这座古城的真诚欢迎。

我前面使用的"行会"一词源于希腊，其原意为一群"新入会的人"——这些男男女女不得出卖只有行会的真正会员才能知道的最神圣的秘密，必须做到"守口如瓶"，这些秘密就像大学兄弟会或"海鼠独立团"的符咒一样将行会的会员联系在一起。

然而在公元 1 世纪，行会只不过是一种特殊的崇拜形式、一个名称、一个教派而已。如果一个希腊人或罗马人（请原谅这里时间上的小小混淆）已经离开了长老会而加入基督科学会，他会告诉周围的人他加入了"另一个行会"。"教堂"、"教会"、"上议院"这些词都是最近才出现的，当时的人还不知道。

罗马到处充斥着外来的和本土的宗教，这是国际大都市无法避免的。从小亚细亚北部长满青藤的山坡传入了对自然女神西贝利的崇拜，弗尼基亚人将她尊为天神之母。对神母的崇拜伴随着一些不适宜的放荡情感表达，以致罗马警察被迫多次下令关闭自然女神西贝利的庙宇，最后通过一项极其严厉的法律，禁止对那些鼓励公众酗酒和许多其他更糟的事情的宗教信仰的进一步宣传。

埃及，这块充满自相矛盾和神秘色彩的地方，产生了五六个怪异的天神：奥西里斯①、塞拉皮斯和爱西斯等，在罗马人听来就像阿波罗、得墨特尔②和赫耳墨斯③一样熟悉。

至于希腊人，若干世纪以前他们就为世界提供了抽象真理的基本体系和基于美德的行为法典。他们现在则为坚持偶像崇拜的异域人提供了艾提斯、狄俄尼索斯、俄耳菲斯和阿多尼斯等声名远扬的"宗教行会"。从公共道德角度而言，他们没有一个是无可挑剔的，然而却颇受欢迎。

---

① 奥西里斯（Osiris），地狱判官。
② 得墨特尔（Demeter），谷物女神。
③ 赫耳墨斯（Hermes），为众神传信并掌管商业、道路等的神。

腓尼基商人光顾意大利海岸的历史长达一千年，使得罗马人对他们的伟大天神贝尔（古腓尼基人信奉的太阳神，耶和华的主要敌人）和他的妻子艾斯塔蒂非常熟悉。所罗门年老的时候在耶路撒冷中心专为女神艾斯塔蒂建立了一座"高坛"，使信仰他的善男信女们大为吃惊。这个令人敬畏的女神在长期争夺地中海霸权的斗争中被视为迦太基城的守护神，当她在亚非两洲的神庙都被破坏之后，她又俨然以最受人尊敬的基督圣人的身份重返欧洲。

不过还有一位最重要的天神，他在军营士兵心目中享有崇高威望。从莱茵河口到底格里斯河上游的罗马前线上的每一堆废墟里仍然能发现他的破碎不全的金身，由此可见一斑。

他就是伟大的米特拉神。

据我们所知，米特拉神是司光、空气和真理的亚洲神，他一直受到里海低地平原人的崇拜。那时我们的始祖占有了这块神奇的土地，并定居在山峰峡谷间，这就是后来闻名遐迩的欧洲。对于信徒们来说，这位天神赐予了人类所有美好的东西，并且相信地球统治者只能靠他的万能意志的恩典才得以施展其权力。因此，作为神恩的象征，有时他会从永远环绕自己的圣火中取一缕赐予那些将身居高位的人。尽管他已经离开，他的名字已被人遗忘，但是那些头戴光环的中世纪的仁慈的圣徒们却在提醒我们，有一个早在教堂出现之前数千年就开始流传的古老故事。

尽管米特拉在长得惊人的一段时间里深受人们的崇敬，但是要稍微精确地讲述他的一生却是非常困难的。这是有原因的。早期基督教传教士对米特拉神话怀有无比的憎恨，远比对普通神话的憎恨强烈无数倍。因此他们竭尽所能消除一切能使人记起他的东西。在这方面他们取得了巨大的成功。所有的米特拉神庙都被破坏得荡然无存，这个曾经在罗马盛行 500 年，——像盛行在今天美国的美以美教派和长老会的古老宗教，没有留下只言片语的文字记载。

然而，借助于一些亚洲史料和对在那个火药尚未问世的时代所不可能彻底破坏的遗迹的仔细勘察，得以弥补了无文字记载的根本不足，使得我们现在掌握的关于这位有趣的天神及其经历的资料还是相当准确的。

这个故事讲述的是，很久很久以前，米特拉是从一块岩石神秘地转胎而来的。当他躺在摇篮里时，就有几个当地牧羊人前来朝拜，并送来礼物逗他开心。

米特拉在孩提时代，经历了多种多样的奇异冒险，——其中许多事情使我们想起了赫拉克勒斯①，成为颇受希腊孩子们欢迎的英雄。然而赫拉克勒斯残暴成性，而米特拉总是处处行善。一次他和太阳神进行摔跤比赛，并打败了对手，但是处在胜利之中的他是如此的宽宏大量，太阳神和他成了好兄弟，结果他俩往往被人弄混。

当罪恶之神降旱灾于大地，威胁着要消灭人类时，米特拉用箭射向岩石。看哪！水立刻喷涌而出，流向干涸的田地。当阿里曼②想借此再次以一场大洪水来达到自己罪恶的目的时，米特拉一听到这个消息，就告知人类，造上一只大船，带上家眷和所有牲畜。这样，他又把人类从毁灭性的灾难中拯救出来。直到最后，他竭尽全力将人类从自身造成的恶果中拯救出来，然后升入天国，永远掌管公正和正义。

---

① 赫拉克勒斯（Hercules），主神宙斯之子，力大无穷，曾完成 12 项英雄事迹。
② 阿里曼（Ahriman），罪恶之神。

谁要想成为米特拉的信徒，都得通过一套复杂的入会仪式，必须吃些面包和酒，以纪念米特拉和他的朋友太阳神共进的那次有名的晚餐。此外，信徒们必须接受洗礼盘中的水的洗礼，做其他一些我们现在丝毫也不感兴趣的事情。这种宗教仪式早在一千五百多年以前就彻底消失了。

　　一旦成为信徒，所有虔诚的信徒间都是绝对平等的。一起在同一座烛光明亮的祭坛前祈祷，一起唱同一首圣歌，一起参加每年12月25日举行的庆祝米特拉的生日的活动。而且，每星期的第一天禁止做任何工作，直到今天，我们仍然称这一天为"星期日"，以纪念伟大的太阳神。最后，当他们死后，会摆放成一排，等待复活日的来临。好人应该得到好报，恶人应该被投入不熄的烈火中。

　　这些不同种类的神秘宗教的成功和米特拉在罗马士兵中产生的广泛影响，表明了人们对宗教的热情。实际上，罗马帝国的最初几个世纪是一段不停追求的时期，一直在寻找能够满足普通百姓情感需求的东西。

　　但是在公元47年，发生了一件事，一叶扁舟离开了腓尼基，驶向波哥城，这是通向欧洲陆路的起点。乘客中有两个人，他们没有带什么行李。

　　他们的名字是保罗和巴纳巴斯。

　　他们是犹太人，其中一个持有罗马护照，通晓非犹太人的智慧。

　　这是一次值得纪念的航行的开始。

　　基督教开始了征服世界的旅程。

第三章　束缚的开始

基督教对西方世界的迅速征服，有时被视为基督教思想源于神授的有力证据。讨论这一点不是我要做的事情，但是我要指出的是，广大罗马人生活所处的恶劣环境不能不说与最早期传教士的成功有很大关系，就像他们传播的教义中包含的极具判断力的常识有助于传教一样。

至此，我已经向你介绍了罗马生活的一个侧面——军人、政治家、富商和科学家生活的景象。这些幸运儿有的住在拉特兰山上，有的住在坎帕尼亚山峰峡谷之间，有的住在那不勒斯海湾，他们都过着快乐文明的生活。

但是他们毕竟只是一小部分人。

在到处都是贫民窟的郊区，几乎找不到什么证据可以表明罗马曾经历过这样的繁荣昌盛时期：使得诗人们情不自禁地欢呼着太平盛世，激发演说家们把屋大维（Octavian，罗马皇帝奥古斯都）比作朱庇特。

在一排排长无尽头、凄凉拥挤、臭气熏天的破旧房屋里，居住着广大的贫苦百姓，他们的生活只不过是无休止的饥饿、焦虑和痛苦。对于这些男男女女来说，只有一个关于朴实木匠的奇妙故事才是真实可靠的。木匠居住在海那边的一个小村庄里，他靠自己双手的辛勤劳动挣得每天糊口的面包，他热爱受压迫的贫苦的兄弟姐妹，他因此遭到了残忍贪婪的敌人的杀害。当然他们都听说过米特拉、爱西斯和艾斯塔蒂，但是这些神都已死去了，已死去千万年了。人们所知道的关于他们的故事也只是从那些已死去千百年的人流传下来的传说中得来的。

从一方面来说，拿撒勒的约书亚（Joshua，基督教《旧约》中的人物，继摩西之后的犹太人首领），基督，也就是希腊传教士所称的"救世主"，不久前他还活在这个世上，许多活着的人大概都认识他。如果他在提比略皇帝执政时期访问过叙利亚南部的话，他们可能还听过他的演讲。

还有其他传说，街角的面包师、邻街的水果贩子都曾经在阿皮亚大道上的一个幽暗的小花园，与一个叫彼得的人谈过话——一个来自开普莱姆村的渔夫，在一个可怕的下午，曾到过高格什山（Golgotha，耶稣殉难处）附近，看到过先知（耶稣）被罗马政府士兵钉在十字架上。

当我们试图弄清人们突然热衷新信仰的原因时，就应该记住这些。

那是一种亲身的接触、一种直接和个人的亲密情感，赋予了基督教超越所有其他信仰的巨大优势。基督耶稣对全世界无权利的最底层人民不断表达各种各样的爱，伴随着他所说的话传遍四方。至于他所说的话是否与其信徒们所用的词完全一样，这并不重要，奴隶们会用耳朵去听，用心去理解。他们在光辉未来的崇高诺言面前战栗了，第一次在他们的生活中看到了一线希望之光。

最后的话是使他们获得自由。

他们不再是这个世界权贵眼中受鄙视的贫穷不祥的下层人。

相反，他们成了仁慈的天父的宠儿。

他们将继承大地上的一切东西。

他们将分享一直被居住在萨摩尼别墅里那些自高自大的人们独享的欢乐。

这就是新信仰的力量所在。基督教是一个赋予普通人平等机会、具有实际意义的宗教。

当然，我现在谈论的基督教是作为灵魂的一种体验——作为一种生活和思考的方式，而且我试图说明，在一个腐朽的奴隶制世界里，有益的信息必须伴随着情感之火以燎原之势迅速传播开来。但是历史，除少有的情况之外，与个人的精神冒险并无关系，不论是自由人还是奴隶。如果这些谦卑的人组织起来建立民族、行会、教会、军队、兄弟会和联盟等组织，开始服从一个统一的指挥，积聚足够缴税的财富，并被强制入伍为国家征战，这时才会受到编年史家的关注和重视。因此，我们对早期的教派了解很多，但对它的创始人却知之甚少。这不能不说是一件憾事，因为基督教的早期发展是历史上最有趣的事件。

最终建立在古罗马帝国废墟上的基督教实际上是两种利益冲突的结果。一方面它宣扬耶稣传授的爱和仁慈的思想，另一方面它又发现自己与地方主义的僵化精神根深蒂固地联系在一起，从一开始就使得耶稣的同胞与世界其他地方的人分开了。

说得简单点，基督教既体现了罗马人的效率，也包含了犹太人的偏执。结果它建立起一个禁锢人们思想的可怕统治，虽然行之有效，却不合逻辑。

要了解为何会出现这样的情况，我们必须再次回到保罗的时代和耶稣遇难后的 50 年，并且要牢记这样的事实：基督教是犹太教内部改革的产物，是一场纯粹的民族主义运动，它一出现就对犹太王国的统治者而不是别人，构成了威胁。

耶稣在世时，当权的法利赛人非常清楚这一点。他们自然十分害怕这场对其统治构成极大威胁的鼓动宣传最后所导致的结果。这种宣传对建立在没有任何实质意义的野蛮暴力基础之上的精神垄断提出了质疑。为了挽救处于危亡中的自己，他们不得不在惊慌失措中仓促采取行动，赶在罗马当局干涉并从他们手中夺走受害者之前，就将敌人送上了绞刑架。

谁也无法知晓如果耶稣还活着，他会做些什么。他在能将他的门徒组织成一个特殊的教派之前就被杀死了，没有留下一句能够使他的信徒按照他的要求去做的文字的东西。

然而，结果倒证明了这是一件幸事。

没有一套文字的规定，没有一套明确的条例和准则，倒使得信徒们可以自由地遵循耶稣的精神而不是教义文字。如果他们受一本书的束缚，势必会将他们的所有精力用于理论讨论上，整日沉浸在句号冒号的研究上。

当然，在这样的情况下，除了少数的专业学者外，不会再有人对新信仰表现出丝毫的兴趣。基督教就会重走许多其他教派的老路，以阐述详尽的书面纲领开始，以争论不休的神学家们惹得警察将他们扔到大街上而告终。

在近20个世纪后的今天，当我们认识到基督教对罗马帝国造成了多么大的危害时，令人惊奇的是，基督教对国家安全构成的威胁就像匈奴和哥特人的侵略一样危险，而罗马当局却没有采取任何行动对其进行镇压。当然，他们知道，正是这个东方先知的命运已经在他的家奴间引起了骚动，女人们喋喋不休地谈论着天国国王即将重现，许多老人们还郑重地预言世界很快会被一团火球毁灭。

然而，穷苦人狂热地崇拜某个新宗教英雄，这不是第一次，很可能也不是最后一次。警察密切注视着穷人，这些狂热的崇拜者难以破坏帝国的和平。

事情就是这样。

警察严密注视事态的发展，却找不到采取行动的理由。新教派的信徒们从事活动的方式无可挑剔，他们并不想推翻政府。开始时，几个奴隶还期望上帝的父爱和人与人之间的兄弟情谊能够终止旧式的主仆关系。然而，圣保罗赶忙解释，天国是一个看不见摸不着的灵魂王国，尘世的人要对一切都逆来顺受，以期最终在天国得到好报。

同样，许多妻子也因对受罗马严厉的法典保护下的婚姻的束缚深感不满，于是仓促得出结论，基督教和解放、男女完全平等是同义词。圣保罗又赶来以得体的语言恳求心爱的姐妹们不要走向极端，因为这样会使基督教在那些保守的异教徒眼中显得更可疑，劝说她们继续维持这种半奴隶状态，因为自从亚当和夏娃被逐出天国以来，妇女们就一直处于这样的状况。所有这些都显示出基督教对法律表现出了最值得称道的尊敬。因此，当局能够允许基督教传教士随意往来和布道，因为他们宣扬的教义最适合他们的口味和爱好。

但是正如历史经常出现的情况一样，群众远没有统治者宽容。不能因为他们贫穷，就说他们一定是思想高尚的人。即使良知允许他们做这样的妥协，积累起必需的财富，他们也不会感到富足和幸福。

数世纪以来，罗马的最下层阶级堕落于狂吃豪饮和职业角斗中，都无一例外地遵循了上述原则。起初他们从神情严肃的男男女女那里获得了粗俗的欢乐，这些男女凝神静听关于上帝、耶稣的一些神秘故事。与其他普通罪犯一样，耶稣被耻辱地钉死在十字架上。上帝让他们做的事情就是高声为那些向他们投掷石块和泥土的暴徒们祈祷。

然而罗马教士却不能以超然的态度对待这种发展。

帝国的宗教是国教，它包括在特定时节举行特定的神圣的祭祀活动，并且人们要为这类活动缴纳现金，这些钱是用来供养教会的神职人员的。当数以千计的人开始背弃旧的圣地，涌向另一个不需要他们花一分钱的教堂时，罗马的教士就开始面临收入严重减少的局面。这当然不会令他们高兴。因此，不久他们就高声诅咒那些背叛祖先神祇的异教徒们，指责他们为一个外国先知焚香祷告。

但是城里还有另一个阶层的人们更有理由憎恨基督教。他们是印度教的托钵僧，作为印度瑜伽的信奉者和爱西斯、艾什塔、巴尔、西贝尔和艾蒂斯的伟大神秘的祭司长，许多年来在罗马易轻信的中产阶层供养下，过着奢侈而舒适的生活。如果基督教设立一个与之相抗衡的竞争组织，并为其提供特殊的启示收取一笔可观的费用，

对立的宗教

那么巫医、看手相的和巫术师都没有理由抱怨什么。生意就是生意。占卜的行当并不介意生意是否外流。但是这些基督徒——他们遭天杀的愚蠢伎俩——拒绝收费，还把自己的东西分发给别人，给饥饿者吃饱肚子，让无家可归者住在自己的房子里，而且所有这一切都是免费提供的！当然，这太过分了，他们决不可能做到这一点，除非他们拥有尚不为人所知的财源。

此时的罗马已不再是一座生来自由的自由民的城市了。它已成为来自帝国各个地方的无继承财产的农奴们的临时住所。这是一群下层民众，服从支配大众行为的神秘法则，憎恨那些行为与其不同的人，怀疑那些异想天开地想过上体面的有节制的生活的人。而那些愿意喝上一杯酒，并偶尔为其付账的人被其视为佳邻好友；一个自命不凡，不愿到科利西姆观看斗兽表演，不肯在看到一批批在卡皮特兰大街上游街的战俘时而欢呼的人，却被他们视为一个扫兴的人，一个公众的敌人。

公元 64 年，一场大火毁掉了穷人居住的那部分罗马城，这景象就成了第一次有组织地进攻基督教的借口。

起初，人们谣传，这是喝醉后的尼禄忽发奇想所为，他下令在都城放火，以清除贫民窟，再按照他的规划重建这座城市。然而，大家心中更明白，这场火是犹太人和基督教徒们干的，因为他们相互之间总在谈论幸福的一天就要来临，那时，巨大的火球从天而降，将恶人的房屋化为灰烬。

一旦这个说法成功地传开，其他的说法也就迅速地接连出现。一个老妇人曾听到基督徒与死人的谈话；另一个知道他们偷走小孩，割断他们的喉咙，并将他们的血涂抹在稀奇古怪的上帝的圣坛上。当然没有人亲眼目睹这些丑恶行径，这只不过是因为他们太聪明和贿赂警察的结果。但是现在他们终于被当场捉住，他们必须为他们的可耻行径受到惩罚。

我们无从得知有多少信徒因此被私刑处死。保罗和彼得似乎也在受害者之列，因为此后再也没有听到过他们的名字。

不用说，这场民众的愚蠢行为导致的可怕大爆发的结果是一无所获。相反，殉道者在接受命运时所表现出的不屈尊严倒成了新思想最好的宣传武器。一个基督徒倒下了，却有十几个异教徒准备并渴望替代他的位置。尼禄一做完他短暂而无用的一生中惟一一件体面的事（于公元 68 年自杀），基督教就重返故地，一切又恢复如初。

这时，罗马当局有了一个重大发现，他们开始怀疑基督教和犹太教并不完全一样。

我们难以责备他们犯这样的错误。一百年来的历史研究日益清楚地表明，犹太教的会堂只不过是一个情报交换所，新的信仰通过它传播到世界其他地方。

我们不要忘记耶稣自己就是一个犹太人，他一直极其小心地遵守祖先创建的古代律法，只向犹太听众演讲。他只离开过他的国家一次，且时间很短。他为自己制定的任务是和他的犹太同胞共同完成的，其目的也是为了犹太人。从他所说的话中，罗马人丝毫也感觉不到基督教和犹太教有什么区别。

耶稣实际努力要做的只是这些，他清楚地看到可怕的陋习已渗透到祖先创立的教派中，他对此不断地进行抗议，有时也取得了成功。但是他斗争的目的只是想从内部对犹太教进行改革，从未意识到他可能成为一个新宗教的创始人。如果有人向他提及发生这种事的可能性的话，他会以这个想法多么荒谬予以驳斥。然而，与许多他前后的改革者一样，他渐渐被迫陷入了一种不可调和的境地。他的过早去世反而拯救了他，避免了马丁·路德和其他许多改革倡导者的命运。当他们突然发现自己已成为自己所属的组织以外的新团体的领头者时，他们深感困惑，其实他们本意只是试图从组织内部进行一些改良。

在耶稣死后的许多年里，基督教（早在这个词被创造出来之前，人们就开始使用这个名字了）只是一个小小的犹太教派，在耶路撒冷与犹大和伽利利的一些村落里有几个信徒，但在叙利亚省以外没有人听说过这个教派。

一个有着犹太血统的纯粹的罗马公民，盖尤斯·朱利斯·保罗首先认识到新教义有可能发展为世界宗教。他饱受苦难的经历告诉我们，他以前的犹太同胞们是多么强烈地反对世界化宗教的观点，他们坚持的是纯民族教派，只允许本民族的人参加。他们非常强烈地憎恨胆敢既向犹太人也向非犹太人宣扬灵魂拯救的人。保罗最后一次访问耶路撒冷时，如果不是他所持的罗马护照救了他，毫无疑问他也会遭受耶稣同样的命运，必毁于其愤怒同胞们的怒火之中。

保罗是在半个营的罗马士兵护送下，被平安地带到一个海岸城市，才得以乘船回到罗马，参加那次永远没有举行的著名审判。

保罗死后没几年，他一生经常担心而又不断预言的事情终于发生了。

耶路撒冷被罗马人毁掉了。在耶和华神庙所在地树立起了一座新的神庙，以纪念朱庇特。城市的名字也改为伊利亚·开比多利纳，而犹太本身也变成了叙利亚巴勒斯坦的罗马省的一个部分。至于当地的居民，不是被杀，就是被逐出家乡，在废墟方圆几英里之内不得有人居住，否则就被处死。

这座给犹太基督徒带来太多灾难的神圣城市遭到了最后的毁灭。在此后的几个世纪中，在犹太腹地、外人侨居的偏远小村子里，能够发现几个怪异的人，他们自称"穷人"，以极大的耐心和不停的祷告等待着世界末日的来临。他们是耶路撒冷老犹太基督教的残存者。我们经常能从公元 5 世纪和 6 世纪的书中看到一些有关他们的资料。他们远离文明，形成了一套他们自己的独特教义，其中突出表现了他们对信徒保罗的憎恨。然而在公元 7 世纪之后，我们再也没有发现这些所谓的拿撒勒派和艾比尼特派基督教徒的足迹。获胜的伊斯兰教徒已将他们斩草除根，即使他们能勉强再活上几百年，也无法逃脱这样的命运。

罗马将东南西北各方统一在一个庞大的政治联盟中，使世界接受了统一宗教的思想。由于基督教既简单又实用，且具有很强的号召力，因此必然会获得成功，而犹太教、米思拉斯教和所有其他与之相抗衡的教派都注定要失败。然而，不幸的是，新信仰从未摆脱其自身某些不良的特性，这显然背离了它的宗旨。

一叶扁舟将保罗和巴纳巴斯从亚洲带到了欧洲，也带来了希望和仁慈。

但是另一个家伙也偷偷地溜上了船，

它戴着神圣和美德的面纱，

却掩藏不住残忍和仇恨的嘴脸，

它的名字就是："宗教的不宽容。"

第四章　众神的黄昏

早期的教会是一个很简单的组织。一旦人们清楚地意识到世界末日不会很快来临，"最后的审判"也不会立即紧随耶稣的遇难而举行时，基督徒们预料到他们还要在深谷里挣扎漫长的岁月，就感到需要建立一个或多或少明确的政治体制。

起初，基督教徒（因为他们都是犹太人）都在犹太教堂里聚会。当犹太人和非犹太人之间发生分歧时，非犹太人就去某个人家的屋子里聚会。如果找不到能够容纳所有信徒（或好奇者）的地方，他们就在露天或在一座废弃的石场上聚会。

这些聚会最初都是在安息日（犹太教徒为星期六）举行。但是当犹太基督徒和非犹太基督徒间的不和与日俱增时，非犹太基督徒就改掉了星期六聚会的习惯，选择在星期日聚会，这一天是复活日。

然而，这些神圣的宗教仪式证明了整个运动的大众化和情绪化，没有演讲，没有喋喋不休的说教，也没有教士，无论男人还是女人，只要他们内心感受到"圣火"的激励，就会站起来表白心中涌动的信仰。如果我们相信保罗所讲的话，那么这些虔诚的兄弟们的"满口言辞"使这位伟大的信徒心中充满了对未来的忧虑。他们当中大多数只是一些没有受过什么教育的朴实民众，我们毫不怀疑他们即席劝诫的真诚，但是常常过于激动，像疯子一样胡言乱语。尽管教会可以承受住迫害，但受不了冷嘲热讽。因此保罗和彼得以及他们的后继者必须花费大量精力，使处于无序的精神发泄和神圣热忱趋于理性化。

起初，这些努力几乎毫无成效，因为硬性的规章制度和基督教信仰的民主精神有着直接冲突。然而，最终人们经过考虑，从实际出发，接受了聚会按一定仪式、程序进行的意见。

聚会以诵读一篇赞美诗开始（为了安抚可能在场的犹太基督徒），然后，全体教徒齐声高唱新近为罗马和希腊信徒谱写的赞美歌曲。

惟一拟好的演讲是浓缩了耶稣毕生哲学的著名祷文。然而，数世纪以来，布道完全是自发的，只要感到有话要说的人就能站出来讲道。

但是，随着聚会次数的增多，永远对秘密社团保持警惕的警察开始了调查，因此必须选举某个人代表基督教来处理外部事务了。保罗对领导者的才能给予了高度评价，他将曾在亚洲和希腊访问过的小社团比作许多在波涛汹涌的大海上颠簸的小船，如果他们想在狂涛骇浪中求生，必须有一个才智过人的舵手。

于是虔诚的信徒们再次聚集在一起，选出男女执事。这些尽职的男女们是社团的"仆人"，照顾病人和穷人（这是早期基督徒最为提倡的），管理好社团财产，并料理好所有日常琐事。

后来，随着基督教会成员不断增加，事务性管理已变得十分繁杂，非专业执事已难以胜任，于是就委托几位"长老"来管理这些事务。这些人的希腊名为"长老"，也即我们所说的"牧师"。

许多年之后，随着每个村庄和城市都拥有了自己的教堂，就迫切需要制定一项共同的政策，于是就选举了一个"监督人"（主教）来监督整个教区，并负责与罗马政府打交道。

不久，罗马帝国的所有主要城市都有了主教，在安提克、君士坦丁堡、耶路撒冷、迦太基、罗马、亚历山大和雅典等城市中的主教都是非常有影响的人物，几乎和这些省的军政长官一样重要。

当然，最初掌管耶稣生活、受难、遇害地方的主教享有崇高威望。但是耶路撒冷被摧毁之后，期待世界末日来临和基督教胜利的那一代从地球上消失之后，可怜的老主教眼睁睁地看着自己被剥夺了往昔的威望。

他在信徒中的领导地位很自然就被"监督人"替代了。这位"监督人"住在文明世界的首都，保卫着西方伟大信徒彼得和保罗的殉难地，他就是罗马大主教。

与所有其他主教一样，这位大主教也被称为"神父"或"圣父"，这是对神职人员表示爱和尊敬的一般称呼。数世纪以来，"圣父"这个头衔在众人心目中几乎只与主管大主教教区的那位特殊"教皇"相联系。每当人们提及"圣父"，就是指"教皇"，即罗马大主教，绝不会是君士坦丁堡的主教或迦太基的主教。这完全是一个自然发展过程。正如当我们在报纸上读到"总统"，并不需要加上"美国的"加以限定一样，我们知道这是指政府首脑，而不是宾西法尼亚铁路局长、哈佛大学校长或国联主席。

"教皇"这个名字第一次正式出现在文件里是在公元258年。那时罗马还是强盛的帝国的首都,主教的势力完全被皇帝的权力所掩盖了。但是,在接下来的300年中,恺撒的继承者们在内忧外患的不断夹击之下,开始寻找更安全的新家园。他们在国家的另一个地方找到了一座城市——拜占庭,这座城市的名字是根据传说中的英雄拜占斯的名字而得来的,据说他在特洛伊战争后不久在此地登陆。拜占庭位于欧亚两洲中间的海峡上,盘踞着黑海和地中海间的贸易通道,控制着几种具有垄断地位的商品,极具商业重要性,斯巴达人和雅典人曾为了争夺这个富饶要塞而相互厮杀。

　　拜占庭在亚历山大时代之前一直是独立的,然而在它落入马其顿人之手后不久,就被罗马帝国吞并了。

　　现在,经过长达十个世纪的财富积累之后,被誉为"金海角"的港湾挤满了来自一百多个国家的船只,成为罗马帝国的中心。

　　罗马的居民不得不听任哥特人、汪达尔人,天知道还有哪些野蛮人的摆布,他们感到世界末日就要来临了。罗马的帝国宫殿数年空空如也,政府部门一个接一个地搬到了博斯普鲁斯海峡之滨,而首都的居民却要遵守千里之外制定的法律。

　　然而在历史的长河中,这虽只是不正常的瞬间,却也给某些人带来了好处。皇帝走了,留下来的主教们成为城市中最显赫的人物——看得见摸得着的帝王宝座荣耀的惟一继承人。

　　主教们将其独立自主性发挥得淋漓尽致。他们可谓是精明强干的政治家,因为教会的声望和影响吸引了全意大利最有才华的人。他们觉得自己是某些永恒思想的代表,因此他们像缓慢流动的冰川一样从容不迫,并且敢于抓住时机,而不是像别人那样迫于一时危机的压力，仓促决断，铸成大错，最后导致失败。

但最重要的是，他们是目的单一的人，朝着一个既定的目标坚定不移地前进。他们所做所说所想都抱着一个信念，为上帝增加荣耀，为他们在尘世代表神圣天意的组织增添力量。

此后的十个世纪表明他们努力的成效是非常显著的。

当其他所有一切都在野蛮民族横扫欧洲大陆的狂涛中消失时，当帝国之墙一面接着一面倒塌时，当数以千计与巴比伦平原一样古老的体制犹如无用的垃圾被扫荡得无影无踪时，只有教堂屹然耸立着，成为时代的柱石，尤其是中世纪的柱石。

尽管夺取了最后的胜利，付出的代价却是相当沉重的。

起源于马厩里的基督教却完结于宫殿中。基督教最初的宗旨是反对政府体制，而自命是神与人之间沟通使者的神父却坚持所有教徒都要绝对服从。这个革命团体在不到一百年的时间里竟发展成一个新的超级神权政体。而与之相比，古老的犹太国家倒成了幸福的无忧无虑的平民百姓们的温和自由的王国。

然而所有这一切完全合乎逻辑，无法避免。对此，我将做进一步的说明。

大多数到罗马游览的人都要去参观一下科勒西姆，那些饱经风霜的墙壁被视为一片圣地，数以千计成为罗马专制牺牲品的基督徒在这里倒下。

尽管确实对新信仰的信徒有过几次迫害，但是几乎都与宗教的不宽容没有什么关系。

他们纯粹是政治牺牲品。

基督教作为一个宗教派别，享有最广泛的自由。

基督教徒公开宣称自己是为了道德上的原因而拒绝服兵役，甚至在国家遭受外国入侵威胁时，还在鼓吹他们的和平主义，不论在什么场合下都公然反抗国家法律，这样的基督教徒就成了国家的公敌，并因此被处决了。

　　这些基督教徒是按照他们心中最为神圣的信条行事，这些信条却不会对普通的警方法官产生丝毫影响。基督教徒竭力准确解释由于道德原因而感到迟疑不安的实质时，法官们一脸迷茫，完全听不懂。

　　罗马的地方法官毕竟只是一个凡人，当他突然发现自己应召审判一些在他看来对非常琐碎的小事喋喋不休的人，简直不知如何是好。长期的经验告诉他，必须远离所有的神学争论。此外，他还记得许多皇帝敕令，告诫公职人员在处理新教派问题时要机智圆滑。于是，他运用机智进行辩论，但是当整个争论的焦点集中到一个原则问题上时，运用逻辑方法却永远无法解决。

　　最后，地方法官面临两难选择的境地，是放弃法律的尊严，还是坚持完整地无条件地维护至高无上的国家权力。然而，对于那些坚信生命是从死亡开始，并为能够帮其实现离开这个邪恶世界到天堂尽享欢乐的主张而欢欣鼓舞的人来说，监狱和酷刑算得了什么？

　　于是，当局和基督教臣民之间痛苦而漫长的游击战最终爆发了。我们没有官方关于在这场战争中死亡的全部人数的统计资料。公元2世纪著名的教会神父奥瑞金有几个亲戚在亚历山大城的一次迫害中被杀死了，他说："为信念而死的真正基督徒的数目还是能够很容易统计出来的。"

另外，当我们仔细阅读早期圣徒们的传记时，就会发现我们自己面对的是接连不断的鲜血淋漓的故事。我们不禁奇怪，一个屡遭残酷迫害的宗教是如何幸存下来的呢？

不管我如何描述，都必然有人认为我是一个持有偏见的骗子。因此，我暂且保留自己的意见，让读者自己去下结论吧。只要研究一下皇帝德西厄斯（Decius，249～251年在位）和皇帝瓦莱里安（Valerian，253～260年在位）的生平，就能够对处于最残酷迫害时期的罗马专制的真正本性有一个相当准确的看法。

而且，如果他们还记得马可·奥勒留这样胸襟开阔的贤明君主都坦言自己不能成功地处理好基督教臣民问题，那么他们就不难想象帝国边远地区的无名小吏所面临的困难了。这些恪尽职守的小吏要么违背自己就职时的誓言，要么处死自己的亲朋好友，他们不能也不愿意遵守帝国政府出于自我保护而制定的几项非常简单的法律。

与此同时，基督教徒并没有受到异教同胞虚假伤感的迷惑，而是坚定地扩大他们的影响。

在公元4世纪初期，格雷提安皇帝应罗马元老院中基督徒的请求，下令将矗立在恺撒所建宫殿里长达400年之久的胜利女神的雕像移走，因为他们抱怨在异教偶像的阴影下聚会伤害了他们的感情。几个元老院议员对此提出了抗议，但丝毫不起作用，结果还导致了他们中的一些人被流放。

这时，久负盛名的忠诚爱国者昆图斯·奥勒利乌斯·叙马库斯写下了他那封著名的信函，试图提出一个妥协方案。

"为什么，"他这样问道，"我们异教徒与我们的基督教徒邻人不能和睦相处呢？我们仰望同一片星辰，共居在同一个星球上，生活在同一片蓝天之下。每一个人沿着哪一条路寻求最终的真理有什么关系呢？生存之谜奥妙无穷，通向答案的道路不止一条。"

他并不是惟一一个有这种认识，并看出古罗马宽松的宗教政策传统正在受到威胁之人。与此同时，随着胜利女神像被搬出罗马，流亡到拜占庭的两个敌对基督教派之间爆发了激烈的争吵。这场争端引起了世界前所未闻的关于宽容的最具智慧的讨论。这场争论的领头人，哲学家西米斯修斯始终忠诚于祖先信奉的神灵，但是当瓦伦斯皇帝在正统与非正统的基督臣民之战中偏袒一方时，他就感到自己有义务提醒皇帝明白本人所承担的真正责任。

他说："有一个领域是不容任何统治者侵犯的，那就是德行领域，尤其是个人宗教信仰的领域。在这个领域里施以强制必然导致基于欺骗的虚伪和皈依。因此，对统治者来说，最好宽容一切信仰，因为只有宽容才能防止公众的冲突。而且，宽容就是一条神圣的律法，上帝本身已经非常清楚地表达希望有许多不同宗教存在的意愿。惟有上帝才能识别人类渴望理解'神秘事物'的方法。上帝乐意人们以多种多样的方式对他表示敬意，既喜欢基督教采用的仪式，也喜欢希腊人、埃及人所采用的其他仪式。"

这的确是金玉良言，却白费口舌。

古代世界随同它的思想和理想一起消亡了，任何使历史时钟倒转的企图都注定要失败。生活意味着进步，进步意味着磨难。社会的旧秩序迅速瓦解，军队成为了难以控制的受外国雇佣的乌合之众，边境发生了公开叛乱，英格兰及其他边沿地区早就落入到野蛮人之手。

当最后的灾难爆发时，数世纪以来一直在国家公职部门工作的才华横溢的年轻人发现所有提升的机会都被剥夺了，现在只剩下了一条路，那就是在教会里谋求发展。如果当上了西班牙基督教的大主教，他们就有希望行使从前由地方总督掌握的权力；如果做一名基督教作家，并且愿意献身于神学研究，他们就会拥有相当广泛的读者群；如果成为了基督教外交家，并且愿意在君士坦丁堡宫廷里代表罗马大主教，或甘愿冒险深入到高卢或斯堪的那维亚地区博得野蛮人酋长的友情，就能够飞黄腾达；最后，如果当上了基督教财政大臣，就有望管理正在迅速增值的地产，这些地产曾使拉特兰宫的主人成为意大利最大的地主和当时的首富。

我们在过去的五年中曾看到过与此性质相同的事情。直到1914年为止，那些野心勃勃而又不想靠体力劳动谋生的中欧青年几乎一律进入了国家公职部门，成为帝国不同部门的官员和皇家陆海军的军官。他们占据了高级法官的职位，或手握财政大权，或在殖民地的政府或军队里担任几年要职。他们并不期望变得非常富有，但是他们所担任的公职给他们带来了极高的社会威望，只要运用一定的聪明、勤奋和诚实，他们就能够过上美满舒适的生活，拥有受人尊敬的晚年。

接着爆发了第一次世界大战，社会旧的封建体制的最后残余被风卷残云般地扫荡一空，下层阶级掌握了政权。少数前政府官员年龄太老而难以改变一生形成的习惯，他们典当了自己的勋章后，离开了人世。然而，大多数人还是自动顺应了无法抗拒的命运。从孩提时代起，他们就一直接受这样的教育，视从商为低贱职业，不屑一顾。或许从商是一种低贱职业，但是他们必须在办公室和贫民院之间做出选择。愿意为信念忍饥挨饿的人毕竟还是少数，因此在大动荡之后的几年里，我们发现许多前军官和前国家政府官员都在从

逃离罪恶的世界

事这种十年前没有接触过、也不愿问津的工作。除此之外，由于大多数人的家庭世代都是训练有素的行政官员，完全习惯于指挥别人，因此比较容易拓展新的职业，过得比他们所期望的更幸福更富足。

今天的商业状况就是 16 世纪前教会的写照。

对那些将他们的祖先追溯到赫拉克勒斯或罗慕路斯或特洛伊战争英雄的年轻人来说，要他们接受一个身为奴隶的儿子的朴素牧师的教诲谈何容易。然而，这个奴隶出身的朴素牧师所奉献出的东西，正是他们所急切想得到的。如果双方都是聪明豁达之人（或许他们正是这样），彼此就会很快欣赏对方的优良品质，并能融洽相处。这就是一条奇特的历史法则，越是看起来变化大的事物，越能保持其本质。

开天辟地以来，就似乎一直存在着这样一条必然规律：小部分聪明的男女处于统治地位，大部分不太聪明的男女处于服从地位。

这两类人所代表的群体在不同时期有不同的名字，必然是一方代表力量和领导，另一方代表软弱和屈从。双方分别被称为帝国、教会、骑士、君主和民主、奴隶、农奴、无产者。但是，这种支配人类发展的神秘法则，无论是在莫斯科还是在伦敦、马德里或华盛顿，都起着相同的作用，不受时间和地点的限制。它常以怪异的形式和伪装来表现自己。它曾不止一次地披着谦逊的外衣，高喊对人类的爱，对上帝的忠诚，以及给最大多数人带来最大好处的谦卑愿望。但是在这悦人的外表之下，一直隐藏着并继续隐藏着古老法则的严酷真理：人类的首要职责是生存。那些对他们出生于动物世界这一事实抱有怨恨的人对这种观点更为恼火。他们称我们为"实利主义者"、"愤世嫉俗者"以及其他不同的称呼。因为他们总是将历史看做一则美丽的神话故事，当他们发现历史与宇宙其他事物一样受制于相同的严酷法则时，就震惊不已。他们可能同样会抵触平行线法则或乘法表结果。

我个人还是奉劝他们接受法则为好。

因为这样而且只有这样，有一天历史才会转化为对人类具有实际价值的东西，并且不再是那些得益于种族偏见、部落专制以及广大同胞无知的人的同盟和伙伴。

假如有人怀疑这一观点的真实性，请他从我前几页所写的数世纪历史中寻找证据吧。

请他研究一下公元初四个世纪中基督教教会的伟大领导者们的生平吧。

他肯定会发现，这些领导者都是出身于古老异端团体阶层，都曾在古希腊哲学家开办的学校里接受过教育，只是后来在不得不选择一份职业时才投身于教会。当然其中有些人受新思想的吸引,真心诚意地接受了基督的教诲。但是大多数人从忠诚于尘世的主人转而忠诚于天国统治者,是因为后者能提供更多的晋升机会。

教会在这一方面总是非常的明智,也非常的宽容,并不深究迫使信徒突然信奉基督教的动机,而且还尽力为所有人做好所有事情。对那些向往实际世俗生活的人,就为他们提供在政界和商界施展才华的机会。而对那些对信仰充满感情的气质不同的人,则尽可能地为他们提供远离拥挤城市的机会,使他们能够在安宁的环境中思索生存中的邪恶,从而能够获得他们认为心灵永恒幸福所必需的个人圣洁。

起初,过着这种虔诚和沉思的生活是非常惬意的。

教会在它出现的最初几个世纪里,对那些居住在远离城市的平民百姓的精神约束是非常松散的。但是当基督教会继罗马帝国之后,成为世界的统治者,并成为在意大利、法国和非洲拥有大量地产的强大政治组织时,这些平民百姓几乎就没有机会再过隐居的生活。于是,许多虔诚的男女信徒开始渴望回到"美好的过去",那时所有真正的基督徒都致力于行善和祷告。为了再现昔日的幸福生活,他们人工创造了过去自然发展过程中所形成的东西。

这场起源于东方追求修道院式生活的运动,对此后一千年的政治经济发展产生了巨大影响,为基督教向不信教者和异教徒开战提供了一支非常忠诚有用的突击队。

我们不必诧异。

在地中海东海岸的各个国家里,文明已非常古老,人类已精疲力竭。仅在埃及,自从第一批移民在尼罗河流域定居以来,就有十多种不同和独立的文化循环出现，在底格里斯河和幼发拉底河之间的肥沃平原上也是如此。生活的空虚，人类所有努力的绝对徒劳，都在数千个过去的神庙和宫殿的废墟上历历可见。欧洲年轻的一代可能是将基督教作为对生活的热切期望来接受的，基督教激发了他们刚刚复苏的活力和热情。但是，埃及人和叙利亚人却以不同的心态来感受他们的宗教。

对于他们来说，宗教意味着充满了从逃离生存中获得解脱的希望。在对死亡时刻的期待中，他们逃离了自己记忆中的坟场，躲进了沙漠之中，只与他们的悲伤和上帝在一起，决不再看那现实生活一眼。

不知什么原因，改革大业似乎总能对士兵产生特殊的吸引力，他们比其他任何人都更直接地接触了文明的残忍和恐怖，而且他们懂得，没有纪律将一事无成。近代宗教战争中最伟大的勇士是查理五世军队中的前上尉。他是第一个把精神散漫的士兵组织成简单的团体的人。他曾是君士坦丁皇家军队的一名士兵，名字叫帕丘米斯，埃及人。他服完兵役后，加入了一个隐士小组，领导者是来自他的国家的安东尼。帕丘米斯离开了城市，在沙漠中与豺狼和睦相处。然而隐居生活似乎会导致种种奇怪的思想苦恼，引起某些可怜的过分的虔诚，有的隐居者爬到旧石柱顶上，或在废弃的坟墓里度日（因此成为异教徒的一大笑料，却导致了真正信仰者的悲伤）。于是，帕丘米斯决定把整个运动建立在更现实的基础之上，他因此成为第一个宗教团体的奠基人。从那时起（公元 4 世纪中叶），生活在一个小组的隐居者统一服从一个指挥官，称为"最高司令"，由他来任命负责各个修道院的院长，修道院被称为主的堡垒。

在帕丘米斯去世的公元 346 年之前，他的修道院的思想就被亚历山大城的大主教阿撒纳修斯从埃及带到了罗马，数以千计的人利用这个机会逃离这个邪恶的世界和紧逼不舍的债主们。

然而，欧洲的气候和人的本性使得创立者必须对原有的计划稍加修改。在风雪交加的冬天里，饥饿和寒冷并不像在尼罗河流域中那样容易忍受。除此之外，更为实际的西方人的头脑对看似圣洁的东方思想所表现出的肮脏与卑劣极其厌恶，因而难以从中获得启示。

意大利人和法国人这样问自己："早期的教会如此强调行善有什么结果呢？难道一群憔悴的狂热者住在万里之外的潮湿山洞里自我禁欲，寡妇、孤儿和病弱者就能从中受益了吗？"

因此，西方人坚持对修道院体制进行更为合理的修改。这场改革要归功于亚平宁山脉的纳西亚镇的一位居民。他叫本尼迪克特，通常也被称做圣本尼迪克特。他的父母送他到罗马接受教育，但这座城市使他的基督灵魂充满了恐怖，于是他逃到了阿布鲁齐山脉的苏比亚科村，栖身于尼禄皇帝时代的一座古老乡间城堡的废墟里。

他与世隔绝地在那里生活了三年，他那伟大美德之名开始传遍整个乡村，渴望接近他的人如此之多，足以挤满十几座修道院。

于是他从城堡的废墟中走出来，成为了欧洲修道院体制的法典制定者。首先他制定了法典，每一细微之处无不受到本尼迪克特的罗马出身的影响。发誓要遵守他制定的规则的僧侣们休想过着悠闲的生活，除了祷告和忏悔之外，还得去田间劳作。不能胜任农活的老年人，要教育年轻人如何成为一个好的基督徒和有用的公民。他们出色地履行着这项职责，使本尼迪克特修道院垄断教育长达一千年之久，并在中世纪的大部分时间里培养了众多才智超群的年轻人。

作为对他们辛苦劳动的回报，僧侣们穿着体面，享有丰富可口的食品和一张床铺，在劳作和祷告之余，每天可以睡上两三个小时。

但是，从历史的观点来看，最为重要的是，僧侣们不再是逃离这个世界而为来世灵魂做义务准备的俗人了，他们成为了上帝的仆人。他们必须配得上新的显赫职位而经受长时期最为艰苦的考验，而且还要肩负着直接积极参与传播上帝之国权力和荣耀的重任。

在欧洲不信教者之间进行的第一步基本传教工作已经完成。但是为了不使传道者所取得的成绩付诸东流，传教士的个人劳动必须融于永久居民和行政官员有组织的努力中。于是，僧侣们带上铁锹、斧头和他们的祷告书，进入德国、斯堪的那维亚、俄国和遥远冰岛的荒野中，耕种、收获、祈祷、教学。他们把这里大多数人只是听说过的文明带到了这片遥远的土地上。

整个教会的高级首脑罗马教皇就是通过这种方式来利用人类多方面的力量。

讲求实际的人被赋予了使自己获得成功的机会，就像梦想家在丛林的寂静中寻找到幸福一样。没有徒劳的运动，没有什么可以浪费，结果便是教会力量的增强。不久，无论是皇帝还是国王，如果不谦恭地体察自称是基督教信徒的臣民们的要求，就无法统治他的王国。

取得最后胜利的方法也是非常有趣的。因为它表明基督教的胜利是有其实际原因的，而不是（像有时人们认为的那样）突然迸发的势不可挡的宗教热情的结果。

对基督徒的最后一次大迫害发生于戴克里先皇帝时代。

非常奇怪的是，戴克里先绝不是众多借近卫军之力统治欧洲的君主中最坏的一个，却是被召来统治人类的统治者中受到抱怨最多的一个。其实他连基本的经济学知识都一无所知。

他发现自己拥有的是一个正在迅速瓦解的帝国。他一生都在军营中度过，深谙罗马军事体制机构内部存在的弊端。军队将边防的任务交给了殖民军，而这些人逐渐丧失了士气，成为了和平时期的农夫，将白菜和胡萝卜卖给那些应该待在边境之外的野蛮人。

戴克里先无法改变这种古老的体制，因此他试图通过创建一支新的野战军来解决当前的难题。这支军队由机智灵活的年轻人组成，一旦面临外敌入侵的威胁，就能在几个星期之内开赴帝国的任何地方。

这是一个高明的想法。像所有带有军事色彩的高明想法一样，所需的费用也是非常可观的，必须以税赋的形式向国内人民征收。正如所料，人民掀起了一阵抵制的狂潮，高喊他们再也交不起一分钱了，否则就一贫如洗了。皇帝回答说他们弄错了，并赋予了收税官只有刽子手才有的权力。但是所有这一切都徒劳无用。因为对臣民们来说，与其辛苦劳作了一年到头来落得个入不敷出，还不如丢弃房屋、家庭和牲畜，到城里做一个流浪的乞丐。但是，皇帝并不相信他所采取的措施会半途而废，于是又颁布了一项法令来解决这个难题。这表明古罗马共和国已经彻底退化为东方专制国家。他大笔一挥，所有的政府部门、手工业、商业都成为了世袭的职业。也就是说，官员的儿子必须做官，不管他们愿意与否；面包匠的儿子必须做面包匠，即使他们具有音乐和典当天才；水手的儿子注定要在船上度过一生，哪怕他们划过台伯河时都要晕船；最后，技工们也必须终生待在他们的出生地，尽管从技术上说他们是自由人，其实只不过是一般的奴隶而已。

指望极为自信的统治者能够容忍只遵守他们喜欢的法规和法令的一小部分人的存在，那是荒唐可笑的。但是，在我们评判戴克里先粗暴地对待基督教徒时，必须记住他是背水一战，毫无退路可言。并且他有理由怀疑数百万臣民的忠诚，因为他们从他提供的保护措施中获益匪浅，却拒绝分担他们应上交的份额。

你们要记住，早期的基督教徒并没有写下任何东西，他们期望世界末日随时来临。因此，为什么要将时间和金钱花在徒劳无益的文学作品上呢？这些文字的东西会在不到十年的时间内被天火烧尽。当新基督教徒的期望没有变成现实时，基督的故事（耐心等待一百年之后）开始流传开来，并被人们不断地添加和修改，使得真正的基督信徒不知道哪些可以相信，哪些不可以相信，无所适从。于是，人们感到迫切需要一本颇具权威性的书，将保留下来的一些耶稣短传和圣徒们的信件集成一卷，这就是《新约》。

这部书中包含一章《启示录》，从中可以看到关于一座城市建

七山的罪孽之城

立在"七座山"之上的引证和预言。从罗慕路斯时代以来，人们就知道罗马城是建立在七座山之上的。事实上，这奇特的一章的不知名的作者小心翼翼地称这座城市为他所憎恶的巴比伦，但是并不需要帝国行政长官花费多么大的理解力，就能弄懂他所指的是什么，只要他们读到"妓女之母"和"大地的污点"，"浸润着圣徒和殉难者鲜血的城市，注定成为所有邪恶栖身之地，每一个肮脏心灵的家园，所有罪恶和可憎鸟类的巢穴"，还有更多类似的表述。

这些语句可能一直被解释为可怜的狂热者的胡言乱语，当他一想起他的许多朋友在过去的 50 年中被杀害时，悲愤和怜悯令他失去了判断力。但是这些内容却成了基督教庄严礼拜式的一部分，在基督徒聚会的地方被周复一周地诵读着，局外人认为它们表达了所有基督徒对台伯河上这座城市的真实感情是再自然不过的了。我并不是指基督徒没有充分的理由产生局外人那样的感受，但我们也不能因为戴克里先没有这份热忱而去责备他。

但这并不是全部。

罗马人对一个前所未闻的名词日益熟悉起来，这就是："异教徒"。起初"异教徒"这个名词只是用于那些相信某种学说的人，正如我们所说的某一个"教派"。但渐渐地，它的意思缩小到信仰那些不是由教会权威制定的"正确的"、"合理的"、"真正的"、"正统的"学说的人，用圣徒的话说即为"异端的、谬误的、虚假的和永恒错误的"人。

少数仍固守古代信仰的罗马人从法律上可以免遭异端的指责，因为他们仍然处在基督教徒之外，因此严格来说不允许他们表述个人的见解。同样，《新约》中的某些部分损伤了皇帝的自尊，比如"异端邪说像邪恶一样可怕，如同通奸、猥亵、淫荡、偶像崇拜、巫术、愤怒、争吵、谋杀、叛乱、酗酒"，还有其他一些内容，出于礼貌，在这里不便一一提及。

所有这些导致了摩擦和误解，摩擦和误解又导致了迫害。罗马监狱里又一次挤满了基督囚犯，罗马的刽子手使基督殉道者的数目大大增加，鲜血四溢，却什么也没有得到。最后戴克里先在彻底绝望中放弃了统治之位，回到了家乡达尔马提亚海岸的撒罗纳城，一心一意致力于更刺激的消遣——在后院里种大白菜。

他的继承者没有继续他的镇压政策。相反，后继者看到没有希望通过武力根除基督教，便决定尽力利用一桩卑劣的交易，即通过向他的敌人提供一些特殊的恩惠来博得他们的好感。

这笔交易发生在公元 313 年，君士坦丁大帝第一个以官方名义承认了基督教会。

君士坦丁大帝

有一天我们会有一个"国际历史修订委员会",所有皇帝、国王、教主、总统、市长，现在享有"大"字称号的，都必须为获得这一特殊资格提出申请，重新审定。那么其中站在"国际历史修订委员会"前需要仔细研究的一位候选人就是上面提到的君士坦丁大帝。

这个狂暴的塞尔维亚人在欧洲各个战场上挥舞长矛，从英格兰的约克打到博斯普鲁斯海峡的拜占庭。他还谋杀了自己的妻子、姐夫和侄子（一个 7 岁的男孩），并屠杀了几个地位卑微的亲戚。然而尽管如此，由于他在出征对付最危险的对手马克森提乌斯的惊慌失措之际，以高昂的出价获得了基督徒的支持，反而赢得了"摩西第二"的美誉，最后还被亚美尼亚和俄国教会推崇为圣人。他从生到死都是个野蛮人，虽然表面上接受了基督教，但至死还试图从蒸煮的祭祀羊的五脏中解读未来之谜。然而人们都忽略了这些，只考虑皇帝用以保证他所钟爱的基督臣民的"自由表达思想和集体不受干扰"的权利的著名的《宽容法令》。

正如我在前面反复讲过的，公元 4 世纪上半叶的教会领袖们都是些讲求实际的政治家，他们终于迫使皇帝签署了这个值得纪念的法令，使基督教从小教派的行列中跃升为正式的国教。不过，他们知道这一切是怎样取得的，君士坦丁的后继者也知道。尽管他们企图施以巧舌雄辩的烟幕，但无论如何也难逃其本性。

"拯救我吧，强大的统治者，"内斯特主教对狄奥多西皇帝呼吁道，"把我从教会的敌人手中拯救出来吧，我将还给你天堂。支持我把不赞成我们教义的人打倒，我们也将支持你打倒你们的敌人。"

然而这个无耻的妥协，使基督教执掌了政权，这在历史上是很少见的。

第五章　囚禁

　　在古代社会行将落幕的时候，有一个人物出现在历史的舞台上，与他过早的离世和不大好听的"变节者"的称号相比，他应该有一个更好的命运。

　　我讲的是朱利安皇帝，君士坦丁大帝的侄子，他于公元 331 年出生于帝国的新首都。公元 337 年，他那位名声显赫的叔叔死了。大帝的三个儿子立刻冲向共有的遗产，像饿狼扑食般地厮杀在一起。

　　为了铲除所有可能要求分得财产的人，他们下令杀死了所有住在城里和附近的亲戚。朱利安的父亲就是受害者之一。他的母亲也在他出生后没几年就去世了，他六岁时就成了孤儿。一个体弱多病的表兄与他分担了寂寞，一起念书，所学的内容主要是宣扬基督教信仰的好处，由一位名叫尤斯比乌斯的和善而缺乏灵感的主教讲授。

　　但是当孩子们长大以后，人们觉得把他们送得远一些更好，免得惹人注目，并且还有可能逃过年轻王子们的厄运。于是两个孩子被送到小亚细亚中部的一个小村庄里。尽管那里的生活单调乏味，却为朱利安提供了学习许多有用东西的机会，因为他的邻居都是淳朴的凯帕多西亚山里人，依然信仰祖先们信奉的神灵。

在那里孩子们没有什么担任要职的机会。当朱利安要求专心搞研究时，得到了批准。

他首先来到尼科梅迪亚，这里是仍然教授古希腊哲学的几个地方之一。他将自己的脑子里塞满了文学和科学，没有地方容纳他以前从尤斯比乌斯那里学来的东西。

接着他获准去雅典，在这个曾因苏格拉底、柏拉图和亚里士多德待过而成为圣地的地方学习。

与此同时，他的表兄被暗杀了。他的堂兄，君士坦丁剩下的惟一的儿子君士坦丁乌斯，想起了目前只有他和这位小哲学家堂弟是皇室中两个惟一活着的男性成员，便派人把朱利安接回来，并友好地接纳了他，还非常高兴地让他娶了自己的妹妹海伦娜，并命令他出征高卢抵御野蛮人对该省的入侵。

看来朱利安从希腊老师那儿学到了比雄辩术更为实用的东西。公元357年，当阿拉曼尼人威胁法国时，朱利安在斯特拉斯堡附近歼灭了来犯之军，还把默兹河和莱茵河之间的地区全部纳入了自己的省份。他住到了巴黎，把他的图书室装满了自己喜爱的作家的书。尽管他生性严肃，但这次却禁不住异常开心。

当胜利的消息传到皇帝的耳朵里时，却没有点燃希腊火焰来庆祝这场胜利。相反，他们制定了周密的计划，要除掉这个过分成功的对手。

可是朱利安深受士兵们的爱戴，当他们一听到总司令要奉命返回（一种客气的邀请，回去就要被杀头）的消息时，便闯入他的宫殿，就地宣布他为皇帝，同时他们还表示如果朱利安拒绝当皇帝，就杀死他。

朱利安是个聪明人，他接受了。

即使在那样衰落的后期，通往罗马的道路依然被维护得很好，朱利安以无可匹敌的速度，抢先把部队从法国中部开到博斯普鲁斯海岸。但是在他到达首都之前，就听到了他的堂兄君士坦丁乌斯已经死去的消息。

就这样，异教徒再次成为了西方世界的统治者。

当然，朱利安要做的事情是不可能实现的。这确实是一件奇怪的事情，如此具有智慧的人竟然会产生这样的想法，认为过去死了的东西可以借助某种力量复活，只要重建一座复制的卫城、在荒芜的园林里重新住上人、教授穿起旧式长袍、彼此说着 5 世纪前就已经消失的语言，就可以重现伯里克利的时代。

而这正是朱利安要尽力做到的事情。

他在执政的短短两年里，一直致力于重建为当时大多数人所不

荒废的寺庙

屑的古老科学，想重新激起探索由无知僧人统治的世界的热情，僧人们认为一切值得了解的东西都包括在一本书里，独立的研究和调查只能导致信仰的更新换代和地狱之火；他还想复活鬼魂们的活力和热忱，激发生命的欢乐。

许多比朱利安更坚韧的人都已经被各方反对势力逼入了疯狂和绝望的境地。至于朱利安，他的精神已经被打垮，只是他暂时还固守着伟大祖先们的开明原则。安提克城的基督徒暴民向他投掷石块和泥土，他却不肯惩罚这座城市。愚笨的僧人们企图激怒他，迫使他再次进入迫害的时代，而皇帝不断告诫他的官员：“不要制造任何牺牲。”

公元363年，一支仁慈的波斯箭结束了他传奇的一生。

对于这位最后、也是最伟大的异教徒统治者来说，这种结局可能是最好的。

如果他活得再长一些，他的耐性和对蠢行的憎恶反而会使他变为当时最专制的人。当他躺在医院的病床上时，他能坦然回忆起在他的统治下没有一个人因其个人见解而被处死。可是，对于他的仁慈，基督徒臣民却还以永恒的仇恨。他们宣扬说是皇帝自己的一名士兵（一个基督徒军团的士兵）用箭射死了他，还以少有的溢美之词颂扬凶手。他们讲述朱利安临死前是怎样忏悔自己的错误做法，并承认了基督的权力。他们极尽诽谤之能事，用尽公元4世纪时所有下流词汇诋毁一个诚实正直的人的名声。朱利安一生过着苦行僧般的朴素生活，将毕生精力都奉献给了为人民谋幸福的事业。

朱利安一被抬进坟墓，基督教的主教们终于可以自视为帝国名副其实的统治者了，便立即开始摧毁欧洲、亚洲和非洲的每个角落

新世界帝国

里可能残存着的一切反对他们的统治势力。

在瓦林廷尼安和瓦林斯兄弟当政的公元 364 至 378 年，通过了一项法令，禁止任何罗马人为卓越的神灵献祭牲畜。异教教士因此被剥夺了收入，他们被迫另谋出路。

与西奥多修斯颁布的法律相比，这些规定还算宽大的。西奥多修斯命令所有臣民不仅要接受基督教教义，而且还只能以"普遍的"或大公基督教会规定的形式来接受它，他自称是基督教的保护者，使基督教对所有精神事务都具有垄断权。

这项法令颁布以后，所有坚持"错误观点"的人，所有固守"愚蠢异端邪说"的人，所有仍然忠于"可耻教义"的人，都要自食其蓄意抗令的恶果，要么被流放，要么被处以极刑。

从那以后，古代世界迅速走向了最后的毁灭。在意大利、高卢、西班牙和英格兰，几乎没有一座异教神庙保留了下来。不是被建筑商拆毁用作建造桥梁、街道、城墙和供水系统的石料，就是被改建为基督徒的会场。成千上万座自共和国建立时起就开始积累的金制和银制神像被公开没收或被秘密偷走了，最后残存的神像也变成了碎块。

亚历山大城的塞拉皮尤姆，一座六百多年来一直为希腊人、罗马人、埃及人所共同尊崇的神庙被夷为平地。从亚历山大大帝时起就闻名于世的大学仍然保留在那儿，它继续教授和解释古代哲学，结果吸引了来自地中海各个角落的学生。亚历山大城的主教下令不让关闭这所大学，但他所主管的教区的僧人自行其是，他们闯入讲堂，私刑拷打柏拉图学派最后一位教师海帕蒂娅，甚至把她的尸骨扔到大街上喂狗。

罗马的情况也不好。

朱庇特的庙宇被关闭了，古罗马信仰的经典《古罗马神谕集》被焚毁。首都成了一片废墟。

在著名的图尔主教主管的高卢，古老神灵被宣布是基督教魔鬼的前身，他们的庙宇因此被下令从地球上清除掉。

竞相匹敌的监狱

有时在遥远的乡间会发生这样的情况，如果农民起来保卫自己心爱的神坛，就会招来军队，他们用斧子和绞架平息"撒旦的叛乱"。

希腊的破坏工作进行得慢一些，但是最后在公元 394 年，奥林匹克运动会被废止了。奥林匹克运动会——希腊国家生活的中心（从无间断地持续了 1180 年）一旦终止，对其余的破坏就相对容易多了。接着，皇帝查士丁尼下令关闭雅典大学，没收了为维持大学存在而设立的基金，剥夺了最后七位教授的生活来源。他们逃往波斯，在那里，他们受到了乔思罗斯国王的友好接待，玩一种叫做"棋"的神奇新颖的印度游戏，平静地度过了余生。

到了公元 5 世纪上半叶，克瑞斯托马斯大主教便毫不夸张地宣称，古代作家和哲学家的作品已经从地球上消失了。西塞罗、苏格拉底和荷马（更不必提为所有好基督徒特别憎恶的数学家和天文学家了）都被扔在阁楼和地窖里被人遗忘了。他们要再过 600 年才能重新问世，在这期间，世界的精神食粮只剩下神学家们喜爱摆在面前的文学作品了。

这是一种特殊食物，营养却并不平衡（按医学行话讲）。

对于基督教会来说，虽然战胜了它的异教敌人，却面临许多严重忧患的困扰。叫喊着要为自己的古老神灵焚香祷告的高卢和卢西塔尼亚的贫苦农民还是容易制服的，他们是不信教者，而法律却在基督教徒这边。但是东哥特人、阿拉曼人或伦巴底人却断言，亚历山大城的教士阿里乌斯关于基督真实面目的见解是正确的，而在同一城市的大主教阿达那修斯——阿里乌斯的死敌的看法是错误的（反之亦然）；伦巴底人或法兰西人一方坚持认为基督与上帝是"同类"，而另一方则坚持认为"只是想像而已"（反之亦然）；汪达尔人或萨克森人一方认为内斯特所称圣母玛利亚是"基督的母亲"是对的，而另一方则认为是"上帝的母亲"（反之亦然）；勃艮尼人或弗里西人，一方承认耶稣具有人性和神性的两重性，而另一方则否认（反之亦然）。所有这些四肢发达、头脑简单的野蛮人虽然接受了基督教义，却难免误入歧途，不过他们还是教会的坚定的朋友和支持者，不能一律以革出教门进行惩罚，也不能用地狱之火进行恫吓；必须温和地说服他们，让他们认识到自己是错误的，用仁慈的爱和热心将他们召回到信徒的行列中，这样才可能一劳永逸地让他们知道必须坚持的真理，必须摒弃的谬误。

正是人们怀有将形形色色关于信仰的说法趋于同一的愿望，产生了著名的集会——"基督教世界范围联合会"。自从公元 4 世纪中叶起，这种会议就不定期地召开，决定哪些教义是正确的，哪些

持异见者

包含异端邪说的萌芽，因此来判定出错误、谬误、虚伪和异端。

联合会的第一次会议于公元325年在离特洛伊遗址不远的尼西亚召开，第二次会议于56年以后在君士坦丁堡举行，第三次会议于公元431年在以弗所召开。此后，会议接连在查尔西顿召开过几次，后又在君士坦丁堡开了两次，在尼西亚开了一次，最后于公元869年又在君士坦丁堡召开了一次。

然而自此以后，会议便在罗马或由教皇指定的西欧某个城市举行。因此从公元4世纪起，人们已经普遍接受这样的观点：根据法律皇帝虽然有召集这些会议的权力（这一特权也迫使他为其忠诚的主教支付路费），但是对于有超级特权的罗马主教提出的建议却必须予以高度重视。尽管我们无从得知是谁主持了第一次尼西亚会议，不过以后的会议都是由教皇主持的，而且这些圣会的决定如果得不到教皇或他的代表批准就没有约束力。

现在我们可以告别君士坦丁堡，到气候宜人的地区走一走。

宽容与专制的战场上从未停止过战斗，有些人认为宽容是人类最伟大的美德，而另一些人却斥之为道德薄弱的代表。我不想从理论角度关注这个问题。不过必须承认，教会的斗士在为他们对异教徒施加酷刑而辩解时，说得合情合理。

他们申辩道："教会和其他组织一样，就像一个村庄、一个部落和一个要塞，必须有一名总指挥，必须有一套明确的法规和细则，所有成员都必须遵守，一切宣誓效忠教会的人就等于立誓服从总指挥、遵守法规。如果他们难以做到，他们就必须承担自己所做决定带来的后果，从教会滚出去。"

迄今为止，这些都被视为绝对正确合理。

现在，如果一个牧师不再信仰浸礼会教派的信条，他可以改信美以美教派，如果因为某种原因他又不信仰美以美教派的教义，他还可以成为惟一神教派教徒、天主教派教徒或犹太教教徒，或就此成为印度教信仰者或土耳其的穆斯林。世界是宽广的，大门是敞开的，除了他的饥肠辘辘的家人外，没有人会说"不"。

但这是一个充满轮船、火车和经济机遇的时代。

公元 5 世纪的世界却完全不是这么简单。要找到一个不受罗马主教影响的地方谈何容易。当然，人们可以像许多异教徒那样去波斯或印度，但旅程遥远，生存下来的机会微乎其微，而且还意味着是对自己和孩子们的永远流放。

而且，既然人们从心里感到自己对基督思想的理解是正确的，说服教会对其教义稍作修改只是一个时间问题，那为什么还要放弃自由信仰的权利呢？

这正是整个问题的关键。

早期基督徒，无论是基督教信徒还是异教徒，都认为思想的价值是相对的，不是绝对的。

一群数学家由于不能在 X 的绝对值上达成一致，而将彼此送上了绞刑架，这一点也不比博学的神学家们试图通过一次会议来定义不可明确的东西，并把上帝的本质归纳为一个公式更荒唐。

但是，自以为是的专制的风气已经统领了这个世界，以至于直到最后，在"我们永远不可能知道谁是正确的，谁是错误的"基础上倡导宽容的人还要冒着生命危险，并且通常还要以极其谨慎的拉丁措辞来表达他们的忠告，以至于最聪明的读者也没有几个能理解他们的意思。

第六章　生活的纯洁

　　这里虽讲述的是一个小小的数学问题，但出现在历史书中也并非不恰当。

　　把一根绳子围成一个圆，如图1，圆中各条直径当然是相等的，AB=CD=EF=GH=……

　　但是，轻拉绳子两边，圆就变成了椭圆（如图2），完美的平衡立刻被破坏，各条直径都变形了。AB 和 EF 等几条直径大大缩短了，而其他直径，尤其是 CD，却变长了。

　　现在把数学问题运用到历史上来。为了便于论证，我们先假定：

　　AB 代表政治

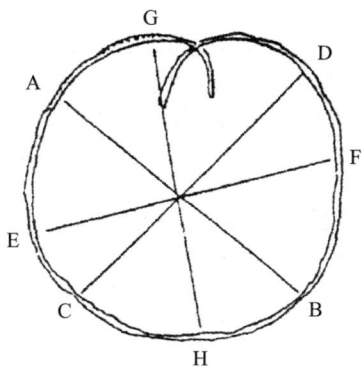

图1

CD 代表商业

EF 代表艺术

GH 代表军事

图 1 代表完美的平衡状态，所有线段都一样长，对政治的关注与对商业、艺术和军事的关注都是同等的。

但是在图 2（它不再是完美的圆了）中，过分强调商业，而牺牲了政治，艺术几乎完全没有地位了，而军事的地位却有所加强。

或者如图 3，GH（军事）成为最长的线段，而其他的都趋于零了。

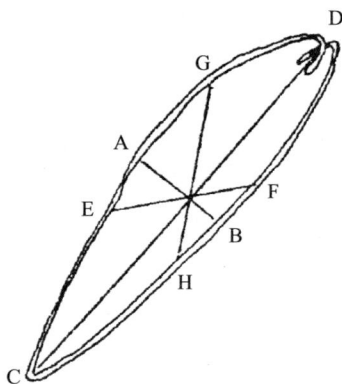

图 2

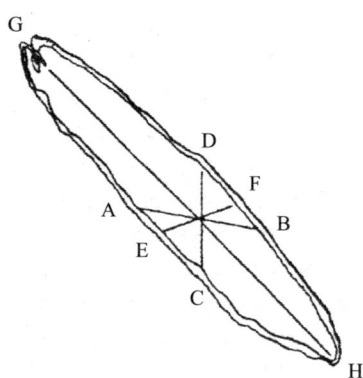

图 3

你会发现这是一把非常方便的能够解决许多历史问题的钥匙。

试一下希腊这把锁。

希腊人曾在一个短时期内能够在各行各业中维持一个完美的圆。但是，不同政党之间的愚蠢争吵很快导致比例改变，无休无止的内战耗尽了国家的精力。士兵们不再用来保卫国家、抵御外敌入侵，他们受命向自己的邻居开火，因为这些人投了另一个候选人的票，或者想对税收形式稍做修改。

商业是圆中最重要的直径，但它第一次陷入了困境，最后难以为继，便逃向世界上商业能享有巨大稳定性的其他地方了。

贫穷从城市的前门进来，艺术便从后门溜走，再也看不见。资本乘坐能在100海里内找到的最快船只逃走了。由于智力活动成为昂贵的奢侈品，因此好学校也维持不下去了，最好的老师都赶忙奔向罗马和亚历山大。

剩下的都是二等公民，靠传统和常规生存。

这一切的发生都是因为政治的线段超出了比例，完美的圆遭到破坏，其他艺术、科学、哲学等线段都化为乌有。

如果把圆的问题应用于罗马，你会发现，那条叫"政治"的特殊线段越来越长，最后把所有其他线段都挤掉了，直至组成共和国荣耀的圆完全消失，只剩下了一条细细的直线，这是成功与失败间的最短距离。

再举一例。如果你把中世纪教会的历史转化为这类数学问题，将会发现下面的情况。

最早的基督徒曾经极力保持行为圆的完美。也许他们宁愿忽略科学的直径，不过既然他们对这个世界的生活不感兴趣，也就不可能期望他们多么关注医学、物理学或天文学。毫无疑问，这些都是有用的科目，却无法吸引那些时刻为"最后审判日"的来临做准备、并仅仅将尘世看做通向天堂前厅的男男女女。

不过，至于其他方面，虔诚的基督教信徒想方设法（尽管很不完备）要过好日子，他们既勤奋又慈善，既仁义又诚实。

然而，他们的小社团一旦结为一个单一的强大组织，新的世界性责任和义务便粗暴地破坏了原来精神圆的完善。对于半饥半饱的木匠和石匠那些小群体来说，遵守他们的信仰赖以存在的贫穷和无私的原则还是非常容易的。但是罗马帝位的继承人、西方世界的祭司长和整个欧洲大陆最富有的财主却不能像波美拉尼亚或西班牙一个地方镇的小执事那样过着简朴的生活。

用这一章"圆"语言来说，代表"世俗"的直径和代表"对外政策"的直径伸展得太长，代表"谦卑"、"贫穷"、"自我否定"和其他基督教基本美德的直径已趋于零。

以傲慢的口吻谈起生活在中世纪的无知的人们成了当代人的一大快事，尽管我们知道他们生活在极端黑暗之中。事实上，他们在教堂里点燃蜡烛，在摇曳不定的烛光中安歇，没有什么书，连许多现在小学和比较高级的精神病院里教授的东西都一窍不通。不过，知识和智慧是完全不同的。就后者而言，这些优秀的自由民充分发挥了他们的智慧，建立了我们现在仍然居于其中的政治和社会结构。

在很长时间里他们面对许许多多教会中的恶毒诋毁显得无能为力，但让我们对他们的评判仁慈一点吧。他们至少还是有勇气坚持自己的信念，与他们认为错误的东西斗争到底，完全把个人的幸福和安逸置于脑后，以至于常常在断头台上结束了自己的一生。

我们再也不能对一个人要求更多了。

确实，在公元后最初的一千年中，相对来说，很少有人为自己的理想而献身。不过这并不是因为教会对异端的感受不如以后那么强烈，而是因为它有更重要的问题要解决，而没有时间浪费在相对无害的持不同观点者身上。

首先，在欧洲许多地方，奥丁神和其他异教神仍然占据着最高的统治地位。

其次，发生了一件非常令人不快的事，给整个欧洲带来了毁灭性的威胁。

这件"令人不快的事"就是，突然出现了一个叫穆罕默德的新先知，一个叫"真主"的新上帝的信徒们征服了西亚和北非。

我们小时候读到的文学充满了"异教狗"和土耳其人暴行的故事，这易于使我们产生这样的印象，觉得耶稣和穆罕默德各自代表的理想是水火不相容的。

然而，事实上，他们两属于同一个种族，说着同一种方言，都把亚伯拉罕奉为始祖，都可追溯到一千年前就屹立于波斯湾畔的同一个祖籍。

两位大师的信徒们是近亲，却又相互鄙视，他们之间的战争已经持续了 12 个世纪，到现在还没有结束。

再去推测以前可能发生过的事情毫无意义，但是曾有那么一回，罗马的头号敌人麦加差一点儿就接受了基督教的信仰。

阿拉伯人像所有居住在沙漠中的人一样，他们的大量时间是在放牧的生活中度过的，因此有时间沉思冥想。城里人沉醉于终年不断的乡镇市场的欢愉中，而牧民、渔民和农夫却过着寂寞的生活，他们需要比热闹和刺激更实际的东西。

阿拉伯人在渴望获得拯救的过程中，尝试过好几种宗教，不过他们明显偏爱于犹太教。这一点很容易理解，因为阿拉伯地区到处都居住着犹太人。公元前 10 世纪，所罗门国王的大批臣民不堪忍受赋税的重负和统治者的专制，逃到阿拉伯。又过了 500 年，到了公元前 586 年，尼布加尼撒征服了犹太国，大批犹太人开始了第二次向南部沙漠的迁徙。

因此，犹太教为阿拉伯人所熟知。此外，犹太人只追求惟一真正的上帝，完全符合阿拉伯部落的志向和理想。

读过一点穆罕默德著作的人都知道，麦地那派从《旧约》的一些书中借用了大量智慧之言。

以实玛利（与他的母亲海加一起葬在阿拉伯中部犹太神殿中的圣地的后裔并不敌视拿撒勒年轻改革者所表达的思想。相反，当耶稣说只有一个上帝，是所有人的慈父时，他们都热切渴望追随着他。然而他们不愿意接受这个拿撒勒人的信徒们宣扬的那些所谓的奇迹。至于复活，他们干脆就不相信。不过，一般说来，他们还是自然倾向于新信仰，愿意为它提供一个机会。

但是，穆罕默德在一伙狂热的基督徒手里吃了相当多的苦头。这伙人通常缺乏辨别力，在他还没有张开口之前，就斥责他为骗子，是伪先知。这件事，加上基督徒是信仰三个天神而不是一个上帝的偶像崇拜者的说法广泛流传，终于使沙漠居民背弃了基督教，转而宣布自己支持麦地那的赶骆驼人，因为他只对他们讲一个惟一的上帝，而不是宣扬"一个"又不是"一个"的三个神，使他们无所适从。是宣扬一个神，还是宣扬三个神，完全凭主持教士视当时情势和兴趣而定。

这样，西方世界便拥有了两种宗教，每一种宗教都宣扬自己信奉的上帝是惟一真正的上帝，而把其他宗教信仰的上帝都贬为骗子。

这种主张上的冲突易于导致战争。

公元 632 年，穆罕默德去世了。

在不到 12 年的时间里，巴勒斯坦、叙利亚、波斯和埃及相继被征服，大马士革成为庞大的阿拉伯帝国的首都。

在公元 656 年底之前，整个北非海岸都把真主视为神圣的统治者，在穆罕默德从麦加逃到麦地那后不到一个世纪的时间里，地中海就变成了一个伊斯兰教的湖，欧亚两洲的一切交往都中断了，欧洲大陆一直处于围困之中，这种状态一直持续到 17 世纪末。

在这种情况下，基督教会要把它的教义传播到东方是根本不可能的。它所能希望做到的只是巩固它已经拥有的成果。于是德国、巴尔干各国、俄国、丹麦、瑞典、挪威、波希米亚和匈牙利被教会选定为集中进行精神培育的理想之地，而且总体说来，这项工作开展得卓有成效。偶尔也有像查理曼（查理大帝）那样强壮的基督徒，用心良好，然而不够文明，用暴力手段残杀了那些宁愿有自己的天神而不愿接受外来上帝的臣民。然而，基督教传教士不久还是受到了广泛接纳，因为他们诚实正直，讲述的东西易为人理解，简单明确，加之，他们为这个充满流血、冲突和拦路抢劫的世界引入了秩序。

但是正当这一切在教会帝国的外围地区进展得相当顺利的时候，帝国内部的情况却不尽如人意。（用本章开头几页的数学原理来解释）世俗的线段不断加长，直至教会的精神因素完全从属于纯粹的政治和经济。尽管罗马的权力日益膨胀，并对以后 12 个世纪的发展产生了巨大影响，但是崩溃瓦解的苗头已经显露出来，僧俗两界的有识之士都看出了这一点。

现代的北方新教徒把教堂看成一座房子，七天中有六天是空着的，人们只在星期日去听布道和唱赞美诗。我们知道一些教堂里有主教，偶尔主教们在城里开会，那时我们会发现周围有一群年老和善的绅士，他们的衣领都翻到后面。我们可以从报纸上读到他们宣布自己赞成跳舞，或反对离婚的新闻，然后他们又回到家里，我们的社区又恢复了以往的平静和幸福。

我们现在极少把这种教堂（即使它与我们形影不离）与我们的全部活动联系在一起，无论是生前还是死后。

当然政府完全不同。政府可以拿走我们的钱，如果认为符合公共利益的需要，甚至可以杀死我们。政府是我们的主人，是主宰。但我们现在通常所称的"教会"可是我们值得依赖的好朋友，即使与它发生争执也没有大碍。

但是在中世纪，情况却完全不同。那时的教会看得见摸得着，是一个呼吸着、存在着的非常活跃的组织，用种种政府做梦也想不到的方式决定着人们的命运。那些最早从王侯那里接受馈赠的土地、放弃古老的贫穷理想的教皇，很可能没有预见到这样的政策所必然导致的后果。起初，由基督的忠诚信徒向圣徒彼得的继承人捐赠一份自己的世俗财富似乎完全无害，而且还合情合理。此外，从约翰格罗斯到特拉布宗松，从迦太基到乌普沙拉，从上到下都有一个复杂的行政管理体制。我们想一想，不要提各个部门数以百计的大小头目，光秘书、职员和抄写员就数以千计，他们都要住房、穿衣、吃饭。再想一想横穿整个大陆的信使的服务费用，今天去伦敦、明天再从诺夫格罗德返回的外交使臣的旅行费用，以及为了保证教皇的使臣与世俗王侯们在一起时能够平起平坐所必需的花费。

还是让我们来回顾一下教会本来代表什么，设想一下如果它在稍微好一点的环境下可能会是什么样子，那么这样的发展看来是非常令人遗憾的。因为罗马很快发展成了一个稍带一点宗教色彩的超级大帝国，教皇成为奴役整个西欧的独裁者，相对而言，古代皇帝的统治反倒显得温和宽厚。

然而，正当教会的统治在一定程度上取得完全成功时，发生的一些事情给予其统治世界的野心致命的一击。

主的真正精神又一次在民众中传播开来，这件事的发生对于任何宗教组织来说，都是最可怕的。

持异见者并不是刚刚出现的新生事物。

一旦出现单一信仰的统治，人们就会持有异见，也就出现了持异见者，多少世纪以来，将欧洲、非洲和西亚分成几大敌对阵营的争端几乎与基督教的历史一样长久。

然而，多纳图派、撒伯里乌派、基督一性论派、摩尼派和聂斯托利教派之间的血腥冲突本书就不再阐述了。通常来说，各个教派的心胸都是相当狭窄的，阿里乌斯的信徒和阿塔那修斯的信徒的专制几乎不相上下，难分高低。

除此之外，这些争执总是基于某些模糊不清的神学观点，现在已经逐渐被人遗忘了。决不能再把这些玩意儿从羊皮卷宗的坟墓里挖出来，将时间浪费在编造一本挑起神学战火的书上。更确切地说，我写这些是想告诉我们的孩子，为了思想自由的理想，祖先们曾冒着生命的危险为之战斗；并告诫他们不要再遵从造成了过去两千年来沉重灾难的教条式的傲慢态度和独断专行。

可是当我们谈到 13 世纪，情况却完全不同。

那时，异教徒不再是一个持异见者，不再是一个带有自己偏好的爱争论的家伙，不再为《启示录》中的模糊语句或《约翰福音》中一个拼错的神圣单词而争论不休。

　　相反，他已成长为一名斗士，在提比略当政时期，拿撒勒村庄中的一位木匠为理想奋斗至生命的最后一刻。看哪！他站起来了，俨然一位真正的基督徒。

第七章　宗教法庭

公元 1198 年，塞格尼伯爵洛赛里奥继承了他在位没几年的叔父保罗的皇位，作为英诺森三世登上了教皇的宝座。

他是所有居住过拉特兰宫①的主人中最令人瞩目的一位。他继位时 37 岁，是巴黎大学和博洛尼亚大学的优等生，富有、聪明、精力充沛、雄心勃勃，善于运用他的权力，以至于他可以毫不夸张地宣称，他管理的"政府不只是教会的政府，而是整个世界的政府"。

他把驻罗马的帝国②总督驱逐出罗马，再次征服了由帝国军队控制的那部分半岛，最后把皇位继承人也逐出了教会，那位可怜的王子发现自己身陷如此艰难的困境，而不得不完全从阿尔卑斯山另一边的领地上撤退。这样，他将意大利从日耳曼的魔掌中解救出来。

---

① 拉特兰宫，罗马教皇皇宫。
② 帝国，指神圣罗马帝国。

第四次十字军东征

他组织了著名的第四次十字军东征,但根本没有见到"圣地"①,
只不过航行到君士坦丁堡,屠杀了该城大量的居民,抢夺了一切能
带走的财物,其行径之残酷令后来到希腊港口的十字军士兵,没有
一个敢冒着被当做亡命徒绞死的危险而在港口露面。事实上,英诺
森三世倒也表示过不赞同这种对着天国大喊大叫、使少数德高望重
的基督徒感到厌恶和绝望的行径。不过英诺森是个很务实的人,他
很快就接受了这一不可改变的事实,并任命一个威尼斯人去填补君
士坦丁堡主教的空缺。他通过这聪明的一招使东正教又一次置于罗
马的控制之中,同时又赢得了威尼斯共和国的好感,从此威尼斯共
和国把拜占庭领地看成是自己的东方殖民地的一部分,并这样来对
待它们。

---

① "圣地",指耶路撒冷。

在精神方面，教皇陛下显示出他是个有造诣、很老练的人物。

教会经过近一千年的踌躇不决之后，终于开始坚决主张婚姻不只是一份男女之间的民事契约，而是一桩最神圣的圣事，必须在神父当众祝福后才真正生效。法国的菲力浦·奥古斯特和莱昂的阿尔方索九世曾按照他们自己的好恶管理国家内部事务，但很快教皇就提醒他们记住自己的职责，由于他们都是谨小慎微之人，便立即遵照教皇的旨意行事了。

甚至在北方高原，基督教只是最近才刚刚征服此地，人们也很快就以明确的态度表示了他们知道谁是真正的主人。国王哈康四世（海盗同伙们习惯称他为"老哈康"）刚刚征服了一个小帝国，除了本土挪威外，还包括苏格兰的一部分、整个冰岛、格陵兰岛、奥克尼群岛和赫布里底群岛。但是他必须将自己复杂出身的有关资料提交给罗马法庭，才能在古老的特隆赫姆大教堂获得加冕。

教会的势力就是这样强大。

保加利亚国王不断地屠杀希腊战俘，还不时折磨一下拜占庭的皇帝，因此根本就不可能期望他对宗教产生多大的兴趣，可他还是不远千里跑到罗马，卑躬屈膝地恳求教皇陛下承认他为臣仆。在英格兰，几个贵族着手制定了约束皇上的戒律，却突然得到教会的通知，他们的宪章是无效的，因为"它是依靠暴力取得的"；随后他们由于给世界带来的那份著名文献《大宪章》而被逐出教会。

所有这些都表明，英诺森三世不会轻易地放过朴实的纺织工人和目不识丁的牧羊人的主张，因为他们对教会的法律提出了质疑。

不过，到底还是有一些人能鼓起勇气做这样的事情，正如我们将要看到的。

要真正了解异端邪说的问题太难了。

异教徒几乎一律都是穷人，没有什么宣传的才能。他们偶尔写的一些阐述自己思想、保护自己打击敌人的粗陋的小册子，很容易成为当时掌权的宗教法庭派出的密探的掌中之物，并被立即销毁。因此，我们获得的许多有关异端邪说的知识，都是从对他们的审讯记录，以及他们披着伪教义外衣的敌人出于向真正的信徒揭露新的"撒旦阴谋"，以警醒世人不能再做这种事情的目的而写的一些文章中得来的。

结果，这些人在我们的脑海里就呈现出这样一幅画面：他们披散着长发，衣衫褴褛，住在贫民窟的最下层的地窖里，拒绝碰触体面的基督食品，完全靠蔬菜过活，除水以外不喝任何东西，对女人避而远之，含糊不清地唠叨着救世主就要第二次驾临的奇怪的预言，责骂教士们的粗俗和邪恶，对既定的事物秩序进行恶意的攻击，引起了可敬的邻人们的厌恶。

无疑，许多异教徒的行为损害了自己，这似乎就是自命不凡的人的命运。

他们中的很多人肯定不是由神圣热情的驱使来追求神圣的生活。他们像魔鬼一样肮脏，散发出难闻的气味，那些关于真正基督存在的奇怪的想法把他们家乡平静的日常生活搅乱了。

不过，我们还是要称赞他们的勇气和诚实。

他们或许一无所获，也可能失去一切。

通常他们丧失了一切。

当然，这个世界上的一切都要趋于组织化。最后，甚至根本不相信组织的人如果想有所作为，也必须建立一个"无组织促进协会"。

喜爱神秘事物、沉湎于情感中的中世纪异教徒也不例外。他们出于自我保护的本能聚集在一起，不安全感迫使他们在自己的神圣教旨外面裹上了神秘礼仪和秘密仪式的双重外衣。

当然，始终忠诚于基督教会的大众却不能区分这些团体和教派。他们把所有这些教派都混在一起，统称为肮脏的摩尼教派或其他不恭的称呼，以为这样就能解决问题。

就这样，摩尼教派成了中世纪的布尔什维克。当然我使用这个名词并不是指一个界定明确的、几年前（本书最早出版于1926年）在旧俄罗斯帝国建立自己的统治力量的政党的某个成员。我是指一种模糊的不好的谩骂名词，现在的人也将它用在自己的敌人身上。例如，收房租的房东也会将这个词用在未将电梯停在他要去的楼层上的开电梯的小伙子身上。

对于中世纪的上等基督徒来说，摩尼教徒是最令人讨厌的家伙。然而，他们又不能根据什么非常确凿的证据来审判摩尼教徒，只能用道听途说之词对他们进行定罪。这种方法明显的优点是，比常规的司法审判要快些，但缺乏准确性，常常导致大量合法但不公正的死刑判决。

就可怜的摩尼教徒来说，使得这一切变得更应受指责的原因是，原来这一教派的创始人波斯人摩尼是仁慈和博爱的化身。他是一个历史人物，于公元3世纪前叶生于一个名叫艾克巴坦那的小镇子，他的父亲伏塔克是个相当富有和有影响的人物。

他在底格里斯河畔的泰西封镇接受教育，青年时代所在的社区就像今天的纽约一样国际化，那里的人说着多种语言，有虔奉宗教的，有不信神的，有道貌岸然的，有充满理想的。东方、西方、南方和北方的每一种异端、每一种宗教、每一种教派都能在访问美索不达米亚大商业中心的熙熙攘攘的人群中找到自己的追随者。摩尼聆听了各种传道士和预言者的布道,然后创立了自己的一套哲学,那是佛教、基督教和犹太教的混合物,再掺点古老的巴比伦的迷信。

如果不考虑摩尼教徒有时把其教义推向极端,那么就可以说摩尼只是复活了古波斯的好上帝和坏上帝的神话。两种上帝一直在为争夺人的灵魂而战,摩尼把万恶之神与《旧约》中的耶和华联系在一起(于是耶和华变成了魔鬼),把"万善之神"看做《四福音书》中的"天父"。此外,(这里可以感受到佛教的影响)摩尼认为人的肉体生来就是邪恶卑鄙之物,所有人都应该不断地禁灭肉欲,以此来消除自己的世俗野心,都应该遵守最严格的饮食和行为规则,这样才不会沦入恶神(撒旦)的魔掌,才不会被地狱之火焚烧。结果,他重新恢复了大量绝不能吃绝不能喝的东西的禁忌。他为信徒们制定的食谱就是凉水、干菜和死鱼。这后一项规定也许会令我们惊愕不已。不过教徒们认为海里的生物都是冷血动物,对人的不朽灵魂的损伤比陆地上的热血动物要小一些,因此这些人宁死也不肯吃一块牛排,却津津有味地大口大口地咀嚼着死鱼,丝毫没有恶心之感。

摩尼轻视妇女,表明了他是一个不折不扣的东方人。他禁止信徒结婚,主张慢慢灭绝人类。

至于以浸礼教徒约翰为代表的犹太教派所制定的洗礼及其他仪式,摩尼都极端厌恶。他的神职人员在就任圣职仪式上,行按手礼,而不是将身体浸入水里。

25 岁那年,这个怪异的人开始向全人类阐述他的思想。他首先访问了印度和中国,获得了很大成功。然后他返回家乡,要把他的信条的福音带给自己的邻人。

然而，波斯教士们开始发现这些非世俗的教义的成功使他们失去了许多秘密收入，就转而反对他，并要求处死他。起初，摩尼享有国王的保护，但当这位国王去世后，由对宗教问题毫无兴趣的人继位，摩尼便被交给了教士阶层。教士们把摩尼带到城墙下，将他钉死在十字架上，并剥下他的皮，挂在城门上示众，以警诫那些可能对这位艾克巴坦那的先知的异端邪说感兴趣的人。

随着与官方当局的激烈冲突，摩尼教会本身也分崩离析了。但是这位预言家的零星思想犹如许多精神流星，在欧亚大地上撒播得又远又广，并在以后的几个世纪里对朴实贫苦的大众产生了巨大影响。他们无意识地偶然了解了摩尼的思想，仔细考察它，发现它非常合乎自己的口味。

我不知道摩尼教传入欧洲的确切时间和途径。

它很可能是经过小亚细亚、黑海和多瑙河这条路径传入的。然后，它越过阿尔卑斯山，很快在德国和法国受到极大欢迎。新教义的信徒给自己起了个东方名字：凯瑟利，意即"过纯洁生活的人"。苦恼的情绪传播得如此之广，以致单词"Patarin"、"Ketzer"或"Ketter"与"异端邪说"的意思相同。

不过请不要将"凯瑟利"看做一个固定的宗教派别，没有人试图建立一个新教派。摩尼教的思想对许多坚定地认为自己只是基督教会的虔诚信徒的人产生了巨大影响。这使得这种特殊形式的异端邪说非常危险，又如此难以察觉。

相对来说，只要引起疾病的病菌大得可由当地的卫生部门通过显微镜检查出来，普通医生就可以很容易地诊断出来。

但是天神保护我们免受在超紫外线照射下仍然能隐形存在的小生物的侵害，尽管它们还要继承世界。

从基督教会的观点看，摩尼教是最危险的社会瘟疫的代名词，它使组织的上层人物的头脑中充满各种以前从未感受过的精神苦恼。

人们除了私下谈及之外，很少提到它。然而一些早期基督教信仰的最坚定的支持者已明确表现出了这种病的征兆。就拿伟大的圣奥古斯丁来说，这个最杰出的不屈不挠的十字军勇士比任何人都更积极地摧毁了异教的最后堡垒，但据说他内心里很大程度上还是一个摩尼教徒。

西班牙主教普里西林于公元 385 年被烧死于火刑柱上，并获得了反对异教法的第一个献身者的荣誉，因为他被控有摩尼教倾向。

甚至连基督教会的首领们也渐渐被可恶的波斯教义所吸引。

他们开始劝阻非教徒的俗人读《旧约》，最后在 12 世纪还颁布了著名的法令：宣告所有神职人员从此以后都必须保持独身。我们不要忘记，这些波斯的禁欲思想很快对最伟大的精神变革的领袖们产生了非常深刻的影响，使最受人爱戴的阿西西的方济各制定的新修道院的院规都带上了严格的摩尼式纯洁，他因此赢得了"西方的佛陀"的头衔。

但是当自愿贫穷和使灵魂谦卑的高尚理想开始渗入到普通民众的心灵的时候，当世界充满了皇帝与教皇间又一场战争的叫嚣声的时候，当外国雇佣军各自扛着镶有十字架和苍鹰的旗帜为争夺地中海沿岸最有价值的弹丸之地彼此厮杀的时候，当大批十字军携带同时从朋友和敌人那儿掠夺的不义之财蜂拥返回的时候，当修道院院长们在豪华的宫殿里豢养着一群谄媚之徒的时候，当教士们快马疾驰穿过清晨熙攘的人群去饱享早餐的时候，一桩非常不妙的事情注定要发生，而且也真正发生了。

不足为奇的是，对基督教现状的公开不满首先出现在法国的一个地方，那里的古罗马文化传统维持得最长，但那里的文明永远也不会被野蛮同化。

从地图上可以找到这个地方，它叫普罗旺斯，位于地中海—罗纳河—阿尔卑斯山这样一个三角地带之间。腓尼基人的殖民地马赛过去曾是、现在依然是它的最重要的港口，这儿有不少富裕的乡镇和村落，一直是一片肥沃的土地，享有充足的雨水和阳光。

当中世纪欧洲的其他地区还在聆听长头发的条顿英雄的野蛮事迹时，普罗旺斯的民间歌手、诗人就已经创造了新的文学形式，最终产生了现代小说。此外，普罗旺斯人与邻邦西班牙和西西里的伊斯兰教徒的商业交往比较密切，这使人们能够了解科学领域的最新著作，而那时候在欧洲北部，这类书籍还屈指可数。

在这个国家里，早在公元 11 世纪初的前十年，复兴早期基督

普罗旺斯

教的运动就兴起了。

然而，无论多么牵强附会的原因，都不能解释为公开反叛。到处都有一些小村子的一些人开始暗示他们的教士应该像教民那样过着简朴的生活。他们拒绝随爵爷们奔赴疆场，（啊，令人怀念的古代殉道者啊！）他们试图学习一点拉丁文，以便能够阅读和学习他们自己的《新约》福音书。他们公然表示不赞成死刑，他们否认"炼狱"的存在，而早在耶稣死后六个世纪，"炼狱"就被官方正式宣布为基督天国的一部分，而且（这是最重要的细节），他们拒绝向教会交纳收入税。

无论什么时候，只要反对教会权威的头目被查出来，如果他们不听劝告，就会被逐出教会。

但是事态继续蔓延，最后不得不召集普罗旺斯的所有主教开会，讨论采取什么措施制止这场非常危险又极具煽动性的骚动。他们定期开会，一直争执到公元 1056 年。

这时已经清楚地表明，一般性的惩罚和逐出教会已不能产生显著的效果。渴望过"纯洁生活"的朴实的村民，当他们在监狱里一有机会表现基督的仁慈和宽厚的原则就高兴不已，如果他们有可能被判处死刑，还会像羊羔一样非常温顺地走向火刑柱。而且，总会出现这样的情况，一个殉道者留下的位置立即就会有十几个心怀神圣信仰的新教徒填补上。

坚持施以更残酷迫害的教会的代表与拒绝执行罗马命令的地方贵族和教士们（由于了解臣民的本性）争执了近一个世纪，后者认为暴力只能鼓舞异教徒更坚定他们反对理性声音的决心，因此只能是耗费时间和精力。

而且到了 12 世纪末期,这场运动还接受了来自北方的新动力。

在与普罗旺斯隔罗纳河相望的里昂城住着一位名叫彼得·瓦尔多的商人,他非常严肃、心地善良、乐善好施,沉迷于追随救世主榜样的狂热之中。耶稣曾教导说,让骆驼穿过针眼要比让富有的年轻人进天堂更容易。整整 30 代基督徒都一直想努力弄明白耶稣说这句话的真正意思。但彼得·瓦尔多并没有这样做,他读了这句话就相信了,他把自己拥有的全部财物都分给了穷人,然后离开商界,不再积聚新的财富。

约翰写道:"仔细阅读《圣经》。"

有 20 位教皇注释这句话,并详细规定在什么情况下才能允许俗人直接研究圣书而不求助于教士。

彼得·瓦尔多却不这样看。

约翰既然说了"仔细阅读《圣经》",那么好吧,彼得·瓦尔多就仔细读一读。

当他发现一些内容与圣杰罗姆的结论不相吻合时,便把《新约》

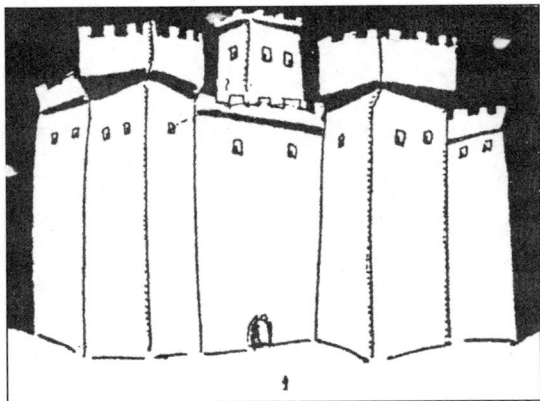

彼得·瓦尔多

译成自己的语言，并把他的手稿抄本散发到普罗旺斯各地。

起初，他的行为并未引起多大注意。他渴望贫穷的热情似乎也没有什么危险。他很有可能被说服，去创立一些新的修道院禁欲条令，这是为了那些渴望过真正艰苦生活，以及抱怨现有的修道院太过奢侈和舒适的人们而为的。

对待那些忠诚过度而可能给自己惹出麻烦的人，罗马表现得很聪明，因为总是能为他们找到适当的发泄方法。

但是一切都必须遵循常规和先例。而在这方面，普罗旺斯的"纯洁人"和里昂的"穷人"真是做得太离谱了。他们不仅没有告知教皇他们正在做什么，甚至还更进一步地胆敢宣扬这样一种惊人的学说：一个人能够成为极好的基督徒而无需职业教士的帮助，并且罗马的主教并不比鞑靼的大公或巴格达的哈里发更有权告诉人们在他的司法管辖权之外该做什么和该信仰什么。

教会当时处于进退两难的境地，我实事求是地讲，它等待了很长时间才最后决定使用武力根除这些异端邪说。

但是，如果一个组织基于的原则是，只有一种正确的思考和生活方式，所有其他的方式都是可耻的和不该存在的，那么当这个组织的权威受到公开质疑时，就必然会采取极端严厉的措施。

如果它做不到这一点，也就没有希望存在下去，基于这样的考虑，终于迫使罗马果断采取行动，并制定了一系列惩罚措施，使以后所有持异见者都心怀恐惧。

阿尔比教徒①和瓦尔多教徒②生活在没有多少政治价值的乡村，

---

① 阿尔比教徒，以阿尔比城命名的异教徒。阿尔比城是新教义的温床。
② 瓦尔多教徒．因其创始人彼得·瓦尔多而得名。

因而不能保护自己。他们被选作第一批牺牲品。

一个统治了普罗旺斯好几年，将那里看做被征服领土的教皇代表的被杀给英诺森三世的干涉提供了借口。

他征集了一支正规十字军征讨阿尔比教徒和瓦尔多教徒。

在 40 天内志愿加入讨伐异教徒的远征军的人可以免交负债利息，可以赦免过去和将来的一切罪孽，并且眼下不受一般法庭的司法管辖。这些条件相当诱人，大大地吸引了北欧的人。

攻打富裕的普罗旺斯城能够得到与远征东方一样的精神上和经济上的报偿，并且能够以更短的服务期获得相同的荣誉，那么人们何必千里迢迢跑到东方的巴勒斯坦去打仗呢？

人们暂时遗忘了"圣地"，法兰西北部、英格兰南部、奥地利、萨克森和波兰贵族绅士中的败类纷纷涌向南方以躲避本地的官吏，并以牺牲富庶的普罗旺斯人为代价，将自己已经空荡的钱箱重新装满。

被这些勇敢的十字军绞死、烧死、淹死、砍死和肢解的男女老幼的数目有各种各样的说法，究竟有几万人送了命，我也说不清楚。各地在正式执行死刑后都提供了一些具体的数字，通常都在两千和两万之间不等，由城镇大小而定。

当贝兹埃城被占领后，十字军士兵陷入了分不清哪些是异教徒、哪些不是的窘境，于是他们把这个问题送到了随军的精神顾问——教皇代表那里。

这个虔诚的家伙说："孩子们，干吧，把他们都杀死。主知道谁是他的臣民。"

有一个名叫西蒙·德·蒙特福特的人，是著名的德·蒙特福特

最后的瓦尔多
教徒

的父亲。他出奇的残忍，狡诈无比。作为对他的"杰出贡献"的回报，他此后从刚被他抢夺过的这个国家得到了大片土地，他的部下也按"功"得到了赏赐。

这场大屠杀中几个幸存的瓦尔多教徒逃到了人迹罕至的皮得蒙特山谷中，创立了一个他们自己的教会，直至公元16世纪欧洲的宗教改革运动。

阿尔比教徒的命运更不幸。经过一个世纪的鞭挞和绞刑之后，他们的名字从宗教法庭的报告中消失了。不过三个世纪之后，他们的教义稍经改头换面又突然出现了，倡导者是个名叫马丁·路德的萨克森教士。他掀起的这场改革打破了长约1500年的教皇统治的超级大国享有的垄断。

当然，这一切都瞒过了英诺森三世精明的眼睛，在他看来，困难的局面已经过去，绝对服从的信条已经成功地再次确立了。《路加福音》第14章第23节中有一条著名的命令，基督说一个人想举办一个宴会，他发现宴席上有几个空位子，有几个客人还没有来，便对仆人说："到篱笆外的大路上去，把他们强拉进来。"现在这条命令又一次实现了。

"他们"也就是异教徒，被强拉进来了。

怎样留住他们仍然是教会面临的问题，直到许多年后这个问题才得到解决。

于是在地方法庭经历了许多次不成功的审判之后，便在欧洲各国首都设立了在第一次阿尔比教徒暴动时使用过的那种特别调查法庭。它们专门审判所有异端案件，并被简称为"宗教法庭"。

甚至在今天，"宗教法庭"早已不起作用的时候，这个名字仍然使我们的心中充满恐惧。我们仿佛看见哈瓦那黑暗的地牢，里斯本的刑讯室，克拉科夫博物馆里的生锈铁锅和烙铁，黄色的兜帽和黑色的面具，以及一个下额宽大的国王睥睨着一排排长无尽头的老年男女拖着脚步慢慢地走向绞架的恐怖景象。

19世纪后半叶的几部通俗小说所描写的内容毫无疑问与这种邪恶暴行给人们留下的印记有关。我们可以将25％的内容归于作者的浪漫想像，25％归于新教徒的偏见，即使这样，我们发现所剩下的恐怖仍然足以证明所有秘密法庭都是令人难以容忍的魔鬼，文明社会是永远也不会容忍的。

亨利·查理·里在写成的长长的七大卷书中探讨了"宗教法庭"的问题。我在这里必须将它压缩至两三页，而要在这样短的篇幅内对中世纪历史上最复杂的问题简要地做一番解释显然是不可能的，因为从来没有一个"宗教法庭"能与今天的"最高法院"或"国际仲裁法庭"相比。

在不同的国家里有形形色色的"宗教法庭"，它们设立的目的又各不相同。

最著名的是西班牙的"皇家宗教法庭"和罗马的"圣宗教法庭"，

前者负责地方事务，监视伊比利亚半岛和美洲殖民地的异教徒；后者在欧洲各地都设有分支机构，在大陆北面烧死了圣女贞德，在大陆南面烧死了乔达诺·布鲁诺。

严格地讲，"宗教法庭"事实上从没有杀过一个人。

在教士法官宣判之后，定罪的异教徒便被送到世俗当局手里，当局可以用他们认为合适的方式处置罪犯。但是如果当局没能判处他们死刑，他们便会遇到更多的麻烦，甚至被逐出教会或失去教廷的支持。如果罪犯逃脱了这种命运，没有被送交到地方法官那里，——这类事情也曾时有发生，那么他受的磨难就会加大，因为之后他要冒被囚在宗教法庭的孤独牢房里惨熬余生的危险。

由于死在火刑柱上要比在岩石城堡的黑洞里忍受慢慢精神发疯的恐惧要好受一些，许多囚犯便承认了各种各样与自己无关的罪行，这样他们可能被判异端罪而早日结束痛苦。

不怀有偏见地谈论这个主题是非常不容易的。

这似乎令人难以置信，在五个多世纪里，世界各地成千上万无辜的人仅仅由于多嘴的邻居道听途说的传闻，而半夜三更被人从床上抓起来，在污秽的地牢里关上几个月或几年，等待一个出现在不知姓名和身份的法官面前的机会。没有人告诉他们犯了什么罪，也不准许他们知道证明其有罪的证人的名字，不许与亲属联系，更不许请律师。如果他们继续坚持自己是清白的，就会饱受酷刑直至全身骨头被打裂。其他异教徒还可以揭发控告他们，但如果说一些有利于被告的话是不会有人听的。最后他们被处死时，一点也不知道他们为什么会遭此厄运。

更难以置信的是，已经埋葬了五六十年的男女也会被从坟墓中

牺牲

挖出来，"缺席"判他们有罪，以这种方式定了罪的人的继承人所继承的财产还要在罪犯死去半个世纪之后被剥夺。

但情况就是这样，因为宗教审判官正是靠从没收来的所有物品中分享丰富的一份，来维持他们体面的生活。所以这种荒唐之事的发生就绝非罕见了，时常由于相隔两代的祖父干过的什么事情而使孙子们沦为乞丐。

我们这些 20 年前在沙皇俄国处于全盛时期读报纸的人都会记得什么是暗探。一般说来，暗探以前都是小偷或洗手不干的赌徒，性格可爱，一脸的"悲伤"，他们故意偷偷地让人知道迫使他们参加革命的不幸，这样常常能博得真正反对帝国政府的人的信任。但是一旦他们探得新朋友的秘密，便出卖给警察局，揣起奖金，再到下一个城市重演他那卑鄙的勾当。

在公元 13、14 和 15 世纪中，南欧和西欧到处都是这类心地恶毒的私家密探。

他们就是靠告发那些被认为抨击了教会或对教义中的某几点持怀疑态度的人为生。

如果周围没有异端邪说者，暗探的工作就是人为地制造出几个来。

他们心中明白，无论被告多么清白无辜，严刑拷打必定会使这些受害者承认罪名。因此他们不会担任何风险，可以无止境地从事这个职业。

在许多国家中，由于允许人们可以匿名告发被怀疑为思想不端的人，就出现了一种名副其实的恐怖统治。最后，连最亲密的朋友都不敢相信，一家人也不得不互相戒备。

掌管宗教法庭大量工作的托钵僧出色地运用了他们制造的恐怖，在近两个世纪中他们都是靠搜刮民脂民膏为生。

是的，我们可以毫无顾忌地说，宗教改革的主要原因就是广大民众对这些盛气凌人的托钵僧深恶痛绝了，他们披着虔诚的外衣，闯入体面的公民家里，睡在最舒适的床上，吃最好的饭菜，还大言不惭地说他们应该受到贵宾般的款待。只要他们恫吓人们说，如果他们没有得到理所应当的奢侈豪华，就要向宗教法庭告发施主，那么他们就能始终过着舒适安逸的生活。

教会当然能对这一切做出答复，"宗教法庭"只是起思想健康检查官的作用，立誓要尽的职责就是防止错误思想在群众中蔓延开来。它可以指出他们对异教徒所表现出的宽大，因为他们的行为完全是出于无知，因此也就不能要求他们对其思想负责；它甚至还可以宣称很少有人被处死，除叛教者和屡教不改的人外。

但是这又怎样呢?

同一个鬼把戏可以把无辜的人变为极刑犯，然后也能够再使他表面上悔过自新。

暗探和伪造者从来都是一对好朋友。

暗探们伪造出几份文件又算得了什么呢?

第八章　求知的人

现代的不宽容就像古代的高卢一样，被分为三部分：出于懒惰的不宽容，出于无知的不宽容和出于自私自利的不宽容。

第一种也许最普遍。它在每个国家和社会各阶层中都可以遇到，在小村子和古老的镇子里最为常见，而且并不只限于人类。

我们家的老马在克莱镇温暖的马厩里度过了 35 年的安定生活，怎么也不愿意到同样温暖的威斯特波特谷仓去，理由只不过是它一直住在克莱镇，熟悉镇上的一草一石，并且知道每天在康涅狄格州的舒适土地上漫步时不会被新的不熟悉的景物惊吓。

我们的科学界迄今为止花费了大量时间研究早已不复存在的波利尼西亚群岛的方言，却忽视了狗、猫、马和猴子的语言，这是很悲哀的。不过，假如我们懂得一匹名叫杜德的老马与从前克莱镇的邻居说些什么，就能听到一场空前激烈的马类不宽容的大爆发。杜德已经不再年轻，因此早就定型了，它的马性也早在多年以前就形成了，克莱镇的一切礼节、习惯和风俗在它眼里都是好的，而威斯

旧世界重新崛起

特波特的礼节、习惯和风俗则被认为是不好的，它至死都是这样认为的。

正是与这种不宽容如出一辙的专制使得父母对子女的愚蠢行为摇头叹息，勾起了他们对"过去美好日子"的荒唐向往，使野蛮人和文明人都穿上了令人难受的衣服，使这个世界充满了废话，也使抱有新思想的人成为人类假想的敌人。

然而尽管如此，这种不宽容还是相对无害的。

我们大家或早或晚都要注定深受这种不宽容之苦。过去，它致使数以百万计的人背井离乡，现在它同样使荒无人烟的地方出现了居民，否则那些地方仍然是茫茫荒原。

第二种不宽容的程度更为严重。

无知的人正是由于他的无知使他成为了一个非常危险的人物。

但是，他如果还为自己的智力不足寻找借口，那就使他变得极其可怕。于是他在灵魂里建立起了一座自以为是的堡垒，从这座可怕的堡垒顶端，向所有敌人（也就是那些与他的偏见相左的人）挑战，质问他们为什么活在世上。

遭受这种苦恼折磨的人既无情又卑鄙。他们一直生活在恐惧之中，很容易变得残忍无比，喜欢折磨对他们怀有怨恨的人。正是从这伙人当中首先产生了"上帝的特选子民"之类的奇怪念头。而且，这些幻觉的受害者总是试图通过想像他们与不可见的神灵之间存在某种关系，来鼓足自己的勇气。当然，这是为了给他们的不宽容增添一些精神赞许的色彩。

例如，这类公民决不会说："我们绞死丹尼·迪弗尔，因为他对我们的幸福构成了威胁，我们对他恨之入骨，我们就是喜欢绞死他。"不，他们决不会这样说。他们会聚集在一起庄严地召开一个秘密会议，为上面说的丹尼·迪弗尔的命运，仔细讨论上几个小时、几天甚至几个星期。当最后宣读判决时，可怜的丹尼或许只犯了小小的偷窃罪，却俨然成为犯有胆敢违反上帝意志（这意志只是私下授予上帝的特选子民，也只有上帝的选民才能理解）的重罪的可怕人物，因此对他执行判决成为神圣的责任，也给敢于为这样一个撒旦同伙判罪的法官带来了巨大荣誉。

生性纯厚、心地善良的人也会同他那野蛮粗鲁、嗜血成性的邻人一样，很容易沉迷于这最为致命的幻觉中，这在历史学和心理学上都是司空见惯的。

兴高采烈地观看一千名可怜的殉道者的惨状的普通民众肯定不是罪犯。他们是正派的虔诚的老百姓，他们肯定感觉这是在自己特殊的上帝面前做一件荣耀愉快的事情。

如果有人向他们提到宽容，他们会予以驳斥，认为这是对道德观念薄弱的可耻承认。也许他们自己就不宽容，但在那种情况下他们还以此为荣，并且还振振有词，因为在清晨寒冷的潮湿中站着丹尼·迪弗尔，他穿着藏红色衬衣和缀满小魔鬼的马裤，正一步一步缓慢而坚定地走向市场接受绞刑。当人们目睹完这一幕之后，便回到舒适的家里，饱餐一顿熏肉和豆角。

这本身不就足以证明他们所做的和所想的是正确的吗？不然他们怎么能是旁观者，而不是罪犯呢？

我承认这是一个站不住脚的推论，却很常见，并且难以回击，人们只是深信他们自己的思想就是上帝的思想，而且根本无法理解他们怎么可能是错的呢。

剩下的第三种不宽容是由自私自利引起的。当然，这实际上是嫉妒的一种表现，就像麻疹一样常见。

当耶稣来到耶路撒冷时，他教导人们，靠屠杀十几只牛羊是不能赢得全能的上帝的偏爱的，于是所有靠神庙中的典礼祭祀品谋生的人都诋毁他是危险的革命者，在他还未对他们的主要收入来源造成长久危害时，就想处死他。

几年后，圣保罗来到以弗所，宣扬一种新教义，它对珠宝商们兴隆的生意有形成干扰的危险，——因为当时珠宝商通过出售当地的女神黛安娜的小塑像大发横财，为此金匠行会差一点要用私刑处死这个不受欢迎的外来者。

从那时起，依靠某种已经确立的崇拜形式来谋生的人，与另一些怀有威胁要将人们从一个寺庙引入另一个寺庙的思想的人之间一直存在着公开的战争。

在试图讨论中世纪的不宽容时，我们一定要牢记，我们不得不处理一个非常复杂的问题。只是在非常少见的情况下我们才会遇到三种不同的不宽容中的其中一种表现，而最常见的是，在引起我们注意的迫害案件中，我们发现这三种不宽容形态同时存在。

如果一个组织拥有雄厚的财富，掌管数千平方英里的土地以及奴役着成千上万的农奴，就会把全部怒火倾泻到要着手重新建立朴实无华的"地上天堂"的农民身上，这是很自然的。

在这种情况下，终止异端邪说就变成经济上的需要，这属于第三种不宽容——出于自私自利。

不过当我们考虑到另一群感到难以对付来自官方的压力的人，即科学家时，这个问题就变得无比复杂了。

为了理解教会当局对试图揭示自然界奥秘的人所持有的邪恶态度，我们必须退回到许多世纪以前，仔细研究公元初六个世纪当中欧洲实际发生的一些事情。

野蛮人的入侵像一股无情的洪水彻底扫荡了整个大陆，到处残存着的一些古罗马国家机关大厦仍然屹立在汹涌污浊的洪水中。但是，栖居于城墙里面的社会已经消亡了。书籍被波涛席卷而去，艺术也被遗忘于深邃的新型的无知泥潭里。收藏品、博物馆、图书馆和慢慢积累起来的科学资料全部被亚洲中部粗野的野蛮人用于点燃篝火。

我们现在拥有几份公元 10 世纪图书馆的书目。至于古希腊的图书（君士坦丁堡除外，那时它被视为远离欧洲中心的地方，就像今天的墨尔本），西方人也几乎没有拥有一本。这似乎难以置信，但是书的确完全消失了。一些译文（译得很糟糕）只是亚里士多德和柏拉图著作中的个别章节，这是当时想了解古代思想的学者能找到的所有资料。如果他想学习古人的语言，也找不到一个可以教他的人，除了几个在拜占庭的神学争端中被逐出家园逃到法国或意大利避难的希腊僧人之外。

拉丁文的图书倒是不少，但大多数都是公元4世纪和5世纪的。少数幸存下来的古人手稿被无数次漫不经心地抄来抄去，如果不是毕生致力于研究古代文字学的学者，根本无法看懂手稿的内容。

至于科学书籍，可能除了一些最简单的欧几里得的几何问题外，其他的书在现在图书馆里再也找不到，更可悲的是，它们再也不为人们所需要。

因为此时统治世界的人用敌视的眼光看待科学，不鼓励人们独立钻研数学、生物学和动物学，更不要提医学和天文学了，它们的地位已经下降到可以忽视的地步，没有丝毫实用价值。

要现代人去理解这种状况实在太困难了。

无论是正面的还是反面的，20世纪的男女都无比信仰进步。究竟能否使世界趋于完美，我们并不知道。不过，我们觉得应该尽我们最神圣的职责试一试。

是的，对于势不可挡的进步的信仰，有时似乎成为了一种国教。

但是中世纪的人没有、也不可能有这样的思想。

希腊曾经梦想成为一个充满美丽和乐趣的世界，却只持续了非常短的一个时期，真是可悲。它被席卷了这个不幸国家的政治风暴无情地摧残了，以至于在此后的几个世纪中，大多数希腊作家都成为根深蒂固的悲观主义者。他们凝望着已成废墟的过去的幸福家园，悲观地认为人世间的一切努力终为一场空!

另一方面,罗马的作家能够从近一千年连续的历史中得出他们的结论,从人类的发展中发现一种不断向上的趋势,而罗马哲学家们,尤其是著名的伊壁鸠鲁,为了更幸福更美好的未来,非常愉快地承担起教育年轻一代的职责。

然后基督教就来了。

人们兴趣的中心从这个世界移到了另一个世界。人们几乎立即跌回了又深又黑的绝望的顺从的深渊里。

人是邪恶的,其本性就偏向于邪恶。他充满了罪孽,生于罪孽,活于罪孽,最后死于对罪孽的悔恨之中。

但是新旧绝望之间是有差别的。

希腊人坚信自己(或许确实如此)比周围的人更聪明,受过更好的教育,还为那些不幸的野蛮人感到惋惜。但是他们从没有产生这样的想法:他们作为宙斯的选民与其他民族有什么不同。

另一方面,基督教从未能脱离自己的祖先。当基督徒将《旧约》作为自己信仰的一本书时,便继承了难以置信的犹太教的教义,即他们的民族与其他民族是"不同"的,只有表示信仰某种官方确立的教义的人才有希望获得拯救,其他人则注定要下地狱。

当然,这种思想使那些缺乏谦卑精神的人获得了巨大的直接的好处,他们相信自己是成千上万同类中最受偏爱的宠儿。在那些非常危难的岁月里,这种思想使基督徒成为联系紧密、自成一家的小团体,在异教横行的汪洋大海中自由自在地漂流着。

在向东南西北各个方向延伸的这片水域的其他地方发生了什么事,对特图利安、圣奥古斯丁和其他埋头于把教会思想写成书的作家来说，这是最不值得关心的。他们希望最后到达一处安全的海岸，并在那儿建起他们的上帝之城，而那时其他地方的人希望完成或可以完成什么事情则与他们无关。

因此，他们为自己创造了关于人的起源和时间空间界限的全新概念。有关这些奥秘，埃及人、巴比伦人、希腊人和罗马人发现了什么丝毫也引不起他们的兴趣。他们真诚地相信，一切旧价值都会随着基督的诞生而消失。

例如，地球的问题。

古代科学家认为地球是数十亿星球中的一个。

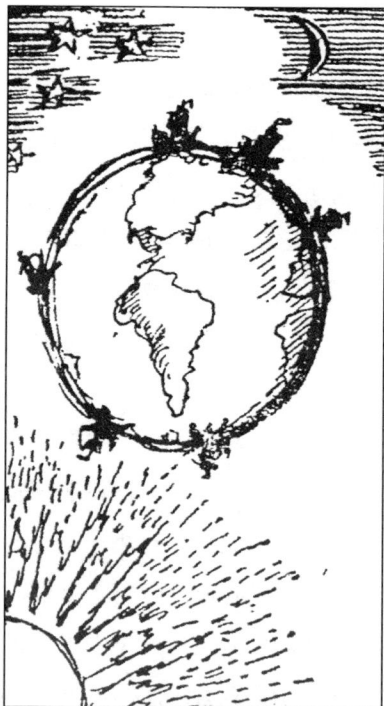

这个圆圆的世界

基督徒断然否认这种观点。在他们看来，他们赖以生存的小圆盘是宇宙的中心。

地球之所以存在是专门为一群特殊的人提供临时栖身之所的。它产生的方式非常简单，《创世记》的第一章描写得很详细。

当必须确定这群上帝偏爱的子民在地球上已经生活了多久的时候，这个问题就更复杂了。到处都存在古老的证据，比如，被掩埋的城市、灭绝的飞禽和植物化石。但是这些东西都可以被驳倒、视而不见、否认或硬说不存在。做完这一切之后，再确定创世纪的具体日期就是一件非常简单的事了。

在这样的宇宙里，一切都处于静止状态，它从某年某月某时开始，又在某年某月某时结束。它存在的目的仅仅是为一个而且是惟一的一个种类的人的利益而存在，在这样的宇宙里根本容不下数学家、生物学家、化学家以及诸如此类的人探索求知之心，他们只关心一般规律并玩弄着时间空间的永恒和无限的概念。

的确，许多科学家抗议说，他们在内心里是上帝虔诚的子民。不过真正的基督徒都非常清楚，一个真心诚意地主张要热爱和忠诚于信仰的人没有必要知道得那么多，没有必要有那么多的书。

有一本书就足够了。

这本书就是《圣经》，里面的每个字、每个逗号、每个冒号和每个感叹号都是由受了神圣感召的人写下的。

伯里克利时代的希腊人，如果被告知世上可能存在这样一本圣书，里面包括一些生涩难懂的民族史、情感含混的爱情诗、半疯半痴的先知不能言喻的梦幻，以及对出于某种原因被认为惹恼了亚洲的一个部落神灵的人进行连篇累牍的恶意痛斥，他听起来一点兴趣都没有。

但是，公元 3 世纪的野蛮人对"书面文字"怀有最谦恭的尊敬，对于他们来说，这是文明的一大奥秘，当这本特殊的书在教会通过连续的几次会议之后，被作为完美无缺和无懈可击的经典推荐给他们的时候，他们便欣然地将它看做包含人类已经知道或有希望知道的一切的非凡文献加以接受，并斥责和迫害在摩西和以赛亚①规定的界线之外去进行探索研究、进而否认天国的人。

甘愿为自己的原则去死的人毕竟有限。

同时，对于某些人来说，对知识的渴望是无法压抑的，积蓄已久的精力必须要找到一个宣泄口。求知与压制的冲突结果产生了另一种畸形和不结果的智力幼苗，后来被称为"经院哲学"。

这要追溯到公元 8 世纪末，法兰克国王矮子丕平的妻子贝尔塔生了一个儿子，他比好心的路易国王更值得被看做是法国民族的恩主、圣人，因为路易国王花费了他的国民为其交纳的 80 万土耳其金币的赎金，而他回报忠诚的臣民的是允许他们建立自己的"宗教法庭"。

这孩子受洗礼时被赐名为卡罗鲁斯②，正如今天在许多古代宪章的结尾处可以看到的签名一样，签名有点笨拙。不过查理向来不善于拼写。他在孩提时代学过法文和拉丁文，但他的手指由于在疆场上同俄国人和摩尔人搏斗而患了风湿病，所以当他写字时手很不听使唤。最后他不得不放弃写字的努力，雇请当时最好的抄写员做他的秘书，替他签字。

---

① 以赛亚，犹太先知。
② 卡罗鲁斯（Carolus），即后来的查理大帝，或查理曼。

无可辩驳的论证

　　这个边塞老将引以为荣的是，他在 50 年里只穿过两次"城市服装"（罗马贵族的宽外袍）。他最能真正懂得学习的价值，将他的王宫变成了一所私立大学，为的是更好地教授他的孩子和其他官员的子女。

　　这个西方的新皇帝喜欢被当时名人簇拥着度过他的闲暇时光。他极为尊重学术民主，放弃了所有的繁文缛节，就像朴实的大卫兄弟那样积极地参加各种讨论会，还与职位最低的学者进行辩论。

　　但是，当我们在考察这个团体讨论和感兴趣的问题时，就会联想到一个乡村辩论小组选中的一组题目。至少可以说，这些主题是很天真的。

新的一贯正确

如果在公元 800 年情况的确如此的话，那么到了公元 1400 年情况也照样如此。这并不是中世纪学者的过错，他们的智力肯定不亚于 20 世纪的后人。但是他们发现自己的处境和现代化学家和工程师完全相同，只要他们的言行不违反公元 1768 年第一版《大不列颠百科全书》中包含的化学和医学阐述，就享有调查研究的充分自由。因为当时的化学实际上还是一个不大为人知的科目，外科被看做与屠宰术类似。

结果（我有些混淆了自己的比喻），中世纪的科学家尽管有丰富的智力和能力，而试验的范围却很窄，不禁使人联想到在一辆低档的旧汽车的底盘上安装一台罗尔斯—罗伊斯牌的现代引擎，一踏油门便会出现一大堆故障。但是等他能安全并按规定和交通规则驾驶这台古怪的新玩意儿时，他就变得有点滑稽可笑：即使费上九牛二虎之力，也无法到达目的地。

当然，出类拔萃的人们对于他们不得不遵循的进度万般无奈。

他们想方设法摆脱教会鹰犬的无休止的监视。他们撰写了许多长篇大作，以试图证明他们承认正确的东西的反面，其目的是暗示出他们头脑中最重要的思想。

他们用各种假象来伪装自己：穿上奇装异服，屋顶上挂满了鳄鱼，架子上摆满了装有怪物的瓶子，把气味难闻的草药扔进炉子里，以便把他们的邻居从前门吓跑。与此同时，他便得到了与人无害的神经病患者之名，他们随心所欲地胡说八道，而不必对自己的思想负很大责任。他们逐渐发展了一套系统的科学伪装，甚至在今天我们也难以确定它们的真正意思。

像中世纪教会一样，几个世纪以后的新教徒对科学和文学也表现出了不宽容，不过它不是这里要探讨的主题。

大改革家们可以随心所欲地进行抨击和咒骂，却很少能将他们的威胁转化为积极的具体的反抗行动。

另一方面，罗马教会不仅拥有置敌人于死地的权力，而且一有机会，就会充分地加以施展。

对于我们中间那些沉溺于抽象地思考宽容和专制的理论价值的人来说，这种差别倒无足轻重。

然而，对于那些要在公开宣布放弃信仰和当众受鞭打之间做出选择的可怜虫来说，这种差别却是一个非常现实的问题。

如果有时他们缺乏勇气说出自己认为是正确的东西，并且宁愿将时间浪费在《启示录》中野兽名称组成的纵横交叉的填字谜上，我们也就不必太苛求他们了。

我敢肯定，如果在 600 年前，我也决不敢写现在这本书。

第九章　向印刷文字开战

　　我发现写历史越来越困难。我就有点像一个一直被当做小提琴家培养的人，到了 35 岁时突然给我一架钢琴，并命令我像克拉威尔艺术大师那样生活，因为，那也"是音乐"。我已经学习了某种专业，却必须在另一种完全不同的领域里运用我的专业。我所学的是根据一种明确建立的秩序来看待过去发生的所有事件，那是一个或多或少由皇帝、国王、大臣和总统在众议员、参议员和政府各部部长协助和支持下有效管理的世界。而且在我年少的时候，上帝仍然被大家看做掌管一切的万物之尊，必须以极大的尊敬和礼貌来对待。

　　然后爆发了第一次世界大战。

　　一切的旧秩序都被彻底打翻，皇帝和国王被废除，负责的大臣被不负责的秘密委员会取代了。在世界许多地方，天国被委员会的一纸敕令关闭了，一个已死的经济学雇佣撰稿者被官方宣布为古往今来所有先知的继承人。

当然所有这些都不会持久，却使文明再过几世纪才能赶上来，而到那时我早就离开人世了。

在这期间我必须充分利用现有的一切，但这并不容易。

就拿俄国的问题来说吧。大约20年前我在这个"圣地"住过一段时间，那时我们收到的外国报纸中总有四分之一的版面被涂成了一片黑色，技术上称为"鱼子酱"。这种涂抹是小心谨慎的政府为了掩盖那些不愿意让其心爱的臣民们知道的内容。

世界上一般把这种监督审查看做是难以忍受的"黑暗时代"的残余，我们将在国外保存的几份被适当地涂有"鱼子酱"的滑稽报纸带给家里的人看，让他们知道声名远扬的俄国人实际上是何等落后的野蛮人。

俄国大革命爆发了。

在最近的75年间，俄国的革命者一直在高喊他们是一群受压迫的穷人，没有一点自由。对此，他们以对致力于社会主义事业的所有报纸实行严格监督审查为佐证。然而，到了1918年，受害者却变成了害人者。发生了什么事呢？取得胜利的自由之友废除审查制度了吗？决没有！他们查封了对新主人行动没有好评的所有报纸和杂志，并将许多不幸的编辑发配到西伯利亚或阿尔克罕格尔（没有更多的选择）。这总的表明他们自己要比"恶毒的大臣"和"白色小沙皇"的警官们专制一百倍。

我有幸成长于一个相当自由的社会中，这个社会信仰弥尔顿的格言："按照自己的良心自由地了解、表达和辩论的自由是最高形式的自由。"

正像电影描述的一样，"开战了"，于是我看到了这样的时代，《神

镇压

山布道》被宣布为危险的亲德文献，被禁止在千百万王国臣民中自由传播，凡是出版它的编辑和出版商都要被处以罚款或关进牢狱。

鉴于此，似乎更为明智的做法是，放弃研究历史，而去写短篇小说或经营房地产。

但这是承认失败。而我要坚持我的工作，尽量记住在秩序井然的国家里，每个正直的公民都应该有表达、思考和阐述自己认为正确东西的权利，只要不干涉他人的幸福和安逸、不破坏文明社会的礼仪和不违反当地警察局制定的法规就行了。

当然，这使我被作为官方审查制度的敌人记录在案。依我之见，警方应该提防的是那些以色情谋私利而印刷的杂志和报纸。至于其他的，让人们自由地印去吧。

我讲这些并不是说我是理想主义者或改革家，而是一个讲求实际的人，最憎恶浪费精力，也熟悉过去 500 年的历史。那段历史清楚地表明，对出版或言论采用暴力查禁手段永远不会有任何益处。

胡言乱语如同炸药，只有装在狭小密封的空间里，并受到外力的作用，才会产生危险。如果放任一个满脑子都是肤浅的经济概念的可怜虫去讲演，他至多能招来几个好奇的听众，并且他的苦心通常只会成为人们的笑谈。

同一个人，如果被抓进监狱，并被判处 35 年的单独囚禁，那他就会获得极大的同情，最后还会被誉为殉道者。

但最好要记住一件事。

既有为正义事业献身的人，也有为非正义送命的人，他们诡计多端，人们永远也判断不了他们下一步要干什么。

因此我说，由他们去说去写吧。如果他们说的是有益的，我们就应该知道，否则，他们很快就会被忘记。希腊人似乎对此深有感受，罗马人在帝国时代之前也是这样做的。但是一俟罗马军队总司令成为帝国半神半人的人物，成为朱庇特的远房兄弟，并远离了普通大众，一切就发生改变了。

"侮辱君上"的罪名被炮制出来。这纯属政治罪名，从奥古斯都时代到查士丁尼当政时期，许多人因为对其统治者稍微直言上谏而被投入监狱。但如果人们不谈论罗马皇帝，实际上也就没什么话题要避讳的了。

当世界沦为教会的统治之下的时候，这种幸福的时光就彻底结束了。善与恶、正统与异端之间的界线在耶稣死后的几年之后就被明确地划分出来了。公元 1 世纪后半叶，圣徒保罗在小亚细亚的以弗所附近待过很长一段时间，那是一个以护身符和符咒而闻名的地方。保罗四处讲道，驱逐魔鬼，获得巨大成功，使许多人认识到自己的异教错误。作为悔罪的表示，人们在一个晴朗的日子，带着魔法书聚在一起，焚毁了价值一万多美元的秘密配方。你在《使徒行传》第 19 章中可以读到有关内容。

不过这完全是忏悔的罪人出于自愿的行为，并没有人说保罗曾试图禁止其他以弗所人阅读或藏有这样类似的书。

直到一个世纪以后，这样的手段才被采用。

根据同在以弗所城开会的一群主教的命令，一本包含圣徒保罗生平的书被宣布为禁书，信徒受到告诫不得阅读它。

在此后的 200 年中，没有什么审查制度，因为问世的图书寥寥无几。

但是尼西亚会议（公元 325 年）以后，基督教成为罗马帝国的国教，对书面文字的审查就成了教士日常职责的一部分。有些书是绝对禁止的，有些书则被称为"危险品"，并且人们受到警告，如果一定要阅读这些书，风险自负。作者发现为了确保平安，在出版作品之前，最好还是先获得当局的批准。这样，作者的手稿必须送当地主教审批就成为了一种制度。

尽管如此，作者也不一定能确保他的著作可以久存于世。被这个教皇宣布为无害的书，可能会被他的继承者宣布为亵渎神灵和下流的书。

不过总的说来，这种方法却十分有效地保护了作者免于与自己的羊皮纸上的作品一起被焚烧的危险。只要图书还靠手抄相传，出版一套三卷的书需要五年的时间，这项制度就会非常有效。

书贩

    当然这一切都因约翰·古登堡的著名发明而发生了改变。他的别名叫约翰·鸡皮疙瘩。

    从 15 世纪中叶以后，一个专业的出版商在不足两星期内便可以出版 400 至 500 本的图书，在公元 1455 年到公元 1500 年短短的时间里，西欧和南欧的人拥有了不下 4 万册不同版本的图书，这是在当时一些藏书丰富的图书馆中能得到的全部藏书。

    教会极其忧虑地看着现有图书数量出乎意料地增长。要抓住一个异教徒拥有自抄的福音书都是相当困难的，那又怎么对付拥有经过巧妙编辑的 2000 万册图书的 2000 万异教徒呢？他们已对当权者的一切思想构成了直接威胁，看来必须指定一个特别法庭对即将问世的出版物从源头查起，以决定哪些书可以出版，哪些书永远不得见天日。

这个委员会不时刊发一些包含"被禁知识"的各种书的书目，由此产生了臭名昭著的《禁书目录》，它几乎与"宗教法庭"一样声名狼藉。

把这种对印刷出版物的审查归为天主教特有的，实在有欠公允。许多国家的政府都害怕像雪崩一样突然压下来的大量出版物破坏国家的安定。他们早已强制地方出版商将自己的出版物送到公共审查员那里，并禁止他们出版没有加盖官方批准大印的图书。

不过除罗马外，没有一个国家把这种做法延续到今天，即使在罗马，从 16 世纪中叶起，情况也发生了很大变化。这也是情势所迫。出版工作的发展异常迅猛，即使是为检查印刷品而成立的最勤劳的"红衣主教委员会"，即"《禁书目录》委员会"，也很快应接不暇，难以应付这种局面；更不用提潮水般涌来的以报纸、杂志和传单的形式出现的油印品了，无论多么勤勉的人也休想在两三千年内通读一遍，更不用说审查分类了。

统治者对不幸的臣民施以专制的统治，自己也得到了同样可怕的报应。

在罗马帝国的第一个百年中，塔西陀就曾宣布自己反对迫害作者，将其看做"一件愚蠢之事，这样反而有助于宣传永远不会引起公众注意的图书"。

《禁书目录》证明了这一观点的正确性。宗教改革一获成功，大批禁读书目便地位骤增，成为希望彻底了解当代主流文学的读者现成的导读手册。不仅如此，17 世纪的德国和低地国家的专业出版商在罗马都派有人常驻，他们的工作就是搜集《禁书目录》的最新的信息，一旦得到，立即交给特别的信使，他们便越过阿尔卑斯山，顺着莱茵河流域，以最快的速度把这最有价值的信息送到他们的赞助人手里。然后，德国和荷兰的印刷厂抓紧工作，夜以继日地赶印出特别版，并以高价卖出，然后由一大批职业书贩将这些书走私到被禁的国家。

不过走私过境的书非常有限，而且在意大利、西班牙和葡萄牙等一些国家，不久前还在强制推行《禁书目录》，这种压制政策的后果实在触目惊心。

如果这些国家在进步的竞赛中逐渐落伍了，其原因并不难找，因为大学生不仅不能使用外国的教科书，而且还被迫使用质量非常低劣的国产品。

最糟糕的是，《禁书目录》使人们失去了从事文学和科学的信心，因为没有一个神志清醒的人，在他冒险看到自己的著作被无能的检查官"修正"得七零八落，或者被"宗教法庭"调查委员会的小秘书校订得面目全非时，还愿意去写书。

他肯定情愿去钓鱼，或者在酒馆里玩多米诺骨牌来消磨时间。

或许他会坐下来，在对自己和自己的人民的完全失望中写下唐·吉诃德的故事。

第十章　关于一般历史的写作和本书的特殊性

我谨向已经厌烦现代小说的人热烈推荐伊拉斯谟的信札，这位博学的求知者当年收到了许多警告信，这些信件是他那些胆怯的朋友写的，其中不乏老生常谈的警告。

行政长官 X 写道："获悉您正在考虑写一本关于路德之争的小册子。请谨慎处理，因为您这样很容易冒犯教皇，他希望您好。"

有的写道："某君刚从剑桥回来，告诉我您正准备出版一本短文集。看在上帝的份上，千万不要惹皇帝不悦，他有权且居高位，会使您受苦不浅。"

今天是卢万的主教，明天又是英格兰国王，后天又是巴黎大学神学院的教师，然后又是剑桥大学可怕的神学教授，每一方都得谨慎对待，不然作者就会被剥夺收入，丧失官方保护，还会落入"宗教法庭"的魔掌，或者遭车轮的碾压。

现在，车轮（除用作动力工具外）已经被古物博物馆收藏了。"宗教法庭"已经关闭几百年了，官方保护对致力于文学的人来说，已没有丝毫实际价值，"收入"一词也很难在历史学家的聚会中听到。

然而，仍然存在这样的情况，一听说我要写一部《宽容史》的书时，另一种不同形式的劝告和建议便拥入我独居的斗室里。

"哈佛大学已经拒绝黑人进宿舍，"S.P.S.C.P秘书写道，"请务必在您即将问世的书中提一下这件最令人遗憾的事情。"

或有人写道："马萨诸塞州的弗拉明翰的三K党开始抵制一个食品商，因为他声称自己正式加入了罗马天主教，请您在撰写的《宽容史》中写上几句吧。"

诸如此类，不胜枚举。

毋庸置疑，这些事情都是非常愚蠢的，理应严加谴责。不过它们似乎不在宽容论述的范围之内。它们只是恶劣作风和缺乏正派的公共精神的表现。他们与官方形式的不宽容有很大不同，官方的不宽容总是体现于教会和国家的法律之中，使得对良民的迫害成为一项神圣的职责。

正如白芝浩①所说，历史应该像伦勃朗②的蚀刻画一样，一定要把生动的光辉投射在精选的目标上，让所有其他的部分都留在阴影处，不为人所见。

即使在现代的不宽容精神最愚蠢的爆发期间，报纸也忠实地记载了这一切，从中可能看到更有希望的未来之光。

现在的许多事情曾被前辈人合情合理地接受下来，并附上这样的评论："一直就是这样。"可在今天却引起了激烈的争论。我们周围的人常常会挺身而出，保卫某些思想，而这些思想在我们的父辈和祖父辈看来是荒谬的和不切实际的幻想。他们常常在对令人讨厌

---

① 白芝浩（Bagehot，1826～1877年），英国学者和评论家。
② 伦勃朗（Rembrandt，1606～1669年），荷兰艺术家。

的下层民众精神示威的战争中获得成功。

这本书一定要力求简洁。

我不能喋喋不休地讲述生意兴隆的当铺老板隐蔽的势利行为，已有所折损的北欧人的至高无上的权力，边远地区的福音传教士的极度无知，农民教士和巴尔干犹太教教士的偏执，尽管这些善良的人和他们的糟糕的思想总是伴随着我们。

不过只要没有政府的官方支持，他们相对来说倒也无害，在高度文明的国家里，有害的可能性已被完全消除了。

个人的不宽容是令人讨厌的东西，它会在任何社团内部引起极大不快，比麻疹、天花和饶舌女人加在一起造成的危害还要大。不过个人的不宽容本身没有刽子手。如果允许它担当了刽子手的角色，就像有时发生的情形那样，那就会将自己置于法律之外，就会真的成为警方注意的对象。

个人的不宽容不存在监狱，也不能规定整个国家的人们必须想什么、说什么、吃什么和喝什么。如果它试图这么做的话，就势必会招致所有正派百姓的强烈不满，以致新的法令就会变成一纸空文，无法执行。

简言之，个人的不宽容只能以自由国家的大多数公民不介意为极限，不得超越。然而官方的不宽容是无所不能的。

除了自己的权力之外，它不承认任何权威。

它不会为自己乱发淫威导致的无辜受害者做任何的补救；它不听任何辩解，永远靠求助于"神灵"来支持自己的决定，然后再开始解释"天国"的旨意，似乎打开生存之谜的钥匙为刚刚在大选中获胜的人所独有。

假如这本书把"不宽容"一词一味地用作"官方的不宽容"的意思，假如我很少关注个人的不宽容，那么请多包涵。

我一次只能做一件事情。

第十一章　文艺复兴

美国有一位博学的漫画家，他喜欢问自己，台球、填字谜、小提琴、浆洗过的衣服和门前的擦鞋棕垫怎样看待这个世界呢？

然而，我想知道的则是奉命操纵大型现代化攻城炮的人们的心理反应。战争中许多人执行许多奇怪的工作，但是有比发射贝尔莎大炮更荒唐的工作吗？

其他士兵或多或少都知道自己在干什么。

飞行员可以从迅速蔓延的红光来判断是否击中了煤气工厂。

潜艇指挥员在返回两三个小时之后可以通过大量漂浮的残骸判断成功的程度。

掩体里的可怜虫仅仅通过他持续待在某个堑壕里就可以判断他至少守住了多少阵地，因此而感到满意。

甚至炮兵在向看不见的目标发射野炮后，也可以拿起电话，询问藏在 7 英里以外一棵枯树上的同伴，要摧毁的教堂塔楼是否出现了坍塌的迹象，要不要换一个角度再打击一次。

但是，使用贝尔莎大炮的弟兄们却生活在他们自己的奇怪的不真实的虚假世界中。即使他们有知识渊博的弹道专家的帮助，也不能预见冒冒失失射向空中的炮弹的命运。炮弹可能真的击中了要打击的目标，也可能落在了兵工厂或要塞中心。然而它也可能击中了教堂或孤儿院，或平安地落入了河中或扎入沙坑里，而没有造成任何伤害。

在我看来，作家与攻城炮兵有许多相同之处。他们也在操纵一门重型大炮。他们的文学炮弹也许会在最不可能的地方引起一场革命或爆发一场战争。不过大多数情况下，他们发射的只是可怜的哑弹，无害地躺在附近的田野里，直到被当成废铁，或者制成雨伞架或花盆。

的确，历史上从没有任何时期像通常被称为"文艺复兴"的那个时代一样，在如此短的时间内，消耗了那么多纸张。

在意大利半岛上的每一个托马索 (Tomasso)、李嘉图 (Ricardo)、恩里科 (Enrico)，条顿大平原上的每一个托马修斯博士 (Docter Thomasius)、李嘉多斯 (Professor Ricardus) 教授和多米尼·海因里希 (Dominus Heinrich)，都赶紧加入到出书的行列，最小的也是12 开本的，更不要提模仿希腊人写下优美的十四行短诗的托马西诺斯 (Tomassinos) 和比照罗马祖先的佳篇文体写颂歌的李嘉图诺斯 (Ricardinos) 了。还有难以计数的爱好收藏古币、雕塑、塑像、图画、手稿和古代盔甲的人，他们花了三个世纪的时间忙于分类、整理、制表、登记、存档和编纂刚从祖先的废墟里挖掘出来的东西，并将他们的收藏印成无数的集子，再配以美丽的铜版画和最好的木刻画。

这场空前的知识分子的求知欲，使弗劳本、阿尔杜斯、埃蒂安纳和其他新印刷公司发了大财，他们也正从曾使古登堡倾家荡产的印刷术发明中大捞油水。然而，在其他方面，文艺复兴的文学作品并没有对公元 15、16 世纪的作家们当时所处的世界产生巨大的影响。贡献新思想的功绩应只限于为数不多的几个鹅毛笔英雄，与我们开大炮的朋友很相似，他们生前几乎看不到自己取得的成果、作品实际造成多大的破坏。但是，他们彻底扫除了进步道路上的许多障碍。他们扫除如此之多的垃圾的彻底性令我们永远感激不尽，否则这些垃圾还胡乱地堆在我们的思想的庭院里。

然而严格地说，文艺复兴起初并不是"向前看"的运动。它十分厌恶地抛弃了刚刚逝去的过去，称上一代人的作品为"野蛮的"（或"哥特式的"，用和匈奴人一样声名狼藉的哥特人所在的国家的语言来说）。文艺复兴的主要兴趣集中在那些似乎渗透着一种被称为"古典精神"的奇妙物质的艺术上。

客观地说，文艺复兴为良知的自由、宽容和更为美好的世界吹进了一股强有力的风，尽管这场运动的领袖们本意并没想这么做。

早在我们谈及这些岁月之前很久，就曾有人质问过，罗马主教有什么权力强行规定波希米亚农民和英格兰自由民应该用哪种语言做祷告，应该以什么精神学习耶稣的教诲，应该付出多大的代价才能获得赎罪，应该读什么书和怎样培养孩子。他们曾公然反抗这种王国的权威，却被彻底打垮了。他们甚至曾作为民族事业的代表领导过一场运动，而终告失败。

伟大的约翰·胡斯怒火难熄的骨灰被屈辱地投入莱茵河中，这是向全世界发出的警告：教皇君主政体仍然是至高无上的统治。

威克利夫的尸体被公共行刑人焚烧了，这就告诉了莱斯特郡下层农民，议会和教皇可以将他们的手伸到坟墓里。

显然，正面攻击是不可能的。

强有力的"传统"堡垒是由 15 个世纪的无限的权威逐渐地精心构筑的，强行攻击是难以占领它的。这些神圣的堡垒之中丑闻迭起。三个匹敌的教皇动起了干戈，每个人都宣称自己是合法的，是圣彼得的惟一继承人。罗马和阿维尼翁教廷腐败透顶，制定法律只是为了使犯法的人通过花钱来买庇护；修道院的生活的道德彻底败坏了，贪财谋利者利用与日俱增的炼狱恐怖为幌子，敲诈可怜的父母为死去的孩子缴纳一大笔钱以保平安。尽管所有这些事情都人所共知，却丝毫也威胁不了教会的安全。

然而，一些对教会事务根本不感兴趣、对教皇和主教也无特别不满的男女，不经意地开了几炮，所引起的破坏终使这座古老的大厦倒塌了。

那个来自布拉格、怀有基督美德的崇高理想的"苍白瘦小的人"未能实现的理想却被一群混杂的平民百姓实现了。这伙人没有别的野心，他们只是作为所有善事忠诚的赞助人和圣母教会的虔诚的信徒活着。

他们来自欧洲的各个角落，代表各行各业，如果当时有一位历史学家指出他们正在做什么，他们会非常气愤。

以马可·波罗为例。

我们知道他是个非凡的旅行家，看到过许多奇妙景致，以至于周围习惯于西方城市方寸之地的人们听到他描述说，他看到的黄金宝座有宝塔那么高，花岗石城墙可以从巴尔干延伸到黑海，引得大家哄堂大笑。

这个不起眼的小个子却在进步的历史中起了极其重要的作用。他不擅长写作，并和他同时代同阶层的人一样对文学抱有偏见。一个绅士（甚至一个应该熟悉复式簿记的绅士）应该挥舞宝剑而不是鹅毛笔，因此马可先生不愿意当作家。但是，战争将他送进了热那亚监狱。为了打发狱中冗长乏味的时光，他向同牢的一个可怜的三流作家讲述了自己一生的传奇故事。通过这种间接的途径，欧洲人了解了这个世界上许多前所未闻的事情。尽管马可·波罗是个头脑简单的家伙，固执地相信他在小亚细亚见过一座山被一个虔诚的圣人挪动了几英里，圣人是想告诉异教徒"真正的信仰能做到什么"；他也囫囵吞枣地接受了当时广为流传的没有脑袋的人和三脚鸡的故事，但他讲述的传奇故事对推翻教会的地理学理论所起的作用比过去 1200 年所发生过的一切事情都大。

当然，马可·波罗一生一直是教会的虔诚弟子，要是有人把他比作几乎是与他同时代的著名的罗吉尔·培根①，他会极其难受。培根是个不折不扣的科学家，他对知识的追求迫使他付出了 10 年没法写作和在监狱里待上 14 年的代价。

不过他们两个人中还是马可·波罗更危险。

因为 10 万人中顶多只有一个人可能会跟随培根去做白日梦，撰写那些精妙的会威胁当时的神圣观点的进化理论。而每一个只学过 ABC 的平民百姓都可以从马可·波罗那儿了解到世界上还存在着《旧约》作者从未想到过的许多东西。

---

① 罗吉尔·培根（Roger Bacon），英国哲学家。

我并不是说一本书的出版在世界未能获得一丁点儿自由之前，就能引起对《圣经》权威的反叛。大众的启蒙开化是数世纪艰苦准备的结果。不过，探险家、航海家和旅行家的朴实坦率的讲述对于所有人来说都是可以理解的，这极大地促进了怀疑论精神的兴起。怀疑论精神是文艺复兴后期的典型特征，它允许人们说和写那些仅在几年前会使他们落入"宗教法庭"暗探监视中的东西。

以薄伽丘的朋友们从佛罗伦萨开始愉快旅程的第一天听到的故事[①]为例。故事中讲的所有宗教体制都同样可能有对有错。然而如果这个说法正确的话，即所有宗教体制都对错相等，那么人们怎么能因为既不能证明又不能反驳的观点而被判绞刑呢？

再看一看像洛伦佐·瓦拉这样著名的学者更为奇特的历险。他死时是罗马教会政府中备受尊敬的一员。可是在他从事拉丁文研究的过程中，无可辩驳地证明了，君士坦丁大帝曾把"罗马、意大利和所有西方省份"赠给西尔威斯特教皇的这一有名赠予的说法（从此以后的历代教皇都据此要求被看做整个欧洲的超级君主）只不过是一场愚蠢的骗局，是在皇帝死去几百年后罗马教廷里的一个无名官吏编造的。

那么现在让我们回到更实际的问题上，受圣奥古斯丁思想精心培育的基督徒才是虔诚的基督徒。圣奥古斯丁曾教导他们说，地球另一侧的人所持的信仰是亵渎神灵和异端的，因为这些可怜的人不能见到基督的第二次降临，因此就没有理由活在世上。当公元1499年达·伽马从印度首航归来，描述了他在地球另一边发现的人口稠

---

① 指薄伽丘《十日谈》所写的故事。

密的王国的时候，这些良民又该如何真正看待圣奥古斯丁的这个教义呢？

就是这群头脑简单的人一直被告知，我们的世界是一个平面的转盘，耶路撒冷是宇宙的中心。当小小的"维多利亚"号[①]环球航行平安归来之后，当证明《旧约》中的地理知识包含一些相当严重的错误时，那么他们应该相信什么呢？

我重复一下前面所说的话，文艺复兴不是自觉钻研科学的时代，在精神方面常常表现出最令人遗憾的兴趣缺乏。这300年中主宰一切事物的是对美和享乐的追求。虽然教皇严厉斥责一些臣民的异端教旨，却非常乐意邀请这群反叛者共进晚餐，只要他们健谈又懂点印刷术和建筑学。美德的狂热的追求者，如萨沃那罗拉，与年轻聪明的不可知论者一样冒着极大的生命危险，运用诗歌和散文抨击基督信仰的基本观点，言辞激烈，而不是风雅得体。

然而在生活新情趣的所有这些表现中，无疑潜藏着对现行社会和无所不能的教会强加于人类理性发展的束缚的极度不满。

薄伽丘和伊拉斯谟之间相差近两个世纪。在这200年里，抄写员和印刷商从未清闲过。除教会本身出版的图书外，很难找到哪一本重要著作不包含一些这样的间接信息：当希腊和罗马的古代文明被野蛮入侵者的无政府主义取代，西方社会置于无名僧人的掌管之下时，这个世界就陷入了悲惨的境地。

与马基雅维里和洛伦佐·美第奇的同时代的人对伦理学并没有特别的兴趣。他们都是讲究实际的人，充分利用现实世界。他们表

---

① "维多利亚"号，麦哲伦第一次环球航行所乘的船只。

面上始终与教会和平共处，因为教会是一个强有力且影响广泛的组织，会对他们构成极大的损害，所以他们从不有意识地参加改革的尝试，或对他们生活在其中的制度提出质疑。

但是他们对过去的事情有着不倦的好奇心，不断追求新的情感，活跃的思想永不满足，在深信"我们知道"的世界中一直提出这样的问题："我们真的知道吗？"

这要比彼特拉克的十四行诗集和拉斐尔的画集更值得后世所有人感激。

第十二章　宗教改革

　　现代心理学教会了我们几件对自身有用的东西，其中之一就是我们极少受单一动机的驱使做事情。无论我们是向一所新大学捐赠10万英镑，还是一个铜子儿也不给饥饿的流浪汉；无论我们是宣称真正的思想自由生活只有在国外才能过上，还是立誓将永不再离开美国海岸；无论我们是坚持把黑称作白，还是把白称作黑，总是有许多不同的理由促使我们做出决定，对此，我们心里也清楚。但是，我们要是真的敢于非常诚实地面对自己和周围的人，那我们呈现于这个世界的形象可就显得卑鄙和拙劣了。我们本能地总要从各种动机中挑选出最值得尊敬最有价值的那一种，再稍加修饰一番来迎合公众口味，然后以"这就是为什么我们要这样做的理由"公之于世。

　　尽管一再被证明这样在大多数场合下可以蒙骗大多数人，却从没有人可以找到一种方法能蒙骗自己，哪怕是几分钟。

　　我们大家都熟悉这条最令人尴尬的真理，因此，自从有了文明以来，人们就心照不宣地达成了共识，无论在任何情况下人们也永不公开点破它。

我们私下里想什么，这是我们自己的事。只要我们保持一副体面的外表，就会自我感到满意，因此就很乐于按照这样的原则："你相信我的谎话，我也相信你的。"

大自然是没有礼仪的，对于这条博大的行为准则来说，它是一个极大的例外，因此大自然几乎不可能跨入文明社会的神圣大门。由于历史迄今只是少数人的消遣娱乐，所以名叫克尼奥的可怜的历史女神一直过着极其单调乏味的生活，尤其与不如她体面的姐妹们的一生相比更是如此，自从开天辟地以来她们就可以唱歌跳舞，并被邀请参加每一个晚会。这对于可怜的克尼奥来说，当然是无比烦恼的根源，她不断施展其狡猾的手段，实施报复。

报复纯属人的天性，却十分危险，人类常常为此付出高昂的生命代价和财产代价。

无论什么时候，这位老妇人向我们讲述持续数世纪之久的系统谎言时，都会最终破坏世界的安宁幸福，我们的星球立刻陷入了上千门火炮的包围之中，骑兵部队开始横冲直撞，一排排无边无际的步兵慢慢地爬过大地。在所有这些人安全回到他们各自的家中或墓地之前，整个国家已是一片荒凉，无数的金库已耗费一空。

正如我在前面讲述的，我们的同仁现在已经开始逐渐理解，历史既是科学，也是艺术，因此它受永恒的自然法则的支配，而这种法则迄今却只在化学实验室和天文台受到尊重，我们现在正在进行的非常有用的科学大普及将使子孙后代受益匪浅。

这终于又把我带到了本章开头提及的题目，那就是：宗教改革。直到前不久，关于这场社会和宗教的大变革只有两种主张，一种是全盘肯定，一种是全盘否定。

根据前一种观点的支持者来看，它是许多高贵神学家们的一次宗教热情的突然爆发，他们深为教皇这个国上之国的邪恶和过错震惊，于是建立起自己独立的教堂，此后可以向竭力要当真正基督徒的人传授真正的信仰。

那些仍旧忠于罗马的人绝对缺乏这样的热情。

按照阿尔卑斯山另一边的学者的说法，就一些卑鄙的王室贵族而言，宗教改革是一场糟透了和最应严加谴责的阴谋，他们想独身，还希望得到以前属于教会圣母的财产。

照例，双方都是对的，又都是错的。

宗教改革是各种各样的人出于各种各样的动机造成的。直到最近我们才开始认识到，在这场剧变中宗教上的不满只起了极小的作用，实际上它是一场不可避免的社会和经济革命，其带有的神学背景微乎其微。

如果教导我们的孩子说，善良的菲利浦亲王是一个开明的统治者，他个人对旧东正教义怀有浓厚的兴趣，这当然要比向孩子们说明这是一个无耻政客狡猾的阴谋诡计，在向其他基督徒开战时他甘愿接受了异教徒土耳其人的帮助要容易得多。结果我们这些新教徒几百年来，把一个野心勃勃的年轻伯爵打扮成宽宏大量的英雄，他希望看到黑塞家族取代至今还在掌权的世敌哈布斯堡家族。

另一方面，将克莱芒教皇变成一个耗尽最后一点精力也要竭力保护羊群不跟随假头领走的可爱的牧羊人，要比把他描写成典型的美第奇家族的王子更简单，美第奇家族把宗教改革看做是一群酗酒滋事的德国僧人的不体面的吵闹，并运用教会的力量扩大祖国意大

抗议

利的利益。因此，如果我们看到这样一个大人物从大多数天主教的课本中对我们微笑，我们不必感到惊讶。

然而我们没有责任固守我们祖先的错误，完全可以自由地得出自己的结论。

不能因为黑塞的菲利浦是路德的挚友和支持者、一个受强烈的政治野心支配的人，就推测他在宗教信仰上不虔诚。

决不能如此。

公元 1529 年，他在著名的《抗议书》上签他的名字时，他和其他签名者都知道，他们会"遭到可怕的风暴的猛烈打击"，并可能在断头台上了却一生。他如果不是具有非凡的勇气，就永远扮演不了他实际扮演的角色。

不过我力图要讲明的是，如果不深入了解促使一个历史人物做某些事情或被迫不去做某些事情的动机，而要对他（就我们的近邻而言）作出评价是极其困难的，也是不可能的。

法国有句谚语："了解一切就是宽恕一切。"这似乎是一个过于宽容的解决方法。我想做一点修改，将其改成："了解一切就是理解一切。"我们可以将宽恕之职交给善良的上帝，因为数世纪前他就把这项权利留给了自己。

我们可以宽容一些，尽量去"理解"，这对于人类有限的能力来说，做到这一点绰绰有余。

现在我还是回到宗教改革上来，刚才我扯远了一些。

就我所"理解"的，这个运动起初是一种新精神的体现，它脱胎于过去三个世纪里经济和政治发展的结果，后来被人称为"民族主义"，因此它是那个外来的国上之国不共戴天的仇敌，在过去的五个世纪中欧洲各国都被迫纳入了这个国上之国。

要是没有这个共同仇恨的敌人，德国人、芬兰人、丹麦人、瑞典人、法国人、英国人和挪威人永远也不可能紧密团结为一体，形成足以摧毁长期监禁他们的监狱围墙的强大力量。

如果这些不同国家民族之间相互妒忌的人不是由于一个伟大的理想而暂时走到一起，超越彼此间私下的怨恨和野心，宗教改革永远也不可能成功。

它就会变为一连串小规模的地方起义，很容易就被一支雇佣军团和几个精力旺盛的宗教法官镇压下去。

改革领袖便会遭到胡斯那样的厄运，追随者们也会像在他们之前被屠杀的瓦尔多教徒和阿尔比教徒一样被处死。教皇君主政体会记载下又一次轻而易举获得的胜利，对那些犯有"违反纪律"之罪的人来说，继之而来的是恐怖时代。

虽然如此，这场伟大的改革运动只在最可能小的范围内取得了成功。而且一旦赢得胜利，威胁反叛者生存的危险一解除，新教徒的阵营便分裂为无数个敌对的小团体，其规模大大缩小了，他们又在重复他们的敌人在权力鼎盛时期犯下的错误。

一个法国神父（很遗憾我忘记了他的名字，一个非常聪明的人）曾经说过，我们必须学会热爱人类，而不要考虑它本身是怎样的。

差不多过去了四个世纪，我们可以很从容地回顾一下这个曾经充满很大希望、也包含更大失望的时代。想一想众多的男男女女怀着崇高的勇气，为了永远实现不了的理想在断头台和战场上献出了自己的生命；再考虑一下数以百万计默默无闻的小市民为了他们认为是神圣的东西而牺牲；然后回想一下新教徒的起义，这是一场旨在建立更自由更开明的世界运动，却彻底失败了，这使得人们的仁爱之心受到了最为严峻的考验。

如果要我讲真话，新教主义从这个世界上夺走了许多美好、高尚和美丽的东西，又加进了许多狭隘、可憎和粗俗的东西。它不是使人类历史更简单更和谐，而是使它更复杂更无序。然而，这并不是宗教改革的过错，而是与大多数人与生俱来的某种心理弱点有关。

他们不愿意匆匆忙忙。

他们根本不可能跟上领导者的步伐。

他们并不缺乏善意，最终他们会跨过通往新近发现的领土的天桥。但是他们要在合适的时候做这些，并尽可能地带上他们祖传的家当。

这场伟大的宗教改革原想在单个的基督徒和上帝之间建立一种完全新型的关系，破除过去的一切偏见和腐败，可是它完全被忠诚的信徒们头脑中的中世纪精神包袱搞得乱七八糟，既不能前进也不能后退，很快看起来就与它所无比憎恨的教廷组织别无二致。

这是新教徒起义的一大悲剧。它不能超越大多数支持者的一般才智。

结果，西欧和北欧的人并没有取得他们所期望的进步。

宗教改革运动没有产生一个被认为一贯正确的人，却为世界奉献了一本绝对无误的书。

没有了一个拥有至高无上统治权的君王，却涌现了千万个小的统治者，他们每一个都想按照自己的意愿充当至高无上的领袖。

它并没有将基督世界明确地分为两半，一半是执政的，一半是非执政的，一半是教徒，一半是异教徒，而是制造出无数个持不同意见的小团体，除了对所有与自己见解不同的人怀有强烈的憎恨之外，彼此各不相同。没有建立起宽容的统治，而是效法早期教会，一旦获得权力，就在无数的宗教手册、教义和忏悔的背后筑起了一道坚固的防线，对那些不赞同他们团体正式确立的教义的人进行残酷的斗争。

这无疑是最令人遗憾的。

这在公元 16、17 世纪的心理发展过程中是无法避免的。

要用语言来描述像路德和加尔文这样的领袖的勇气，只有一个词，一个相当大的词："巨大无比。"

德国海岸边一个文化落后地区的一所潮汐学院的教授，一位朴实的奥古斯丁派的僧人，他勇敢地烧毁了一项教皇敕令，将自己的反叛思想钉在教会的大门上。一个体弱多病的法国学者把瑞士的一座小城镇变成了堡垒，成功地抵御了教皇的权威的渗透。这些人呈现给我们的是坚忍不拔的光辉典范的形象，可谓是无与伦比，现代世界难有与之相匹敌的。

这些胆大无畏的反叛者很快找到了朋友和支持者，而这些朋友都抱有他们自己的目的，支持者也希望浑水摸鱼捞一把，不过这与本书的主题无关。

当这些造反者为了他们的良知以性命做赌注时，并不能预见到这一切的后果将会怎样，也预见不到北方大多数民族会最终云集到他们的旗帜之下。

但他们一旦被卷入他们自己掀起的洪流之中，就只能顺水行舟了。

不久，仅仅使自己保持在水面上这个问题就会耗去他们的所有力气。在遥远的罗马，教皇终于明白这场不值一提的动乱要比多明我会和奥古斯丁教派修道士之间的争吵和一个法国牧师的阴谋更为严重。为了讨得众多资助人的欢心，教皇暂时停建了心爱的大教堂，并召开了讨伐会议。教皇的敕令和逐出教会的公告迅速地传向四面八方，帝国的军队开始出动。造反的领袖们无路可退，只好挺身迎战。

伟大的人物在你死我活的冲突中丧失了辨别力，这在历史上不是第一次。同一个路德有一段时间宣称"焚烧异教徒是违背圣灵的"，可是几年后，他一想起那些倾向于浸礼教思想的荷兰人的邪恶罪行时，就恨得咬牙切齿，几乎到了丧失理智的程度。

这个无畏的改革者在开始他们的事业时还坚持认为不应把自己

的逻辑体系强加于上帝，却以烧死推理能力无疑高于他的敌人来结束他的时代。

今天的异教徒明天就会成为所有持异见者的大敌。

虽然加尔文和路德总是谈论新的时代，认为在这样的新时代里，黎明终归会紧随黑暗而来，然而他们在有生之年却一直是中世纪忠诚的子民。

从美德的角度来说，他们的眼里根本就没有宽容。他们沦落为流浪者时，就甘愿祈求于良心自由的神圣权力，并据此来攻击他们的敌人。一旦取得了斗争的胜利，这个值得信赖的武器就被小心存储在新教徒的废品仓库的角落里，胡乱地和其他许多善良的意愿堆放在一起，被当做不实用的东西丢掉了。它躺在那里，被遗忘和被忽略，直到许多年后才在一个装满旧式说教的箱子后面发现它。但是将它捡起、擦去污迹并将它带向战场的人已经与公元 16 世纪初期奋勇战斗的人全然不同。

然而，新教革命对宽容事业贡献极大。这倒不是通过革命本身取得的，革命在这方面的收效的确很小。但是宗教改革的结果都间接地体现在进步的一面。

首先，它使人们熟悉了《圣经》。教会从未明确地禁止人们读《圣经》，但也从未鼓励普通俗人研究这本圣书。现在每个忠实的面包匠和烛台制造师终于可以拥有一本圣书了，可以在工厂里自己一个人仔细阅读它，得出自己的结论，而不会冒被烧死在火刑柱上的危险。

了解就可以消除人们在不懂的神秘事物面前所感到的敬畏和恐惧之感。在宗教改革后的 200 年里，虔诚的新教徒相信他们从《旧约》

中读到的一切，从巴拉姆的驴子到乔纳的鲸鱼。那些敢于对一个逗号提出质疑的人（博学的亚伯拉罕·科洛鲁斯的"有灵感的"元音点）都知道最好别让同行们无意听到他们怀疑的窃笑。这并不是因为他们仍然害怕"宗教法庭"，而是因为新教牧师有时会使他们的生活极不愉快，公开的责难所导致的经济后果是非常严重的，尽管谈不上是毁灭性的。

然而长期不断地研究一本书所逐渐产生的结果是路德、加尔文和其他改革者从未预见到的，实际上这本书是关于牧民和商人组成的小民族的历史。

我肯定，假如他们预见到了，他们一定会和教会一样讨厌希伯来文和希腊文，小心谨慎地不使《圣经》落入未入教的人之手。最后，越来越多的严肃认真的学生开始把《旧约》当做一本奇特有趣的图书来欣赏，其中包含的许多描写残忍、贪婪和谋杀的故事既恐怖又血腥，绝不会是在神示下写成的，就其内容的性质而言，那一定是出自于仍处于半野蛮状态的民族之手。

从此以后，许多人当然不可能再把《圣经》看成是一切真正智慧的惟一源泉。自由思考的这种障碍一旦被消除，被拦阻了近千年的科学探索潮流便沿着自然形成的渠道奔流前进，一度中断的古希腊和古罗马哲学家的工作又从 20 个世纪以前丢下的地方被重新捡起来。

另外，以宽容的观点看更为重要，宗教改革把北欧和西欧从一种权力专政中解救出来，这种假借宗教之外的专政，实际上只不过是罗马精神专制的延续而已。

我们信仰天主教的读者很难同意这些观点，但从理智上讲，他们也对这场不可避免的运动怀有感激之情，而且这也为他们自己的信仰提供了最有益的帮助。天主教曾一度陷入麻烦之中，为了使自己的神圣名字从与贪婪和暴虐相提并论的辱骂中摆脱出来，天主教会做出了孤注一掷的努力。

它取得了最为辉煌的成功。

公元16世纪中叶以后，梵蒂冈再也容忍不了波尔吉亚家族。教皇和从前一样，仍然都是意大利人。要改变这种惯例实际上是不可能的，如果红衣主教受托选举新教皇时挑选了德国人、法国人或其他外籍人，罗马的下层百姓非把这个城市闹得天翻地覆不可。

然而，选举教皇是极其慎重的，只有品质最高的候选人才有望受到考虑。新主人在耶稣会会士的忠诚辅佐下，开始彻底地兴利除弊。

出售赎罪券的事终止了。

修道院的神职人员必须研究（此后也要服从）他们的创立者制定的规矩。

万能的监狱

在文明城市的街道上再也看不到托钵僧了。

文艺复兴时期那种精神上的冷漠已经被追求圣洁有益生活的热忱所取代，教会为那些无力承担生活重担的不幸的人们做善事，提供帮助。

即使这样，还是未能收复已经丢失的大部分疆土。从地理上说，欧洲北半部人仍然信奉新教，只有南半部保留着天主教的信仰。

不过，当我们用更为生动的语言来描述宗教改革成果时，欧洲实际发生的变化就变得更为清晰。

在中世纪，有一座万能的精神和思想的监狱。

新教起义摧毁了旧建筑，并用现有可用的材料建立一座它自己的监狱。

因此在公元 1517 年以后，出现了两座监狱，一座是专为天主教徒建的，另一座是专为新教徒建的。

至少最初的计划是这样的。

可是与天主教相比，新教徒缺乏长达数世纪如何进行迫害和镇

两个监狱，貌离神合

压的训练，因而未能成功地建造起提防持异见者的监狱。

大量难以驯服的囚徒从窗子、烟囱和地牢的大门逃跑了。

不久以后，整个建筑变成了一片废墟。

夜里，异教徒便整车地运走石头、梁木和铁条，第二天早晨用它们建造了一座自己的小堡垒。尽管它有着一千年前格雷高利大教皇和英诺森五世建造的监狱的外表，但缺乏必要的内在力量。

堡垒一准备投入使用，新的规定和制度一被张贴在门上，就有大批心怀不满的信徒退出了教会。他们的看护人，即现在所称的牧师，由于丧失了旧式执行纪律的手段（逐出教会、酷刑、死刑、没收财产和流放），面对已经下定决心的暴民束手无策。当这帮叛逆者建起了一道符合他们自己神学爱好的围栏，宣布了一套暂能迎合他们信仰的新教义时，牧师也只能被迫接受，无可奈何地袖手旁观。

这种过程经常重复，最后在不同的监狱之间逐步发展出了精神上的"无人地带"，在那里，好奇的心灵自由自在地游荡，正直的

呼吸的空间

人们可以不受阻碍和干扰地进行无拘无束的遐想。

这就是新教为宽容事业做出的巨大贡献。

它重建了个人的尊严。

第十三章　伊拉斯谟

　　每本书在撰写过程中都会出现危机，有时出现在前 50 页，有时直到快要完稿时才显现出来。的确，一本书如果没有危机，就像一个从未出过天花的孩子一样，可能就有点问题。

　　本书的危机在几分钟前就发生了，因为我现在想到了一点，在公元 1925 年撰写一本题为宽容的书似乎是十分荒谬的，迄今为止我为初步研究付出的所有劳动看来只是对宝贵时间的浪费。我最想用伯里、莱基、伏尔泰、蒙田和怀特的书点燃篝火，用我自己的书点燃火堆。

　　怎样来解释这一切呢？

　　这有很多原因。首先，作者与自己定下的主题一起亲密地度过了太久的时间，不可避免地会感到厌烦无趣。第二是怀疑这类书几乎没有任何实用价值。第三是担心这本书只会成为我们不够宽容的同胞们的佐证资料，他们从中挖掘一些宽容的论据来支持他们自己的邪恶行径。

除了这些理由外（这对严肃图书都是适用的），目前还存在一个几乎难以逾越的"结构"难题。

一个成功的故事必须有开头和结尾。这本书有个开头，但是能有结尾吗？

我的意思是指：

我可以举出许多表面上打着公正和正直的旗号所犯下的骇人听闻的罪行，实际上却是由于不宽容所致。

我可以描述那些在将不宽容抬举到了较重要的美德地位的时候，人类所经历的痛苦日子。

我可以斥责和嘲笑不宽容，直到我的读者同声高呼："打倒这个祸根，我们都宽容吧！"

但是有一件事我难以做到，我无法说清怎样才能达到我极力渴望达到的目标。在所有的事情上，都有指导我们的手册，从饭后的闲谈到口技表演。上星期日我看到一张函授课程广告，我至少读到了249个题目，学院都保证学员能以最少的学费获得最好的教育。至今却没有人提出可以在40（或4000）个课时中解释清楚"怎样做到宽容"。

而且就连被认为是解开许多秘密钥匙的历史，对这种状况也无所作为。

的确，人们能够写出大部头的学术著作，专门研究奴隶制、自由贸易、死刑或哥特式建筑的成长和发展，因为奴隶制、自由贸易、死刑和哥特式建筑都是非常明确具体的。如果其他任何资料都没有，我们至少还可以研究倡导自由贸易、奴隶制和哥特式建筑或大力反对它们的男男女女的生平。从这些优秀人物探讨他们的主题的方法，

那些可怕的小书

从他们的个人习惯，从他们的社会交往，从他们对食品、饮料和烟草的嗜好，甚至可以从他们正在穿的马裤，从他们不遗余力地支持或深恶痛绝的理想，我们都可以得出某些结论。

可是从来没有职业的宽容倡导者，那些热忱从事这项伟大事业的人只是出于偶然，他们的宽容事业是一种副业，他们都是从事其他职业的，他们是政治家、作家、国王、医生或朴实的工匠。在国王的事务或医生的行医或工匠制作钢雕的过程中，他们会为宽容美言几句，却不会为宽容奋斗终生。他们对宽容的兴趣就像对下象棋和拉小提琴的兴趣一样。因为他们属于各式各样怪异的团体，（想像一下斯宾诺莎、腓特烈大帝、托马斯·杰弗逊和蒙田竟会是好朋友！）要从他们身上发现从事同样工作的人都有的共同性格几乎是不可能的，无论是当兵的、管道工，还是从事将这个世界从罪孽之中解救出来的工作的人。

在这种情况下，作家就很容易求助于警句。每一次面对进退两难的境地，这个世界上的某处总存在适用于它的警句。但是在宽容这个特殊主题上，《圣经》、莎士比亚、艾萨克·沃尔顿和老本哈姆都舍弃我们不顾。也许乔纳森·斯威夫特（我是凭记忆引述）最接近于这个问题，他说，大多数人都拥有足够的宗教信仰憎恨周围的人，却没有足够的信仰来爱他们。遗憾的是，这段富有见地的论断却没有完全涉及到我们目前的难题。有些人拥有宗教信仰不亚于他们个人所憎恨的人，而这些人与他们一样对宗教怀有同样的真诚。有些人完全缺乏宗教的天性，却将他们的慈爱倾注在野猫、野狗和基督世界的人们身上。

不行，我必须找到我自己的答案。经过适当的思考（但是有很多的疑问），我现在应该陈述一下我自己所认为的真理。

为宽容而战的人，不论彼此间有多少的不同，但有一点是相同的：他们的信仰经过了怀疑的锤炼，他们能真诚地相信他们自己是正确的，却永远也达不到将自己的怀疑提炼为绝对信念的境界。

在如今这个宣扬爱国主义的时代，我们总是热情地叫嚷要百分之百地信任这个，百分之百地信任那个，但看看大自然给我们的启示吧，它似乎一直对任何绝对化的理想都很反感。

纯粹靠饲养的猫和狗是公认的白痴，因为如果没有人把它们从雨里抱走，它们就会因此而死掉。100%纯铁早已废弃不用了，被一种称为钢的混合金属代替了。没有一个珠宝商会担保用100%的纯金、纯银打造首饰。再好的琴也必定是由六七种不同木材组成的。至于一顿饭，如果100%全是玉米粥，非常感谢，恕难下咽。

简言之，世间绝大多数有用的东西都是混合物，我看不出有什么理由信仰应该是一个例外。除非我们"肯定"的基础里包含一定量"怀疑"的合金，否则我们的信仰听起来就像纯银制成的钟一样丁当作响，或像铜制的长号一样刺耳。

正是对于这些事实有着深刻的理解，才使得宽容的英雄们有别于其他的人。

就人品的完整性而言，对信仰的真诚，对职责的无私奉献，以及其他所有普通的美德，他们中大多数人本来都可以通过清教徒宗教法庭委员会的检查。我想讲得更清楚一些，如果他们的特殊良知取向没有迫使他们成为自称独有将普通人升为天神的权力机构公开和公认的敌人，至少他们中有一半以这样的方式活着和死去的人会成为圣人。

然而幸亏他们拥有的是神圣的疑问。

他们知道（一如他们之前的罗马人和古希腊人已经了解的那样），自己所面临的问题浩大繁多，没有一个理智健全的人会期望去解决它。他们一方面希望并祈祷他们所走的路能最终把他们引向安全的目的地，另一方面又无法说服自己这条路是惟一正确的，其余的路都是错的，这些迷人的僻径打动如此众多朴实人的心灵，是通往毁灭的罪恶之路。

这一切听来与《教义问答手册》和伦理学教科书所表达的观点相悖。这些书宣扬由绝对信仰的纯洁火焰所照耀的世界的优良美德。也许是这样。但是在那团火焰被认为以最强的亮度熊熊燃烧的几个世纪里，却不能说普通大众因此特别幸福和异常轻松。我并不主张搞激进式的变革，仅仅想做一下改变而已。我们可以试一试别的光源，宽容行会的兄弟们一直靠着他们所习惯的各种方式来审视着世界上的事物。如果我们的尝试是不成功的，还可以回到祖先的方法上。但是如果它将一缕宜人的光辉投向这样一个社会：其中包含更

鹿特丹

多的仁慈和克制，社会更少地受到丑恶、贪婪和仇恨的骚扰，那么我敢肯定收获一定很大，而所花的代价会很小。

小小建议，不论好坏，仅供参考。我必须回到我所讲的历史上来。

随着罗马帝国最后一个人的埋葬，世界的最后一个公民（取其最佳最广泛的意义）也就随之消亡了。只有在社会再次置于安全保障之后，经过很长一段时间，具有古代世界最先进思想特征的、包罗万象的古老仁慈精神才能够安全地重返大地。

正如我们所见，这一切发生在文艺复兴时期。

国际商业的复兴为贫穷的西方国家带来了新的资本。新兴城市崛起了。一个新的阶层开始资助艺术、花钱购书，为那些紧随繁荣之后兴起的大学捐资助学。此时一些致力于"人文学科"的支持者大胆地将整个人类作为试验对象，起身反抗古老的经院哲学的狭小局限，与那些把他们对古代智慧和文理的兴趣看做是邪恶的不道德好奇心的体现的虔诚之众分道扬镳。

这本书余下的部分将全部用来讲述站在这一群先驱前列的人的

生平故事，几乎没有人能比那个被称为伊拉斯谟的羞怯灵魂更值得称赞。

他还是很羞怯，尽管他参加了当时所有的文字大论战，并且通过精确地操纵最致命的武器——幽默远程大炮，成功地使自己成为敌人的惧怕对象。

炮弹里装有他的智慧芥子气的导弹，广泛地击中了敌人的国土。伊拉斯谟式炮弹有许多危险的品种，乍看上去，似乎全然无害，它没有发出"噼噼啪啪"声音的警报式的导火索，倒像是供人娱乐的新花炮。上帝保佑那些把它们拿回家给孩子玩的人吧。毒物肯定会进入孩子幼小的心灵，而且毒性持久，整整四个世纪都不足以使人类免除这种毒害的影响。

这样一个人，竟出生在北海东海岸的一个由淤泥堆积而成的最沉闷的小镇上，真是不可思议。公元 15 世纪时，那些被水浸透的地带还没有达到独立和难以置信的富足共和国的全盛时期，只是一些无足轻重的小公国，处于文明社会的边缘。他们长年累月闻着鲱鱼味，这是他们主要的出口产品。如果他们曾招待了一位客人的话，也只能是个孤立无援的水手，他的船在阴沉的岸边触礁沉没了。

在这样不愉快的环境中度过的可怕童年，可能会刺激好奇的孩子参与激烈的活动，使自己最终获得自由，成为他那个时代最著名的人物。

他是个私生子，一生下来就事事不顺。中世纪的人们与上帝和大自然的关系都是亲密和友好的，对这样的儿童比现在的我们要敏感得多。他们深感遗憾。这种事是不应该发生的，他们当然就非常不赞同。然而，至于其他方面，他们都是非常质朴的人，而不会去

斯坦因修道院

惩罚摇篮里无助的小生命，因为这不是孩子自己犯下的过错。伊拉斯谟出生证的不正规情况给他带来的不便，只是表明他那对异常糊涂的父母根本没有能力应付这种情况，只好把自己的孩子留给了不是笨蛋就是无赖的亲戚照看。

这些叔叔和监护人不知道怎样对待他们的小监护对象。他的母亲一死，这个孩子就再也没有自己的家了。起初他被送到德文特的一所有名的学校，那儿的几个教师是"共同生活兄弟会"的成员，不过我们如果从伊拉斯谟后来写的信件中可以判断出，这些年轻人只是在共同这个词的完全不同的意义上"共同"而已。然后，伊拉斯谟被带到高达，在那里他被置于拉丁文学校校长的直接监督之下。这位校长也是被指定管理孩子继承的微薄遗产的三个监护人之一。如果伊拉斯谟当年所在的学校和四个世纪以后我访问时一样糟，我只能为这可怜的孩子感到难受。而且情况更糟糕的是，监护人这时已经花光了这个孩子的每一分钱，为了逃避起诉（因为旧时的荷兰法庭对这类事情是非常严厉的），他们急忙把这个孩子送进了一座修道院，让他当牧师，并祝他幸福，因为"现在他的未来有保障了"。

历史的神秘的磨坊终于将这些可怕的经历磨成了具有伟大文学

价值的作品。我不愿想起这个敏感的少年被迫与目不识丁的庄稼汉和笨手笨脚的乡巴佬一起度过的多年可怕岁月，而那些人在中世纪末期修道院的修士中足足占了一半之多。

幸运的是，斯坦因修道院的纪律松弛，这使得伊拉斯谟能把大部分时间花在以前一位修道院院长收藏的拉丁文手稿上，这些手稿早就被遗忘在图书馆里了。他从那些书籍中如饥似渴地汲取知识，最后他成为了一本活的古代知识百科全书。这对他以后帮助很大，后来他总是在活动，很少去参考书阅览室，不过这也无关紧要，因为他可以凭借记忆加以引用。大凡读过由他的著作收集成册的十大本卷宗或是设法通读了其中一部分的人（现在人的寿命太短了），都会理解什么是公元 15 世纪的"古典知识"。

当然，伊拉斯谟最后得以离开了他所在的那个古老的修道院。像他这样的人永远也不会受环境的影响，他这样的人能够创造自己的环境，而且是用最不成器的材料创造的。

伊拉斯谟在他的余生里是一个自由人，他不停地寻找一个可以工作而不受慕名来访的客人打扰的地方。

可是直到他行将辞世，他的灵魂滑入死亡的沉睡中的时候，他才享受到片刻的"真正清闲"。对于追随苏格拉底和芝诺足迹的人来说，这一直是最高的境界，很少有人达到。

这些旅程经常被人描写，我就不在此重复了。只要有两个或更多的人以真正智慧的名义凑在一起的地方，伊拉斯谟迟早一定会到场。

他在巴黎学习过，是个穷学者，几乎死于饥寒交迫之中。他在剑桥教过书，在巴塞尔印过书，还想（完全是徒劳的）把启蒙的火花带进顽固的传统堡垒——声名远扬的卢万大学。他在伦敦待过很长时间，并获得了都灵大学神学博士学位。他熟悉威尼斯大运河，咒骂起泽兰岛的糟糕道路就像咒骂伦巴第的道路一样熟悉。他对罗马的天空、公园、人行道和图书都有深刻的印象，甚至"忘川"之水也不能冲刷他对这座圣城的记忆。只要他愿意迁往威尼斯，便可得到一笔丰厚的年金，而且每当威尼斯开办一所新大学，他肯定会受到盛情邀请，担任他想担任的任何课程的教授，或者什么也不担任，只要偶尔光临一下也会为校园增光不少。

但他坚决地拒绝了所有这些邀请，因为这些邀请似乎暗含着一种永久性和依赖性的威胁。对他来说，首要的是自由。他宁愿有一间舒适的屋子而不是环境恶劣的房间，宁愿有有趣的而不是沉闷的同伴，他知道勃艮第的芳香醇厚的美酒和亚平宁的稀薄的红墨水之间的区别。然而他想按照自己的方式生活，如果他不得不称别人为"主人"，那他就无法做到这一点。

他为自己选定的角色实际上是一座思想的探照灯。无论时事的地平线上出现了什么，伊拉斯谟都会立即让自己的智慧之光照耀在上面，尽力让周围的人看清它的真面目，剥去所有的装饰，抛弃愚蠢和他无比憎恨的无知。

伊拉斯谟在历史的最动荡时期能做到这一点，并设法避开了新教狂热者的愤怒，又使自己远离他的宗教法庭朋友不满的火堆，这一点在他的一生中最常受到人们的谴责。

后人似乎对与祖先有关的殉道怀有真挚的情感。

"为什么这个荷兰人不勇敢地站出来支持路德？不冒险与其他改革者站在一起呢？"似乎一直是使至少12代有识之士困惑不解

的问题。

答案是："他为什么要这样呢？"

做过激的事情并不是伊拉斯谟的本性，并且他也未将自己看做是什么运动的领袖。他缺乏自以为是的自信，而这却是那些要告诉世人太平盛世应该怎样才能实现的人的一大特征。而且他还认为，在我们觉得有必要重新整理我们的住所时，不必每次都把旧房子拆掉。的确，住房急需修理，下水道也陈旧了，花园里堆满了早已搬走的人家扔下的垃圾和杂物。可是，如果房主兑现诺言，只要花一点钱立即修缮一下，整个面貌就会发生改观。除此之外，伊拉斯谟没有过高的要求。尽管他的敌人嘲笑地称他为"中庸"，然而他取得的成功并不亚于（甚至高于）那些十足的"激进派"，这些人给世界带来了两种暴政，原来世界上只有一种。

像所有真正的伟人一样，伊拉斯谟对制度没有好感。他相信对世界的拯救依赖于我们每个人的努力，改变了每个人，你就可以改变整个世界。

于是，他通过直接号召普通公民来抨击现存的弊端，他这样做的手段是非常聪明的。

首先，他写了很多信，给国王、皇帝、教皇、修道院院长、骑士和恶棍写信，给每一个尽力想接近他的人写信（那时信封上不需要加盖邮戳和写明发信人的地址），只要拿起笔，就至少写上八大页。

第二，他编辑了大量古典经文，它们常常被传抄得十分糟糕，使人难解其意。为此，他不得不学习希腊文。他想方设法要掌握这门被禁用的语言文法，这就是为什么那么多虔诚的天主教徒认为他内心里与真正的异教徒一样坏的原因之一。这听起来荒唐，却是事实。在公元 15 世纪，体面的基督徒决不会梦想努力学习这门禁用的语言。与现代俄文一样，它是一门声名狼藉的语言。懂得一点希腊文会使一个人陷入无数的困境。这会诱使他拿《福音书》的原文与译文做比较，而这些译文早已得到了忠实于原文的保证。这才仅仅是个开始。不久他便深入到犹太区学习希伯来文法，这离公开反叛教会的权威只有一步之遥。在很长时间里，拥有一本画得稀奇古怪歪歪扭扭的文字书，便被看做有秘密革命倾向的证据。

教会当局经常抄家搜查违禁品。一些拜占庭难民偷偷地以教本国语言来维持生计，结果常常被迫离开借以避难的城市。

尽管有这么多的障碍，伊拉斯谟还是学会了希腊文。他在编辑西普瑞安、克里索斯托姆和其他教会神父的书时所加的注释中，巧妙地隐藏了许多他关于时事的观点，这些话决不会以单行本的形式印出来。

但是，注释的顽皮精灵以伊拉斯谟创造的一种完全不同的文学形式表现出来，我指的是他那有名的希腊和拉丁文格言收藏。他收集这些格言，是为了使当时的儿童都能学会写一些优美的古文。这些所谓的"格言"中充满了智慧的评论，这在周围的保守派看来决不是出自于一个教皇之友之手。

最后，他写了一本怪异的小书，这类书是当时时代精神的产物，其实是为博得几个朋友一笑而作的，却在古典文学史中占有很重要的地位，这位可怜的作者在这之前根本没有意识到他做了什么。这本书叫《愚人颂》，碰巧我们知道它是怎样写成的。

那是公元 1515 年，一本小册子写得非常巧妙，没有人能弄清它是在抨击僧侣，还是在保卫修道院的生活，全世界为之震惊。书名页上没有署名，但熟悉文学界的人都能认出来，它出自一位名叫乌尔里克·冯·赫顿的古怪的人之手。他们猜对了，因为这个天资聪慧的年轻人、桂冠诗人、快乐的地方大风琴手在这本重要著作中占有一席之地，写了有用的滑稽部分，并且他也以此而自豪。当他听说连英国托马斯·莫尔这位"新学"的倡导者都称赞了他的作品时，就写信给伊拉斯谟，请教他一些详细情况。

伊拉斯谟对冯·赫顿并没有什么好感。他那有条有理的头脑（表现在他有条有理的生活上）不喜欢邋遢的条顿人，他们整日都为启蒙事业勇敢地挥舞着笔和剑，然后躲到最近的小酒馆里，没完没了地大杯大杯喝着酸啤酒，似乎忘记了这个腐败的时代。

不过，冯·赫顿有自己的路子，他确实是一个天才，伊拉斯谟也彬彬有礼地给他写了回信。而且在他的信中，逐渐大谈特谈起他的伦敦朋友的美德，还描绘了一幅迷人的和美家庭图画，觉得托马斯爵士的家庭永远是其他家庭的楷模。在这封信里，他提到莫尔这个非凡的幽默家曾怎样赋予他写《愚人颂》的最初灵感，很可能正是莫尔创作的温厚的闹剧（一个真正的诺亚方舟，有儿子、儿媳、女儿、女婿、鸟、狗、私人动物园、私人剧场和业余小提琴乐队），激发他创作出了那些令人捧腹的作品，他的名字与这篇作品永远同在。

这使我模模糊糊地想起了英国木偶剧《庞奇和朱迪》，在长达几个世纪里，它一直是荷兰儿童惟一的娱乐节目。《庞奇和朱迪》木偶剧中带有大量低级粗俗的对话，却一直保持一种极其严肃的道德语调。声音空洞的"死神"成为了舞台的主角，其他的角色一个接着一个被迫来到这位衣衫褴褛的主角面前，做一番自我介绍。使这些小观众们永远开心的是，他们的头都一个接着一个被敲打一下，再被扔进一个虚构的垃圾堆里。

在《愚人颂》中，整个时代的社会组织被小心地拆分，"愚蠢"如同受到启迪的"验尸官"，以其详尽的评论支持和赞扬民众。各种人物都被囊括其中，在整个"中世纪主要街道"仔细搜索合适的角色。当然，那些以伪善的叫卖、粗俗无知和徒劳的夸夸其谈沿街兜售其救世学说的修士们遭到了鞭笞，这是不会被人忘记的，也是永远不会得到饶恕的。

教皇、红衣主教和主教与这些来自加利利的贫困的渔民和木匠不同的后裔，也出现在节目单上，并占有了好几幕戏。

不过，伊拉斯谟撰写的"愚人"与一般幽默文学中的玩具匣子中的玩偶相比，其角色更真实。这本小书从头到尾（其实在他创作的一切作品中），伊拉斯谟都在宣扬自己的信条，或许可称它为"宽容哲学"。

那就是"自己活，也让别人活"，这是基于神圣法则的精神而不是坚持原文的逗号和分号的主张，这是将人类真正的宗教作为伦理学而不是作为某种统治形式来接受，这使得严肃认真的天主教徒和新教徒将伊拉斯谟斥责为"不信上帝的恶棍"，是所有真正宗教的敌人，"污蔑了基督"，却不提这本充满智慧的小册子中有趣的词句背后隐含的真正思想。

这样的谩骂（一直持续到伊斯拉谟去世）没有起任何作用。这个长着长长的尖鼻子的小个子一直活到了 70 岁，而那时有谁想从官方确定的文字里增加或减少一个字都会被绞死。他对时代英雄毫无兴趣，他也公开这么说。他从不希望从对剑和火绳枪的祈求中得到任何东西，因为他非常清楚，一旦小小的神学争端演变为世界范围的宗教战争，世界就要冒巨大的危险。

于是，他像个巨大的海狸，日夜不停地筑造著名的理智和常识的水坝，仅仅希望能挡住越来越凶猛的无知和专横的潮水。

当然他失败了。要阻止从德意志各山峰和阿尔卑斯山上冲下来的邪恶意图和仇恨的洪水是根本不可能的。在他死后没几年，他的书就被全部冲走了。

不过，他的辛勤工作，使许多沉船的碎片又冲到了后代人的岸上，成为那些压制不住的乐观主义者们的异常有利的佐证材料，他们相信，总有一天，会建起一座能真正挡住洪水的堤坝。

伊拉斯谟于公元 1536 年 7 月去世。

他的幽默感从未舍他而去。他死于他的出版商家中。

第十四章　拉伯雷

社会的动荡创造出了奇怪的伙伴。

伊拉斯谟的名字可以印在一本值得尊敬的书中，供全家阅读，但在大庭广众之下谈及拉伯雷却有伤大雅。事实上，这家伙是如此危险，以至于还专门通过了法律禁止纯真的儿童接触他的邪恶著作。在很多国家，他的书只能从那些胆大的书贩那儿得到。

当然，这只是骗人的官僚统治强加在我们身上的许多荒唐事儿之一。

拉伯雷的著作对 20 世纪的普通公民来说，就像《汤姆·琼斯》和《七面山墙的房舍》一样枯燥无味，甚至很少有人能够读完冗长不堪的第一章。

另外，拉伯雷所用的言辞并没有明显的暗示性。他用的词汇在当时很通俗，但现在已经不常用了。不过，在田园生活的蓝色时代，90%的人都与土地有着密切的关系，因此铁锹实际上就是铁锹，不会被误解为是黑桃，母狗也不会被误解为"贵夫人的狗"。①

　　但是，目前对这位出色的外科大夫的著作所持的反对意见，并不只是反对他所用的丰富但有点直率的用词，而是比这要深刻得多。这主要是由厌恶引起的，许多优秀人物面对一个强调要断然拒绝生活打击的人的观点时，都会有这种感情。

　　据我看来，人分为两种：一种对生活说"是"，另一种说"不"。前一种人接受生活，无论廉价的命运施舍给他们什么，他们都勇敢地尽力利用它。

　　后一种人也接受生活（他们如何能控制住自己呢？），但怀着极大的轻蔑接受命运施舍的礼物，并为此而烦恼，就像儿童本来想要木偶或者小火车，却得到了一个小弟弟。

　　"是"派快乐的兄弟们很乐意接受孤僻的邻居对他们自己的评价，能够容忍他们；即使"不"派用悲伤和恐怖的绝望纪念碑填满整个大地，也不去阻拦他们。与此相反，"不"派的成员却极少向第一种人表达相同的礼貌。

　　事实上，如果能够为所欲为，"不"派会立即把"是"派从地球上清除掉。

　　这一点可不那么容易做到，于是"不"派便无休止地迫害那些认为世界属于活人而不属于死者的人，以满足其忌妒灵魂的需要。

　　拉伯雷大夫属于第一种人，他的病人，或者他的思想，从未向往过墓地。毫无疑问，这是令人遗憾的，但人们也不能都去做掘墓人，必须有一些乐观派，如果世界上到处都是哈姆雷特这样的复仇王子，

---

　　① 在英文中，"铁锹"与"黑桃"为同一单词 spade，"母狗"与"贵夫人的狗"也为同一单词 lady-dog。——译注

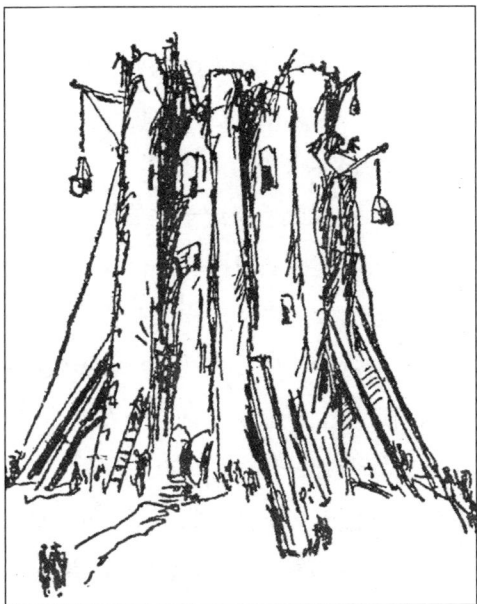

旧大厦能维持我们的时代

那住起来太恐怖了。

关于拉伯雷的生活，倒也没有什么神秘的。他的朋友撰写的书里遗漏的一些细节可以在他的敌人撰写的书里找到，因而我们可以相当准确地了解他的一生。

拉伯雷属于紧接着伊拉斯谟的一代，他降生的世界仍然主要被僧侣、修女、执事和无数托钵僧统治着。他生于芝侬，父亲不是药商就是酒贩（在 15 世纪这是两种不同的职业），家境相当富裕，所以才能够把他送到一所好学校念书。年轻的弗朗西斯在那儿结识了当地著名的杜贝拉—兰格家族的年轻后裔。这些年轻人，同他们的父辈一样，有点天资，写作能力也不错，偶尔打仗也很漂亮。他们都是饱经世故的人——"世故"这个词常常被曲解，我这里是褒意。

他们是国王的忠实仆从，担任过无数公职，成为主教、红衣主教和大使，翻译古籍，编辑步兵训练和弹道学手册，出色地完成了许多差使。在一个头衔就决定了极少乐趣和众多责任与义务的时代，这都是贵族的本职工作。

杜贝拉家族后来给予拉伯雷的友谊表明，拉伯雷必定并不只是一个逗人发笑的餐桌陪客。他的一生遭遇过许多坎坷和挫折，但总能依靠老朋友的帮助和支持渡过难关。无论何时，只要他同神父上司产生矛盾，他便发现杜贝拉家族城堡的大门就会向他敞开；偶尔在法国这块土地上出现对这个直率的道德主义者不利的情况，杜贝拉家族便会有一个人正好有一项外交使命，急需一个秘书，要求是个优雅的拉丁文学者，此外还要懂点医学。

具体细节这里就不赘述了。曾经不止一次，我们这位博学的大夫的生涯似乎就要突然痛苦地结束了，而老朋友的影响又把他从巴黎大学神学院的愤怒或失望至极的加尔文派教徒的怒火中解救出来。加尔文派教徒本来把他看做是他们中的一员，后来却被他大大激怒了，因为他无情地公开攻击加尔文教派大师的带有偏见的热情，就像他嘲讽枫蒂南和马耶萨斯的老同事的神圣一样。

两个敌人中，巴黎大学神学院当然更危险一些。在瑞士，加尔文可以随心所欲地抗议，但一出瑞士小城的疆界，他的火焰就像爆竹一样无害。

相反，巴黎大学神学院，与坚决支持正统观念和旧学的牛津大学一道，一旦他们的权威遭到挑战，便毫不留情，并且总是能够与法兰西国王和刽子手进行热诚的合作。

哎呀，拉伯雷一离开学校，就成了引人注目的人。这并不是因为他喜欢喝好酒，爱讲其僧侣同学的滑稽故事，他所做的比这要糟糕得多，他屈从了邪恶的希腊语的诱惑。

修道院院长一听到传闻，就决定搜查他的密室，结果发现了成堆的文字违禁品、一本《荷马史诗》、一本《新约》和一本希罗多德的《历史》。

这是一个可怕的发现，他那些有势力的朋友经过大量幕后活动，才使他摆脱了险境。

在教会的发展史上，这是一个奇怪的阶段。

起初，正如我前面所讲的，修道院一直在促进文明的发展，僧侣和修女在提高教会利益上做出了难以估量的努力。然而，不止一个教皇曾预见到，修道院体制发展得太强大可能会产生危险。但是，随着事件屡屡发生，正因为每个人都知道应该对修道院采取某些措施，迄今为止才不见任何行动。

劝诱的全部办法

新教徒中似乎有一种看法，认为天主教会是一个平静组织，由一小撮高傲自大的独裁者无声无息、几乎是自然而然地把持着，从未遭受内部动乱的痛苦；而对其他所有由普通人民组成的组织来说，内乱是其不可分割的一部分。

世间万物，也许真理离我们最远。

也许这个看法是由于错误地理解了一个词，这种事情太常见了。

浸透民主理想的世界听说有"绝对正确"的人自然而然会大吃一惊。

这种流行的观点这样推理："一个大组织只有一个人说了算，而其他所有人跪下高呼'阿门'，服从他的统治，那么管理起来一定是相当容易的。"

在新教国家长大的人要对这个相当复杂的问题有一个正确公正的观点，那真是相当困难。不过，如果我没有搞错，教皇"绝对正确"的言论就像美国的宪法修正案一样稀少。

况且，重要决策在出台之前，都要经过充分讨论，而最后决定之前的争论常常就会动摇教会的稳定。这样的宣言是"绝对正确"的，就如同我们的宪法修正案也是绝对正确的，因为它们是"最后"的，一旦被明确载入国家的最高法律，任何争论都到此结束。

如果有人宣称管理美国很容易，因为在危急时刻所有的人都会站在宪法一边，那就错了，这就好比说在最高的信仰问题上承认教皇的绝对权威，天主教徒一定是一群温驯的羔羊，连发表自己意见的权利都放弃了。

如果真是这样，那么拉特兰宫和梵蒂冈宫殿里的居住者的日子倒轻松了。但是，对1500年以来的历史哪怕是做最肤浅的研究，也会发现事情恰恰相反。那些信仰改革的斗士在著书立说时，似乎以为罗马教廷全然不知道路德、加尔文和茨温利满怀如此强烈感情指责的许多罪恶。其实，他们要么不知道事情的真相，要么没能处理好对正义事业的热情。

像艾德里安六世和克莱芒七世这样的人对教会的严重弊病了解得相当深刻。不过，指出丹麦王国里有些腐败现象是一回事，而改正这些弊病则完全是另外一回事，就连可怜的哈姆雷特最后也明白了这一点。

那个不幸的王子并不是美好幻想的最后一个牺牲品，他们以为通过一个诚实的人的无私努力，便能在一夜之间消除几百年错误统治的影响。

许多聪明的俄国人都知道，统治他们帝国的旧式官僚机构是腐败的，没有效率的，对国家安全构成了威胁。

他们做出了艰巨的努力进行改革，却失败了。

有多少美国公民在经过思考之后仍然看不清这样一个事实：民主制而不是代议制政府（正如共和国的缔造者所向往的那样）最终会导致系统化的无政府主义。

可是，他们又能怎么办呢？

当这些问题开始引起公众关注之时，已经变得非常复杂，除非经历一场社会大动乱，否则是无望得到解决的。然而这种社会大动乱极为可怕，大多数人都极力避免。这些人宁愿不走这样的极端，而是试图修补陈旧、衰老的机器，同时祈祷出现奇迹，机器照常运转。

靠一些宗教团体建立和维持的专横的宗教社会专制制度，是中世纪末期最臭名昭著的罪恶之一。

历史上有多少次军队总是随总司令一起逃跑。说得明白一点，形势完全超出了教皇的控制。他们所能做的只能是稳坐其位，改进自己的组织，同时安抚那些惹起他们共同的敌人——托钵僧——不满的人。

伊拉斯谟是经常受到教皇保护的学者之一。不管是卢万刮起狂风暴雨，还是多明我会暴跳如雷，罗马总是拒不让步，指着这个不听命令的人悲哀地表示："由这老头儿去吧！"

经过上述介绍，我们对下面的情况便不会感到惊讶：性格叛逆但头脑敏捷的拉伯雷，在上司要惩罚他时常常能得到罗马教廷的支持；当他的研究工作受到接连不断的干扰，他感到生活难以忍受时，能够顺利地得到准许，离开修道院。

他松了一口气，掸去脚上梅勒宰斯城的尘土，前往蒙彼利埃和里昂学医。

拉伯雷的确才能非凡。不到两年时间，这个原来的本笃会修士，就成为里昂市医院的主要内科大夫。不过，一获得这些新的荣誉，他那不安定的心灵便开始寻找新的乐园。他没有放弃药粉和药丸，而是在学习解剖学（一个同希腊文一样危险的新学科）之外，又开始致力于文学。

里昂坐落于罗纳河谷的中心，对于致力于纯文学的人来说是一座理想的城市。意大利与其相毗邻。八天轻松的旅程便能将你带到普罗旺斯（法国一地区）。虽然法国游吟诗人的古代乐园在宗教法庭手中遭到了可怕的灾难，但伟大的古老文学传统却没有完全丧失。此外，里昂的印刷厂以产品精美而闻名，书店内摆满了最新的出版物。

当一个叫塞巴斯蒂安·格里弗斯的主要印刷商要找人编辑中世纪经典作品集时，很自然地想起了这个以学者著称的新医生。他雇用了拉伯雷，让他开始工作。伽伦和希波克拉底的学术论文出手后，紧接着又是历书和注释。正是从这样不起眼的开端中产生了那部奇特的巨著，它使作者成为当时最受欢迎的作家之一。

追求新奇事物的天资使拉伯雷成为著名的开业医师，正是这种天资还使他成为成功的小说家。他做了前人不敢问津的事：开始以普通大众的语言写作。他打破了千年以来的旧传统：有学问的人撰写书籍必须使用粗俗的民众看不懂的语言。他用的是法语，而且采用了公元 1532 年的不加任何修饰的土话。

至于拉伯雷是在何时、何地以及如何发现他的两个心爱的主人公卡冈都亚和庞大固埃的，我很愿意留给文学教授去研究。说不定他们是古时异教的神，凭借本性，想方设法熬过了 1500 年基督教的迫害和鄙视。

他或许是在巨大欢乐的冲动中发现他们的。

不管怎样，拉伯雷对民族的欢乐做出了巨大贡献，人们称赞他为人类增添了笑声，任何作家都得不到如此高的赞誉。但同时，他的书不是现代意义上的"趣味书"，它们有严肃的一面，通过对教会恐怖统治负责人的夸张性描述，为宽容事业作出了勇敢的一击，正是这种恐怖造成了公元 16 世纪上半叶的无以数计的痛苦。

拉伯雷是一位训练有素的神学家，他能够避免可能给他招惹麻烦的直接评论。他的行动建立在这样的原则上：监狱外面一个高高兴兴的幽默家，胜过铁窗里面十位愁眉苦脸的改革者。

而敌人对他的意图很清楚。巴黎大学神学院丝毫不差地斥责了他的书，巴黎议会也把他的书列入了黑名单，没收和焚烧辖区内能找到的所有文本。不过，尽管刽子手在活动（当时也是官方的书籍破坏者），《巨人传》一直是受大众欢迎的古典作品。差不多四个世纪以来，它一直启发着那些能够从善意的笑声和玩笑的智慧的合成品中汲取乐趣的人；它将永远不停地让那些坚定地相信真理女神一旦挂出一丝微笑就不再是个好女人的人烦恼。

至于作者本人，他在过去和现在都是"因一本书而闻名"的人。他的朋友杜贝拉家族一直对他忠诚，直到最后。不过拉伯雷一生的大部分时间都很谨慎，与他们保持着礼貌的距离，虽然正是由于他们的"特权"他才得以发表自己"恶毒"的著作。

他冒险去了罗马，但没有遇到困难，相反却受到热诚的欢迎。1550 年他回到法国，住在默顿，三年后逝世。

要准确衡量这样一个人的正面影响，当然是不可能的。毕竟，他是一个人，不是电流或一桶汽油。

有人说他仅仅是在破坏。

也许是这样。

但在他从事破坏的那个年代，还正是迫切需要以伊拉斯谟和拉伯雷这样的人为首的社会破坏分子。

许多新建筑物将和它们要取代的旧房子一样不舒适和丑陋，这一点谁也无法预见到。

不管怎样，那是下一代人的过错。

我们应该责备的是他们。

他们面临一个机遇，极少有人能遇到这样的良机。

然而，他们却忽视了这个机会；还是让上帝宽恕他们吧。

第十五章　旧时代的新招牌

现代最伟大的诗人把世界看做大海，许多船只在其中航行。每当这些小船相互碰撞时，便产生了"美妙的音乐"，人们称之为历史。

我愿意借用海涅笔下的大海，但只是为了自己的目的和比喻。当我们还是小孩子的时候，把小石子扔进池塘是一件开心的事。石子溅起美丽的水花，漂亮的涟漪引起不断扩大的圆圈，煞是好看。如果手边恰好有块砖头（有时正是如此），孩子们还能用果壳和火柴做出"无敌舰队"，然后把砖头扔进水中，让脆弱的舰队陷入壮观的人为的风暴之中。只是，沉重的投掷物可别让人失去平衡，不然会把离水太近的小孩摔下去，然后他只能躺在床上，恐怕连晚饭也吃不了。

在成人的世界里，也存在着类似的游戏，但后果却严重得多，甚至是灾难性的。

一切都很平静，阳光明媚，人们快乐地滑水嬉戏。突然，一个胆大妄为的坏孩子抱着一块大石头来了(天晓得他是从哪儿找来的)。

环绕世界的大海

别人还没来得及阻止，他已经用力把石头扔进池塘中间，接着是一阵骚乱：这是谁干的？该怎样揍他的屁股？有人说："噢，放他走吧。"其他的人则出于对这孩子的忌妒，因为他吸引了所有人的注意力，于是也捡起身边的旧东西扔进水中，溅了大家一身。真是一波未平，一波又起。结局往往是打成一片，几百万人打破了脑袋。

亚历山大就是这样一个胆大妄为的坏孩子。

特洛伊魅力无穷的海伦也是个胆大的坏女孩。这些人充斥了历史。

但迄今为止，最坏的肇事者是那些怀有个人目的玩弄把戏的邪恶小人，他们把人们一潭死水般的思想冷漠作为舞台。思维正常的人憎恨他们，一旦抓住他们，必定给予重罚。对此，我毫不奇怪。

想想近400年来他们造成的损害吧。

他们是复辟旧世界的领导者。中世纪宏伟的城壕是那个社会的缩影，它在颜色和结构上都很和谐。它并非完美无缺，但人们喜欢它，他们爱看自己小院的红砖墙与暗灰色的、俯视他们灵魂的天主教堂塔楼融为一体。

可怕的文艺复兴骤然而至，一夜之间，一切都变了模样。但是，这仅仅是个开始。可怜的自由民刚刚从震惊中清醒过来，那位可怕的德意志僧侣①又出现了。他们带来一整车特意准备的砖头，扔进教皇的湖中心。这的确太过分了，难怪过了三个世纪世界才从震惊中恢复过来。

研究这段历史的老历史学家常常犯一个小的错误。他们看到了骚乱，就下定论说涟漪是由一个共同的原因引起的，并在不同场合轮换称它是文艺复兴或宗教改革。

如今我们理解得更清楚些。

文艺复兴和宗教改革是宣称追求同一个目的的两场运动。但是它们为达到最终目标所采用的手段却截然不同，以至于人文主义者和新教徒彼此经常怀有强烈的敌意。

文艺复兴和宗教改革都信仰人应享有最高的权利。在中世纪，个人已经完全淹没于集体之中。人们不可能像约翰·多伊那样生活。约翰·多伊是个聪明的公民，来去自由，随自己爱好做买卖，任意进出十几个教堂中的任何一个（也许哪个都不去，这要看他的爱好和偏见）。他的一生，从生到死都遵循一本经济和精神礼节的严厉的手册行事。这本小册子教导他说：身体是从自然之母那里随便借来的劣质衣服，除了用来暂时寄存不朽的灵魂之外，毫无价值。

书中教导使他相信，这个世界只不过是通往辉煌未来的中继站，他应该用极大的鄙视态度来对待它，就像去纽约的旅行者不应注意昆斯敦和哈利法克斯一样。

---

① 指马丁·路德。——译注

约翰幸福地生活在最美好的世界里（因为他只知道这个世界）。这时来了两位圣母：文艺复兴和宗教改革。她们说："高贵的公民，起来吧，从现在起你自由啦。"

但是，当约翰问道："自由地去干什么？"她们的回答却有极大的不同。

"自由地去追求美。"文艺复兴回答。

"自由地去探求真理。"宗教改革告诫他。

"自由地去寻找过去，那时的世界是真正属于人类的。自由地去实现曾经充斥在诗人、画家、雕塑家和建筑师心中的理想。自由地去将整个宇宙做你永恒的实验室，了解其一切奥秘。"文艺复兴许诺道。

"自由地去研究上帝的旨意，你的灵魂就会得到拯救，罪孽也会得到宽恕。"宗教改革警告道。

然后，她们转身走了，留下了可怜的拥有新的自由的约翰·多

日内瓦

伊。但是，这种自由比昔日的奴役更令人难受。

不管是幸运还是不幸，文艺复兴很快与早已确立的社会秩序携手和好了。菲狄亚斯和贺拉斯的后继者发现，对上帝的信仰和表面上遵从教会法规是极不相同的两件事情。只要小心地称呼赫拉克勒斯为施洗礼者约翰，称赫拉为圣母玛利亚，便可以画异教图画，创作异教协奏曲。

这就像到印度的旅行者，只需要遵守一些对他们来说无关紧要的法律，就能够进入殿台庙宇，自由自在地旅行而不招惹麻烦。

但在路德的忠诚的追随者眼里，最琐碎的细节也有了极端的重要性。《旧约全书》中错了一个逗号就意味着流放；要是《启示录》里的一个句号用错了位置，就会被立即处死。

这些人以极其严肃的态度对待其宗教信仰，在他们看来，文艺复兴的妥协是懦夫的软弱行为。

结果文艺复兴和宗教改革分道扬镳了，再也没有联合。

于是宗教改革单独对抗整个世界，穿上"正义"的铠甲，准备保卫它最神圣的财产。

开始时，反叛的军队几乎全是由德意志人组成的。他们英勇无比地战斗、受难。但是，北方各国间的相互忌妒是祸根，很快抵消了他们的努力，最后被迫接受休战。导致最后胜利的策略是由一个完全不同的天才提出来的。路德让位给了加尔文。

早该如此。

在伊拉斯谟度过许多不愉快时日的同一个法国学院里，一个瘸腿（高卢人子弹的结果）、黑胡子的西班牙年轻人（指罗耀拉），梦想着有一天能率领上帝的一支新军，扫清世界上所有异教徒。

罗耀拉

需要由一个狂热者打败另一个狂热者。

只有像加尔文这样坚忍不拔的人，才能打败罗耀拉的计划。

就我个人而言，我很高兴没有生活在公元 16 世纪的日内瓦；同时，我也深感庆幸 16 世纪有日内瓦存在过。

没有它，20 世纪的世界会更为糟糕，我这样的人很可能会锒铛入狱。

这场光荣战争的英雄，就是著名的约翰·加尔文，比路德年龄小几岁。出生日期：1509 年 6 月 10 日。出生地：法国北部诺扬城。家庭背景：法国中产阶级。父亲：低级的神职人员。母亲：酒店老板的女儿。家庭成员：五个儿子和两个女儿。早期教育的特点：敏捷、淳朴、做事有秩序、不吝啬、细致、有效率。

约翰是次子，家里本打算让他当教士。他的父亲有一些有势力的朋友，可以最终把他安排在较好的教区。他没满 13 岁就在家乡小城的教堂做事，有一笔微薄但很固定的收入。这笔钱被用来送他在巴黎的好学校读书。他是一个很出众的孩子，和他接触过的人都说："留神那个小伙子。"

16 世纪的法国教育制度完全能够培养这样的孩子，使其充分发挥聪明才智。19 岁时，约翰被批准布道，他做一个正式的副主祭的前程似乎已经注定了。

但是家中有五儿两女，教堂里的晋升也很缓慢。法律向加尔文提供了更好的机会。况且，当时正是宗教的大动乱时代，前途莫测。他的一个名叫皮埃尔·奥利维坦的远亲刚把《圣经》译成法文，约翰在巴黎的许多时间跟这位表兄在一起。一个家庭里有两个异教徒是不行的，于是约翰就被打发到了奥尔良，拜一个老律师为师，以便学会辩护、争论和起草辩护状的业务。

在巴黎发生的事在奥尔良也发生了。那年年底，这个学生变成了老师，教那些不够勤奋的同学法学理论。他很快掌握了所需要了解的一切，可以受理案件了。他的父亲高兴地期望儿子有朝一日能成为著名律师的对手，那些律师发表一点个人意见就能得到 100 个金币，远方的贡比涅的国王召见时还乘着四轮马车去。

可是这些梦想从未实现过，约翰·加尔文从来没有从事过法律工作。

他又重新拾起自己的最初爱好，卖掉了法律汇编和法典，专心收集神学著作，一丝不苟地开始了使他成为 20 个世纪以来最重要的历史人物之一的工作。

不过,那几年学习的罗马法典原理在他以后的活动中打上了深刻的烙印。对他来说,用感情看问题是根本不可能的。他感受事物,而且相当深刻。读一读他写给追随者的信吧,这些人后来落入天主教会手中,被火活活烤死。在无望的痛苦中,他们把他的信视为世间最优美的佳作,信中表达了对人类心理的细致入微的理解,致使那些可怜的受害者在走向死亡时还在为他祝福,而正是这个人的教诲使他们陷入眼下这种境地。

加尔文并不像他的许多敌人所说的,是一个没有感情的人。但是,生活对他来说,是一份神圣的责任。

他竭尽全力对自己和上帝诚实,因而他必须把每一个问题简化为基础的原则和教义,再把它交给人类情感的试金石检验。

教皇庇护四世闻知他的死讯时曾说:"这个异教徒的力量在于他对金钱的冷漠。"如果教皇是在毫不夹杂个人偏见地赞扬他的敌人,那么他是对的。加尔文一生清贫,还拒绝接受最后一笔季薪,因为"疾病已经使他不能再做应该做的工作了"。

但是他的力量体现在其他方面。

加尔文只有一个信念,他一生只有一个强大的推动力:认清《圣经》中体现的真正的上帝。当他最后得出一个看来已经能够经得住所有可能的争辩和反对的结论时,他就把它纳入自己的生活准则。从此,他按照自己的意志行事,完全无视自己的决定将要引起的后果,成为不可战胜、不可阻挡的人。

然而,这个品质直到许多年以后才显露出来。在信念转变后的头十年,他不得不致力于应付一个非常平常的问题:生存。

"新学"在巴黎大学获得了短暂成功，关于希腊文词尾变化、希伯来文的不规则动词和其他受禁知识的几次讲授，全都引起了反响。新教义甚至还污染了著名的博学的教区长。于是教会就采取措施，清洗那些现代医学称为"思想带菌者"的人。据说，加尔文曾经把几篇最会引起异议的讲稿交给教区长，于是他的名字被列入嫌疑犯名单的前列，他的房间被搜查，文章被没收，还签发了对他的逮捕令。

加尔文听到风声，就藏到了一个朋友家里。

小小学院里的风波不会持续太久，但在罗马教会里供职已经不可能了，需要做出明确决断的时刻到了。

1543 年，加尔文与旧信仰决裂了。几乎与此同时，在俯瞰法国首都的蒙特马特山上，罗耀拉和他的几个学生正在庄严起誓，其誓言后来写入了耶稣会教规。

接着，他们都离开了巴黎。

罗耀拉往东而去，但他一想到第一次攻击圣地的不幸结局，又原路返回，来到罗马，在那儿开始了使他的英名（也许是臭名）传遍世界每个角落的活动。

加尔文却不同，他的上帝王国是不受时间地点限制的。他四处漫游，希望找到一片安静之地，用其后半生阅读、思索和平静地宣讲他的思想。

他在去斯特拉斯堡的路上，正好碰上西班牙国王查理五世和法国国王弗朗西斯一世交战，迫使他绕道瑞士西部。在日内瓦，他受到吉勒莫·法里尔的欢迎，他是法国宗教改革的海燕，是从长老会和宗教法庭的牢笼里逃离出来的杰出人物。法里尔张开双臂欢迎他，与他谈起在小小的瑞士公国里可以完成的业绩，并请他留下。加尔文要求考虑一段时间，然后他留了下来。

就这样，一场战争注定了新天国应该建立在阿尔卑斯山下。

这真是一个奇怪的世界。

哥伦布出海航行为了寻找印度，却偶然发现了一块新大陆。

加尔文本想寻找一块净土，以研究和神圣的思索度其余生，但却流落到一个三等的瑞士小城，把它作为新教精神首都，其追随者们很快将天主教王国的领地变成了庞大的新教帝国。

既然历史已经包罗万象，人们为什么还要读小说呢？

我不知道加尔文的家庭圣经是否至今仍被保存着。如果还存在的话，那么载有丹尼尔生平的第六章一定磨损得特别厉害。加尔文这位法国宗教改革家是个谦虚的人，但他常常要从一个忠贞不移的上帝的仆人的故事里获取安慰，那个人被扔进狮穴，后来他的清白救了他，使他没有悲惨地过早死去。

日内瓦不是巴比伦，它是一个令人尊敬的小城，居住着受人尊重的瑞士裁缝。他们严肃地对待生活，但比不上这位新的宗教领袖，他像圣彼得一样在讲坛上滔滔不绝地布道。

况且，有一位尼布甲尼撒式的人物，即萨伏伊公爵。正是在与萨伏伊家族的无休止的争吵中，恺撒的后裔决定和瑞士的其他地区联合起来，加入宗教改革运动。因此，日内瓦和维腾贝格的联合犹如相互利用的婚姻，是建立在共同利益而不是相互爱慕基础上的结合。

但是，日内瓦改奉新教的消息一传开，不下50种新的疯狂的教义的所有热心的传教士都涌到了莱芒湖畔。他们干劲十足，开始宣讲这些迄今为止活人所能想出的最怪诞的教义。

加尔文从心里憎恶这些业余宣传家。他完全意识到他们将对自己的事业带来危险，他们是热情的战士，但方向错了。休息了几个月之后，他做的头一件事便是尽其所能准确、简练地写下他希望他的教徒们掌握的对与错的界线。这样，谁也不能再用老掉牙的借口申辩："我不知道这项法律呀。"他和朋友法里尔亲自把日内瓦人分为十人一组进行检查，只有宣誓效忠这个奇怪的宗教法律的人才能享有全部公民权利。

接着，他又为年轻人编写了一本可怕的《教义问答手册》。

然后，他又说服了市议会，把所有仍然坚持错误的旧观点的人赶出城去。

为进一步行动扫清了道路之后，他遵循《出埃及记》和《申命记》中政治经济学家制定的规范，开始建立一个王国。加尔文像其他许多伟大的改革者一样，与其说是一个现代基督徒，倒不如说是一个古典的犹太人。他嘴上崇拜上帝耶稣，但心里却向往摩西的耶和华。

当然，人在面临巨大感情压力时常会出现这种现象。卑贱的拿撒勒木匠对仇恨和斗争的看法是如此的明确无误，以至于在它们和暴力办法之间没有任何折衷的可能。两千年来，各个民族和个人都想以暴力达到他们自己的目的。

因此，战争一爆发，便得到所有有关的人的默许；人们暂时合上《福音书》，沉迷于血泊、雷鸣和《旧约》以眼还眼的哲学之中。

宗教改革是一场真正的战争，一场非常残忍的战争。没有人乞求饶恕，也几乎没有人得到饶恕。加尔文的王国实际上是一个全副武装的军营，在那里任何个性自由的表现都逐一被镇压下去。对此我们一点也不感到奇怪。

当然，这一切的取得并非没有巨大阻力。公元1538年，社会中持较为开明态度的人对加尔文构成很大的威胁，他被迫离开了日内瓦。但到了公元1541年，他的支持者重新掌握了权力。在一片钟声和教士们响亮的赞美声中，这位行政长官又回到了他在莱芒河畔的城堡。从此，他成为日内瓦未加冕的国王，在以后的26年中致力于建立和完善神权形式的政府，这自从以西结和以斯拉时代以来还没人见过。

按照《简明牛津大辞典》的解释，"纪律"作为动词意为："使受控制，训练使服从和执行。"它最贴切地表达了加尔文梦想中的整个政治宗教结构的实质。

与大多数德意志人的本性一样，路德是个感伤主义者。所以，对他来说，只有上帝的旨意向人们指明了通向永恒世界的道路。

这太不确切了，不符合加尔文这位伟大的法国宗教改革家的口味。上帝的旨意可能是希望的灯塔，但是道路漫长、黑暗，途中还布满使人忘记自己真正目的地的各种诱惑。

然而，这位新教牧师却是个例外，他不会走弯路，他知道所有的陷阱，也不会被人收买。如果偶尔有走出正道的倾向，每周的教士例会就很快能使他认清自己的责任，在会上，所有名副其实的正人君子都可以被邀请来自由地相互批评。因此，他是所有真切渴望得到拯救的人们心目中的理想人物。

我们爬过山的人都知道，职业导游有时就是一个名副其实的独裁者。他们知道一堆岩石的危险之处，了解一块看来很平坦的雪地里隐藏的危险。他们对自己所照顾的游客有完全的领导权，如果有哪个傻瓜违背他们的命令，便会遭到严厉的责骂。

　　加尔文理想王国中的教士对自己的责任也有同样的理解。对那些走入迷途、要求别人帮助的人，他们高兴地伸出援助之手。但是，当一意孤行的人有意离开已经开辟好的道路、离开人群时，那只手便抽回来变成了惩罚的拳头，又快又可怕地击向他们。

　　在许多其他团体组织里，教士也喜欢运用同样的权力。但是地方当局忌妒他们的特权，极少允许教士与法庭和行政长官平起平坐。加尔文知道这一点，于是在他的职权范围内建立了一种教会纪律，实际上已经超过了当地法律。

　　在许多奇怪的错误历史概念中，有一种关于法国人（与条顿人相比）是热爱自由的民族、憎恨所有约束的说法。几个世纪以来，法国一直屈从于官僚体制统治之下，比战前普鲁士政府的体制复杂，而效率却低得多。官员上班从不准时，也不去注意领口是否干净，还抽着劣质香烟。要不然就像东欧的政府官员一样爱管闲事，惹人厌烦。而公众却逆来顺受接受官员们的粗鲁，这对于一个热心于反叛的民族来说真是使人惊讶。

　　加尔文热衷集权，是一个理想的法国人。在某些细节上，他几乎接近了拿破仑成功的诀窍。但不像那个伟大的皇帝，加尔文完全缺乏个人的野心，他的胃口较差，缺乏幽默感，他只是个严肃得令人生畏的人。

　　他翻遍了《旧约》，寻找词句阐述他心目中的耶和华，然后要求日内瓦人接受他对犹太历史的解释，并作为上帝旨意的直接体现。

　　几乎一夜之间，莱芒河畔的这座迷人的城市变成了悲哀的罪人云集之地。由 6 位教士和 12 位长者组成的城市宗教法庭日夜监听着所有公民的私人言论。谁被怀疑有"受禁的异端观点"的倾向，便被传讯到宗教法庭，被要求检查他的所有教义观点，解释是从哪里、怎样以及用什么方式得到那些向他灌输有害思想、使他迷失方向的书的。被告如果有悔过表示，也许会免于刑罚，只是让他到主日学校旁听；如果他固执己见，将被勒令在 24 小时内离开这座城市，而且永远不许在日内瓦联邦的管辖区内露面。

但是，并不只是因为缺乏一点正统观点才会与所谓的"教会上院"发生矛盾。下午在邻村玩一玩滚木球，如果有人报告此事（常常会这样），便成为被严厉责骂的充分理由；玩笑，不管有用没用，都被认为是最坏的形式；婚礼上搞一些智力游戏更是判处入狱的充分理由。

渐渐地，新的天国里充满了法律、法令、规则、命令和政令，生活成了一件无比复杂的事情，失去了往日的风采。

不许跳舞，不许唱歌，不许打扑克，当然也不许赌博；不许举办生日宴会，不许举办乡间市场，不许有绸缎和所有外表华丽的装饰品；允许的只是去教堂、去学校，因为加尔文是一个有鲜明思想的人。

禁令可以防止罪孽，但它不能强迫人们去热爱美德，美德必须来源于心灵的启迪。于是建立了优秀的学校和一所一流大学，并鼓励一切学习活动。加尔文还建立了相当有趣的集体生活形式，以吸引大家的大量精力，使普通人忘记他们所受的苦难和限制。加尔文的制度如果完全缺乏人性，那它就不能存在下去，当然也就不会在过去 300 年的历史中起到决定性的作用。不过，所有这些应该属于一本专门论述政治思想发展的书的内容。现在我们感兴趣的是，日内瓦为宽容事业做了些什么？我们的结论是：新教徒的"罗马"（日内瓦）一点也不比天主教的罗马好。

我在前面几页已经历数了可以减轻加尔文罪行的情况。在那个发生过圣巴托罗缪节大屠杀和彻底铲除许多荷兰城市的野蛮行径的时代，期望敌对双方的一方（弱的一方）实行宽容，是非常荒谬的。因为这种美德等于坐以待毙。

但是，这并不能开脱加尔文怂恿合法谋杀格鲁艾和塞维图斯的罪责。

在前者的案件中，加尔文或许还有一些理由：雅克·格鲁艾有煽动市民暴动的重大嫌疑，还参加了一个图谋推翻加尔文统治的政党。但是，就日内瓦来说，塞维图斯很难说对社会安全构成了任何威胁。

如果按照现代护照的规则来看，他只是一个"过境者"，再过24个小时就可以离境了，但他误了船，为此丧失了自己的性命。这真是一个骇人听闻的故事。

米歇尔·塞维图斯是西班牙人，他的父亲是个受人尊敬的公证人。塞维图斯也准备从事法律工作，他被送到图鲁兹大学。那些日子很快活，所有教学都用拉丁文，只要掌握五个词尾变化和一些不规则动词，整个世界的知识和智慧就都敞开了大门。

塞维图斯在法兰西大学认识了胡安·德·金塔那。金塔那不久后成为查理五世皇帝的忏悔教父。

中世纪的皇帝加冕场面盛大，很像现代的国际展览会。公元1530年查理在博洛尼亚举行加冕典礼时，金塔那把朋友米歇尔带去做他的秘书。这个聪明的西班牙年轻人亲眼目睹了所有的一切。

他像当时的许多人一样，有一颗永远不满足的好奇心，他花了其后的十年时间涉猎了各种各样的学科，有医学、天文学、占星术、希伯来文、希腊文，还有最要命的神学。他是一个非常有能力的医生，在研究神学中产生了人体血液循环的想法，这可以在他的反对三位一体教义的第一本书的第 15 章找到。没有一个检查过塞维图斯著作的人察觉他竟然做出了所有时代最伟大的发现之一，这充分说明了 16 世纪神学思想的片面性。

塞维图斯要是坚持他的医学实践该多好啊！那样，他本可以活到耄耋之年，在家中平安去世。

但他偏偏不能避开他那个时代被激烈争论的问题，他访问了里昂的印刷厂，开始对形形色色的问题发表自己的意见。

如今一个慷慨的百万富翁可以说服一所学院把"三位一体学院"改成一种流行烟草的品牌，而且还安然无事。宣传部门说："丁古斯先生如此慷慨大方，难道不好吗？"大家便说："阿门！"

在我们这个似乎已经不再对亵渎神明之事感到震惊的世界里，要想描绘那个时代的情况——在那时，仅仅怀疑一个市民以不甚尊重的口吻谈论三位一体，便足以使整个社会陷入恐慌——不是件容易的事情。但是，如果不充分了解这些事实，我们就不能理解 16 世纪上半叶塞维图斯给所有善良的基督徒造成的恐怖。

然而，塞维图斯绝对不是激进派。

他是我们现在所谓的自由派。

他拒绝接受新教徒和天主教徒都承认的三位一体的旧信仰。由于他真诚地坚信自己的观点是正确的，便给加尔文写信，建议能获准赴日内瓦与他进行私人会晤，彻底探讨整个问题。没想到，这封信铸成大错。

他没有被邀请。

其实，他已不可能被邀请，里昂的宗教法庭大法官已插手其事，塞维图斯被捕入狱了。法官早已风闻这个西班牙人的亵渎神明的行为，因为他得到了一名受加尔文默许的日内瓦公民送给他在里昂表亲的一封信。

不久，案子对塞维图斯更加不利，又有一些他的手稿被出示作为证据，也是加尔文秘密提供的。看起来，加尔文似乎并不在乎由谁绞死这个可怜的家伙，只要他被绞死就行。可是法官玩忽职守，塞维图斯逃跑了。

他试图到达西班牙边境，但是要长途跋涉穿过法国南部，对一个人所共知的罪犯来说，实在太危险。于是，他决定绕道日内瓦、米兰、那不勒斯和地中海。

公元 1553 年 8 月的一个礼拜六的黄昏，他到达了日内瓦。他本想搭船到湖对岸去，可是由于安息日船只不开，他被告知要等到下礼拜一。

第二天是礼拜天，当地人和陌生人都不允许逃避礼拜仪式，否则便是不端行为。塞维图斯也去了教堂。他被人认了出来，遭到逮捕，没有人向他解释为何把他投入监狱。塞维图斯是西班牙国民，没有被指控违反日内瓦的任何法律。但他在教旨上是自由派，亵渎神明，胆敢对三位一体发表自己的意见。这种人要想求助法律的保护才是荒唐的，罪犯也许可以，但异教徒却绝对不行。他不由分说被锁进肮脏潮湿的洞穴，钱财及一切个人物品全被没收。两天以后，他被带上了法庭，要求回答问题单上的 38 个不同的问题。

新的暴政

审判持续了 2 个月零 12 天。

最后，他被判处犯有"反对基督教基础的异端邪说"罪。在谈到他的观点时，他的回答激怒了法官。对这类案件的一般判处，尤其在被告是个外国人的情况下，是逐出日内瓦城。塞维图斯的案子却是个例外，他被判处活活烤死。

与此同时，法国法庭也重新开庭审理这个逃跑者的案子，法庭的法官们与他们的新教同事做出同样的结论，判处塞维图斯死刑，并派出司法长官到日内瓦，要求把罪犯交给他带回法国。

这个要求被拒绝了。

加尔文自己也能执行火刑。

刑场之路确实可怕，一队教士围绕着这个异教徒走完最后的旅程，嘴里还喋喋不休地进行说教。行刑时，极度的痛苦持续了半个多小时，直到人们出于对那个可怜的牺牲者的同情，向火焰里扔进一捆新柴，才得以结束。所有这些，对于喜欢这类事情的人来说，倒是挺有趣的，不过还是略去不谈为好。死刑多一个或少一个，在那个宗教狂热的年代又有什么区别呢？

但是，塞维图斯案件不会时过境迁，它的后果是可怕的。它清楚地表明，那些口口声声叫嚷"保留个人意见的权利"的新教徒，实际上只不过是伪装的天主教徒。他们同他们的敌人一样心胸狭窄，对待与自己不同意见者同他们的敌人一样残酷。他们只是等待时机，建立他们自己的恐怖统治。

这个指控是非常严肃的，不能只耸耸肩膀说："咳，你还能期望什么呢？"然后一走了之。

我们有关于这次审判的大量材料，也详细知道外界是怎样看待这次判决的，读来令人痛心。加尔文曾经出于一时的慷慨，倒也建议过以砍头代替火刑处死塞维图斯。塞维图斯感谢他的仁慈，但仍然要求另一种解决办法，他要求重获自由。是的，他坚持认为（道理也全在他这方）法庭对他没有裁判权，他只是一个寻求真理的正直的公民，因此，他有权利与对手加尔文进行公开的辩论。

但是，加尔文不会听这些。

他曾经发过誓：这个异教徒一旦落入他的手中，就决不允许他活着逃走，他准备信守诺言了。他要给塞维图斯判刑，就必须得到头号敌人宗教法庭的合作，但这无关紧要。如果教皇有能够进一步给那个不幸的西班牙人加罪的文件，他甚至也可以与教皇携手。

还有更糟糕的事情。

塞维图斯在临死的那天早上要求见加尔文一面，加尔文便来到囚禁他的敌人的黑暗肮脏的地牢。

此时此刻，他至少应该大度一点，而且也该有点人性。

他什么都没有。

他站在这个两个小时后就要去见上帝的人的面前，争辩着，唾星四溅，脸色铁青，大发雷霆，却没有一句怜悯仁慈的话，一个字也没有；有的只是恶毒和仇恨："活该，顽固的流氓，烧死你这该死的！"

所有这一切都发生在很多很多年以前。

塞维图斯死了。

所有的雕像和纪念碑都不能使他复生。

加尔文死了。

一千卷咒骂他的书也不会扰乱他那不为人知的坟墓中的骨灰。

那些狂热的宗教改革者在审判时浑身战栗，生怕亵渎神明的流氓逃掉；那些教会的坚定支持者，他们在行刑后赞美欢呼，相互写信道贺："日内瓦万岁！采取行动啦。"

他们都死了，也许最好他们也被人们遗忘了。

让我们只关心一件事。

宽容如同自由。

没有人仅仅通过祈求便可得到它。只有永远保持警惕才能留住它。

为了子孙中将来可能出现新的塞维图斯，我们最好记住这一点。

第十六章　再洗礼教徒

每个时代都会出现一个怪物。

我们有"赤党"。

父辈有社会主义者。

祖辈有他们的莫利—马圭尔们。

曾祖辈有雅各宾派。

300 年前，我们的祖先一点也不比现在好。

他们有再洗礼教徒。

16 世纪最流行的《世界史纲》是一本"世界之书"或编年史，出版于公元 1534 年，作者塞巴斯蒂安·弗兰克是一个肥皂匠、禁酒主义者、作家，住在乌尔姆城。

塞巴斯蒂安了解再洗礼教徒。他和该派一位成员的女儿结了婚，但是，他与他们的观点不同，因为他是一个坚定的自由主义者。关于再洗礼教徒，他这样写道："他们只教授爱、信仰和十字架杀身，在任何苦难的情况下都能保持耐心和谦卑，彼此之间真诚相助，以兄弟相称，相信为大家可分享一切。"

应该用所有美丽的辞藻来夸赞他们，但是，一百年来，他们却像野兽一样被追捕，在最血腥的年代中，最残忍的处罚都加在了他们身上。这真是一件奇怪的事情。

是的，的确事出有因。但是，为了理解它，我们必须记住宗教改革中的一些事实。

宗教改革实际上没有解决任何问题。

宗教改革给世界带来了两个监狱，替代原来的一个；制造了一本永远正确的书，取代了一个永远正确的人；建立了（不如说是试图建立）黑袍教士的统治来代替白袍教士的统治。

经过半个世纪的斗争和牺牲，只获得这样贫乏的结果，千百万人的心灵因此充满了绝望。他们本来期望能有一千年的社会和宗教安定，根本没有准备对付宗教迫害和经济奴役。

他们本来准备做一次伟大的冒险，却发生了一些意外。他们掉进码头和船之间，不得不拼命挣扎，尽量露出水面。

他们处在了可怕的境地。他们已经离开旧的教会，而良知又不允许他们加入新的信仰。因此，在官方眼里他们已经不存在，但是他们还活着，还在呼吸，他们相信他们是上帝亲爱的孩子。继续活下去和呼吸是他们的责任，他们或许应该把邪恶的世界从愚昧中解救出来。

最终，他们生存了下来，但是，请不要问他们是怎样活下来的。

他们被剥夺了与旧世界的联系，被迫结成他们自己的组织，寻找新的领袖。

但是，哪个神志清醒的人会管这群可怕的疯子呢?

再洗礼教徒

　　结果，有预见力的鞋匠以及充满幻觉和歇斯底里的接生婆担当了先知的角色。他们祈祷、布道，甚至胡言乱语，直到聚会用的肮脏小屋的橡木都在虔诚信徒的赞美声中颤抖，村里的法警不得不来察看这些不体面的活动时才罢休。

　　接着，好几个男人和女人被捕入狱，盛气凌人的村镇议员们开始进行所谓的"调查"。

　　这些人既不去天主教堂，也不信奉新教，那么，就请他们解释他们是什么人、信仰什么。

　　公平而论，那些可怜的议员们处在一种尴尬的境地，因为他们的囚犯是所有异教徒中最不幸的，他们以绝对严肃的态度对待其信仰。许多最受人尊重的改革者其实是非常世故的，只要能过舒适体面的生活，对他们来说做一点妥协也未尝不可。

　　但真正的再洗礼教徒却完全是另外一种人，他们厌恶所有不彻底的措施。耶稣曾经告诉他的追随者：如果敌人打你的左脸，就把右脸也伸过去；持剑者必死于剑下。对再洗礼教徒来说，这意味着明确的命令：不许使用暴力。他们自言自语地说什么环境会使情况改变，他们当然反对战争，但这场战争不同往常，扔几颗炸弹，发几颗鱼雷，上帝是不会介意的。

圣令就是圣令，但也不过如此。

因此，他们拒绝应征，拒绝扛枪。当他们因为主张和平主义（他们的敌人正是这样称呼这种实用基督徒的）而被捕时，他们心甘情愿地接受命运的安排，背诵《马太福音》第31章第32节，直到以死亡结束他们的苦难。

但是，反战主义只是他们怪僻行径中的一个很小的细节。耶稣教导说：上帝的王国和恺撒的王国是两个完全不同的世界，彼此不能也不应该调和。很好，这一席话说得一清二楚。因此，所有好的再洗礼教徒都小心地避免参加他们的政府，拒绝担任公职，把别人浪费在政治上的时间用来阅读和研究《圣经》。

耶稣告诫他的信徒不要丧失体面地争吵，再洗礼教徒便宁可丧失财产所有权，也不向法庭提出异议。

还有其他几点使这群怪人与世界产生隔阂，但是这几个怪僻行为的例子却引起心宽体胖、生活舒适的邻居的疑心和厌恶，那些人总是把他们的虔诚与教导人们的"自己活，也让别人活"的教义混为一谈。

即便如此，如果再洗礼教徒能够保护自己不受朋友的迫害，或许也可以像浸礼教徒及许多其他持不同观点的人们一样，找到与当局调解的办法。

毫无疑问，现在有许多正直的社会主义者，他们真正热爱他们的无产阶级同伴，日夜工作，努力使这个社会变得更加美好、幸福。但是，普通人听到"布尔什维克"这个词，他想到的是莫斯科和一小撮博学的谋杀者建立的恐怖统治，想到的是关满无辜平民的监狱，以及雇用成班的士兵嘲弄即将被杀的牺牲者。这幅画面可能有点不公正，但是，它并没有夸张，应该是过去几年俄国发生的无法形容的事件之后的流行神话的一部分。

　　16世纪正直、热爱和平的再洗礼教徒也遭到了类似的厄运。作为一个教派，他们被怀疑犯有许多奇怪的罪，而且有根有据。首先，他们研习《圣经》的习惯由来已久。当然，这不是什么罪，但是让我把话说完。再洗礼教徒研究《圣经》不带任何偏见，但谁要是特别偏好《启示录》，那可是很危险的事。

　　这本怪书直到15世纪还被当做"伪书"而遭到抵制，但是受到感情易于冲动的人的欢迎。流放中的帕特莫斯说了一句这些被追捕的可怜人可以理解的话。当虚弱的怒火使他沉浸于关于现代巴比伦的歇斯底里的预言时，所有再洗礼教徒就齐声高呼"阿门"，祈祷新天国新世界早日到来。

　　软弱的头脑屈从于高度狂热的压力，这并不是第一次。几乎对再洗礼教徒的每一次迫害都伴随着宗教狂热的爆发。男人女人赤条条地冲上街头，宣告世界末日的到来，试图以怪诞的牺牲来平息上帝的怒火。老巫婆闯入其他教派正在举行的仪式，打断会议，刺耳地尖叫着，胡言乱语，说魔鬼就要来了。

　　当然，这类不幸的事情总是和我们形影不离（程度轻一些）。读一读日报，你会看到在文明世界的某个地方，一个女人肢解了她的丈夫，因为天使的声音"让她如此"；或者一个头脑清醒的父亲因为听到了七只号角的声音，便杀死了妻子和八个孩子。不过，这些只是例外，并不常见。对当地警察来说，处理这些案件并不难，他们也不会给社会的生活和安全带来重大影响。

但是，公元1534年，明斯特小城发生的事情就完全不同了。严格按照再洗礼教徒的理论讲，新天国实际在那里宣告建立了。

所有北欧人一想起那个恐怖的冬春之交就不寒而栗。

这件事的罪魁祸首是一个漂亮的年轻裁缝，叫简·比克斯宗，史书称他是"莱顿的约翰"。约翰是土生土长于那个勤奋小城的人，在脏乱不堪的莱茵河畔度过了他的童年。他像那个时代的其他学徒一样，四处游荡，学习他那行当的绝活。

他没有接受过正规教育，他的读写能力只够他偶尔卖弄一下。我们经常发现许多人因为自己社会地位的卑贱和知识的缺乏，而有一种心灵的自卑感，但他没有。他年轻潇洒，脸皮厚，爱慕虚荣。

他离开英国和德国很久之后，又回到了故乡，做起裁缝的生意。同时，他开始信教，成为托马斯·闵采尔的信徒，开始了不同寻常的生涯。

闵采尔这个人，职业是面包师，可是个著名人物。公元1521年，有三个再洗礼派预言家突然出现在维腾贝格，要向路德指出通往拯救的真正道路，闵采尔便是其中之一。他们的本意虽好，却不受赏识，被赶出了新教的城堡，并被勒令永远不许再在萨克森公爵的管辖范围内露面。

到了公元1534年，经历了许多失败的再洗礼教徒决定孤注一掷，冒险地搞一次大胆的大规模行动。

他们选中威斯特伐利亚的明斯特作为最后的实验地，倒也不使人惊讶。该城的公爵主教弗朗兹·范·瓦尔德克是一个鲁莽的酒鬼，常年和20个女人公开姘居，从16岁起就因为生活的堕落而得罪了所有正直的人。当该城兴起新教时，他让了步，但他是个远近闻名的骗子，他的和平条约并没有使新教徒得到个人安全感，而没有安全感的生活实在太难受了。于是明斯特的居民依旧处于极度的焦虑和不安之中，直到下一次选举。这带来了一件令人吃惊的事情，该城的政权落入了再洗礼教徒的手中，主席是一个名叫伯纳德·尼普多林克的人，他白天是布商，晚上是预言家。

　　原来的主教看了一眼新长官，便仓皇逃跑了。

　　这时"莱顿的约翰"出场了。他来到明斯特的身份是简·马希斯的圣徒。马希斯是一个面包师，自己创建了一个教派，被拥为教主。约翰听说他为正义的事业进行了一次有力的出击，便留下来一道庆祝胜利，帮助清除原主教在教区内的影响。如果他们做得不够彻底，再洗礼教徒又将一无所有。他们把教堂变成采石场，没收了女修道院，让无家可归的人住进去；当众烧毁除《圣经》之外的所有图书。作为这次运动的高潮，他们把所有拒绝按照再洗礼教徒的仪式进行再洗礼的人赶到主教营地，不是砍头就是溺死。他们的基本原则是：他们都是异教徒，死了对社会不会造成什么损失。

　　这只是序曲。

　　这场闹剧本身比这更可怕。

　　信仰几十种新教旨的上层教士从四面八方涌向明斯特这个新耶路撒冷。他们相信自己对虔诚、正直、向上的人们具有号召力，但是一旦谈到政治和治国才能时，他们就像孩子一样无知了。

明斯特被占领了五个月。在这期间，所有社会和精神复活的计划、制度和方案都尝试了一遍，每一个崭露头角的预言家都在法庭上炫耀了一番。

不过，一个充满逃犯、瘟疫和饥饿的小城显然不是一个合适的社会实验室。不同教派之间的分歧和争吵削弱了军队首领的努力。在这危急关头，裁缝约翰挺身而出。

他那短暂却辉煌的一刻到来了。

在一个男人挨饿、儿童受难的社会里，一切事情都是可能的。约翰照搬《旧约》里读到的神权政府的古老形式，开始建立他的王国。明斯特自由民被划分为12个以色列部落，他自封国王。他本来已经和预言家尼普多林克的女儿结了婚，现在又娶了一个寡妇——他从前的老师马希斯的妻子。后来他又想起了所罗门，便又增加了几个妃子。于是令人作呕的闹剧开始了。

约翰整天坐在市场上的大卫的宝座上，人们站在周围，恭听宫廷教士宣读最新政令。这一切来得又快又猛，因为该城的命运日趋恶化，人民迫切需要它。

然而，约翰是个乐天派，完全相信一纸法令的无上权威。

人民抱怨太饿了，约翰便承诺解决他们的问题。接着，国王陛下签署了一道圣旨：城中所有财产，无论贫富，一律平均分配；铲除街道改做菜园；所有食物大家共享。

直到此时，一切还算顺利。但有人报告，说有些富人藏起了部分财产，约翰让他的臣民不要着急。第二道圣旨宣布：无论是谁，违反任何一条法律者立即砍头。请注意，这个警告可不是随随便便的恐吓，因为这个皇家裁缝手里总握着剑和剪刀，经常亲自动手行刑。

接着到了幻觉时期，人们都陷入各种宗教狂热中，成千上万的男人和女人日夜拥挤在市场上，等待报喜天使吹起的号角。

然后是恐怖时期，这个预言家因为嗜血成性，竟割断了一个王后的喉咙。

接下来，就是可怕的报应的日子。两个绝望的市民为主教的军队打开了城门，约翰被锁在铁笼里，在威斯特伐利亚各个乡间市场上示众，最后被折磨致死。

这是一个怪诞的尾声，但是对于众多惧怕上帝的淳朴灵魂却具有可怕的后果。

从此，所有再洗礼教徒都被宣布为非法。逃过明斯特大屠杀的首领也像野兔一样被人追捕，一经发现就地处决。在每一个讲坛上，大臣和牧师都谴责再洗礼教徒，恶毒诅咒这些社会主义者和叛逆者，他们妄图推翻现有的社会秩序，还不如野狼和疯狗值得同情。

对异端的围剿很少能如此成功。再洗礼教徒作为一个教派已经不复存在了。但是，一件奇怪的事情发生了，他们的许多思想存活下来，被其他教派吸收，融入各种宗教和哲学体系，变得令人肃然起敬，如今成为每个人精神和智慧遗产的一部分。

叙述这样一个事实很简单，但要解释实际上是如何发生的却很困难。

再洗礼教徒几乎无一例外都属于那种甚至把墨水瓶都看做无用的奢侈品的社会阶层。

所以，再洗礼教徒的历史是由那些把这个教派视为恶毒的宗教激进派的人撰写的。只有在一个世纪之后的今天，我们才开始理解，在基督教向更理智更宽容的方向发展中，这些卑贱的农民和手工艺人的思想起了多么伟大的作用。

但是，思想犹如闪电，谁也不知道下一次会落在哪里。当风暴在锡耶纳上空落下的时候，明斯特的避雷针还有什么用呢？

第十七章　索兹尼叔侄

意大利的宗教改革从没有取得成功，也不可能取得成功。首先，南部的人并没有把宗教看得那么重，以至于不会因它而战；其次，罗马就在附近，尤其它是一个装备完备的"宗教法庭"的办公中心，使得热衷于发表个人见解成为昂贵的消遣并将付出危险的代价。

不过半岛上住着成千上万个人文主义者，当然他们中间必定有几个害群之马，对亚里士多德的思想的关注远远超过对圣克里索斯顿的思想的关注。尽管如此，这些善良的人也有许多机会来发泄他们过剩的精力，有俱乐部、咖啡馆和谨慎的沙龙，男男女女可以发泄知识分子的热情而又不会扰乱帝国秩序。所有这一切都举止文雅和平静。所有的生活不都是妥协吗？它过去不一直是一种妥协吗？难道不可能一直维持一种妥协直到世界末日来临吗？

为什么要为某人的信仰这样的小事而激动呢？

几句开场白过后，读者千万别期望随着两名主角的登场，会听到嘹亮的喇叭声和隆隆的礼炮声，因为他们是讲话温柔的绅士，做事的方式高尚又令人愉快。

最后，在推翻使这个世界长期遭受苦难的教条主义的暴政上，他们所做的远远超过整个吵吵嚷嚷的改革大军。但这是没人能预见的怪事中的一件。这些事情发生了，我们谢天谢地，然而这一切是怎么发生的，我们完全不理解。

在理智的葡萄园里静静耕耘的这两个人都姓索兹尼。

他们是叔侄俩。

由于某些不清楚的原因，年长的雷利欧·弗朗西斯科在拼写他的姓时用一个"Z"，而年轻的福斯图斯·保罗则用两个"Z"。不过，他们的拉丁文姓索西尼厄斯比意大利文的姓索兹尼更为人们所熟悉。我们可以把这一细节留给语法学家和词源学家去探讨。

就他们的影响来说，叔叔远不及侄子重要，因此我们先谈叔叔，然后再谈侄子。

雷利欧·索兹尼是锡耶纳人，出身于银行家和法官世家。他原本经过博洛尼亚大学学习后要从事法律行当，但他像许多同时代人一样匆匆忙忙掉进了神学的泥潭，不再读法律了，并摆弄起希腊文、希伯来文和阿拉伯文，最后（像他那样的人通常的结局一样）成为理智的神秘主义者——一个既非常了解世事，又永远不会真正了解世事的人。这听起来很复杂。不过，不用多做解释，有些人就能理解我的意思，而另一些人不管我说什么也理解不了。

然而他的父亲怀疑儿子可能会步入文学界，于是，他给了儿子一张支票，让他出去看看外面的世界。雷利欧离开了锡耶纳，在以后的十年里，从威尼斯到日内瓦，从日内瓦到苏黎世，从苏黎世到维腾贝格，然后又到伦敦、布拉格、维也纳和克拉科夫，在每个到过的城镇和村庄里住上数月或数载，希望能找到有趣的伙伴和学到有趣的新东西。在那个年代，人们一谈起宗教就像现在我们谈起生意一样没完没了。雷利欧收集了各色各样的怪思想，他时刻竖起耳朵听，很快熟悉了从地中海到波罗的海的所有异端邪说。

　　然而当他只身带着知识的行李来到日内瓦时，他被礼貌而不太热忱地接纳了。加尔文用灰色的眼睛打量着这个意大利来访者，满腹疑心。他是个出身于名门望族的高贵的人，不像塞维图斯那样贫穷、无依无靠；可是据说他有着塞维图斯的爱好，这是最令人心烦的。按加尔文所想的，随着那个西班牙异端被烧死，支持或反对三位一体的问题就已经盖棺定论了。恰恰相反！从马德里到斯德哥尔摩，塞维图斯的命运已经成为人们谈论的主题，世界各地思想严肃的人开始站在反三位一体的一边。然而还不止于此，他们还利用古

索兹尼叔侄

登堡的可恶的发明，广泛传播他们的观点。由于处于日内瓦之外的安全地带，他们的言辞常常多有不敬。

不久，就出现了一本由学者编写的小册子，包含了历代教会神父有关迫害和惩罚异端的所有语言和文字的资料。在像加尔文一样说"憎恨上帝"的人们或以"憎恨加尔文"进行反驳加以自我保护的人们中，这本书立刻大为畅销。加尔文放出话来，想和这个珍贵小册子的作者私下会晤一次。不过作者料想到了这样的邀请，明智地没让自己的名字出现在书名页上。

据说他叫塞巴斯蒂安·卡斯特罗，曾经是日内瓦一所中学的老师。他对形形色色神学罪孽的温和看法，促使他憎恶加尔文而赞赏蒙田。然而没有人能证实这一点，只是道听途说而已。但是，只要有人在前面带头，其他人就会紧跟其后。

因此加尔文对索兹尼敬而远之，却建议说，与萨伏伊的潮湿气候相比，巴塞尔的温和空气更适于他的这位锡耶纳的朋友。当索兹尼一启程去著名的老伊拉斯谟的大本营时，他就衷心祝他一路平安。

使加尔文庆幸的是，索兹尼此后不久便受到了"宗教法庭"的怀疑，雷利欧被剥夺了财产，又生病发烧，年仅 37 岁时就死于苏黎世。

他的过早去世无论在日内瓦引起了怎样的欢腾，然而都为时不长。

雷利欧除了一个遗孀和几箱笔记之外，还有个侄子。他不仅继承了叔叔未出版的手稿，而且很快因成为更胜于其叔叔的塞维图斯迷而为自己赢得了名声。

早年的福斯图斯·索兹尼就像老雷利欧一样游历了很多地方。

他的祖父给他留下了一小块地产。他近50岁时才结婚，因此他能够把全部时间用在他最喜爱的神学主题上。

曾有一段很短的时间，他似乎在里昂做过生意。

我不知道他是个什么样的买卖人，然而他经营具体商品的经历比他的精神价值更使他确信，如果对方在一桩买卖中处于更有利的地位，那么靠毁掉竞争对手或发脾气是什么也得不到的。他一生中一直拥有这样的朴素常识，这种常识经常能够在办公室中找到，却不在宗教神学院教授的课程里。

福斯图斯于公元1563年回到意大利。在回国途中，他访问了日内瓦。他好像没有去向当地的主教表示敬意，而且加尔文那时已经重病缠身，因此索兹尼家庭成员的造访只能徒增他的烦恼。

在接下来的十多年里，索兹尼为伊莎贝拉·德·美第奇工作。公元1576年，这位太太经历了几天的新婚狂喜之后，就被她的丈夫保罗·奥希尼杀死了。索兹尼随即辞了职，永远离开了意大利，来到巴塞尔，把《赞美诗》译成了口语化的意大利文，并写了一本关于耶稣生平的书。

福斯图斯是个谨慎之人，这点可以从他的作品中看得出来。首先，他的听力非常不好，这样的人生性谨慎。

其次，他能从位于阿尔卑斯山另一边的几块地产中取得收入，托斯卡纳的当局暗示他说，对于一个被怀疑为"路德学派"的人来说，在论述有关宗教法庭不喜欢的主题时，最好还是不要太胆大妄为了。因此他使用了许多笔名，而且在出版一本书之前，一定要请一些朋友们先阅读一下，并被确认相当安全之后才付梓。

因此，他的书没有出现在《禁书目录》中。那本关于耶稣生平的书碰巧被人一路带到特兰西瓦尼亚，落到另一个思想自由的意大利人手里。他是米兰和佛罗伦萨的一些嫁给波兰和特兰西瓦尼亚的贵族的太太们的私人医生。

在那个时代，特兰西瓦尼亚是欧洲的"远东"，直到12世纪初期还是一片荒野，一直是德国多余人口的栖身地。勤劳的萨克森农民把这片沃土变成了一个繁荣昌盛、管理良好的小国家，有城市、学校，还有一所临时大学。但这个小国家还是远离旅行和商业要道。一些人由于这样或那样的原因，希望最好与"宗教法庭"的亲信们隔着几英里的沼泽地和高山，于是这里就成了他们最喜爱的居住地。

至于波兰，这个不幸的国家在长达数世纪的时间里，一直与保守和沙文主义的普遍观念保持着千丝万缕的联系。然而当我告诉读者，在16世纪上半叶，它却是所有由于宗教信仰而在欧洲其他地方饱受折磨的人的名副其实的庇护所时，你肯定会感到极其愉快的惊讶。

这种出乎意料的状况是源于典型的波兰风格。

在很长一段时间里，这个共和国是整个欧洲大陆管理得最不像话的国家，这是大家不争的事实。然而，在那些岁月里，波兰的上层教士玩忽职守的程度并没有为人们所清楚地意识到，因为放荡的主教和醉酒的乡村教士是所有西方国家的共同苦恼。

但是在15世纪后半叶，人们注意到，德意志各大学里的波兰学生开始迅速增多，这引起了维腾贝格和莱比锡当局的极大关注。他们开始提出质问。接着，事态发展到由波兰教会管理的克拉科夫的古波兰学院陷入了最衰败的境地，可怜的波兰人被迫出国求学，否则就无法接受教育。不久之后，条顿大学纷纷沉迷于新教义之中，华沙、拉杜姆和琴斯托霍瓦的学生也很自然地加入其中。

当他们返回家乡时，已经是羽毛丰满的路德派了。在基督教改革的早期，对于国王、贵族和教士来说，要阻止这种错误思想的传播还是相当容易的。不过要采取这样的措施，共和国的统治者必须团结在一项明确和共同的政策之下，这当然与这个奇怪国家的最神圣的传统直接相抵触，即一张反对票就能推翻一项所有其他国会议员支持的法律。

当（如不久之后所发生的那样）著名的维腾贝格那些公开表示信仰的人随着宗教一起带来了一个经济性副产品时，即没收所有教会的财产，居住在波罗的海到黑海之间的肥沃平原上的博尔劳斯家族、乌拉蒂斯家族和其他爵士、伯爵、男爵、王子和公爵，都开始表现出倾向于这样一种信条：信仰他们口袋里的钱。

随着这一发现之后，出现了对修道院的不动产进行的可怕的争夺，导致了著名的"间歇"。自古以来，波兰人就试图靠这种"间歇"延续清算日的到来。在这样的时段里，所有权力的行使都停顿了下来，新教徒便充分利用这一大好时机，在不到一年的时间里，在这个王国的各个角落里建立了他们自己的教堂。

当然，最后新教教长之间持续不断的神学争吵又使农民回到了基督教会的怀抱，波兰再次成为天主教的一个最坚定的堡垒。但在16世纪后半叶，这个国家享有了完全的宗教自由。西欧的天主教和新教开始了清除再洗礼教徒的战争，不可避免的结果就是，幸存者便向西逃遁，最后定居在维斯图拉河畔。就在这时，布兰德拉塔大夫得到了索兹尼写的关于耶稣的书，并表达了想结识作者的愿望。

乔吉奥·布兰德拉塔是意大利人，医生，一个极有才华的人。

他毕业于蒙彼利埃大学，是个出色的妇科专家。总的来说，他是一个极坏的恶棍，却是一个很聪明的恶棍。他像当时的许多医生一样（想一想拉伯雷和塞维图斯），既是神学家又是神经病专家，常常兼扮这两种角色。例如，他治愈了波兰皇太后波娜·斯福扎（西吉斯蒙德国王的遗孀）的病，成功地使她笃信，凡是怀疑三位一体的人都是错的。她病愈后开始悔恨自己的错误，并使那些将三位一体教义奉为真理的人合法化。

唉！这个好太后已经死了（是被她的一位情人谋杀的），但她的两个女儿嫁给了当地的贵族，作为她们的医疗顾问的布兰德拉塔，在政治上对他寄居的国家产生了很大影响力。他知道这个国家的内战已是一触即发，除非采取行动结束无休止的宗教争吵。为此，他设法使对立的教派休战。但是要达到这一目的，他需要一个比他更精于应付这种错综复杂的宗教争论局面的人。他忽然想到了写耶稣生平的作者正是他需要的人。

于是，他给索兹尼写了一封信，邀请他东行。

不幸的是，索兹尼到达特兰西瓦尼亚时，刚刚公开了布兰德拉塔私生活的一大丑闻，以至于这个意大利人不得不辞职，不知去了何方。索兹尼却留在了这个遥远的地方，和一个波兰姑娘结了婚，并于公元 1604 年死于他客居的国家。

最后的 20 年被认为是他一生中最为令人关注的阶段，因为在这一阶段他具体表达了关于宽容的思想。

这些思想出现在所谓的《教义问答手册》中，这是一份索兹尼撰写的文件，作为那些对这个世界怀有良好愿望并希望未来结束教派纷争的人遵循的共同纲领。

16 世纪后半叶是一个《教义问答手册》、信仰、信条和教义告解的时代，在德国、瑞士、法国、荷兰和丹麦，人们都在写这些东西。可是到处印刷粗糙的小册子都表达一个可怕的信条：它们（也只有它们）才包含了真正的真理，用一个很大的大写字母 T 表示。所有庄严宣过誓的当政者的职责，就是赞成这个用大写字母 T 表示的特殊形式的真理，用剑、十字架和火刑柱惩处那些执意保留信仰不同真理的人（那些真理只带有一个小 t，因此是劣等的真理）。

索兹尼的信仰告解表达了完全不同的精神。它一开始就直截了当地表明，那些签署这份文件的人无意与别人吵架。

他继续说道："许多虔诚的人有理由抱怨，到目前为止已经出版以及不同教会正在出版的各种各样的告解和《教义问答手册》是基督徒之间不和的祸根，因为它们都试图把某些原则强加在人们的良知上，或把那些对这些原则持有异议的人视为异端。"

据此，他以最正式的方式否认了因宗教信仰剥夺或压制其他任何人是索兹尼派的意图。他转而讲到广义的人性，做出了如下呼吁：

"让每个人自由评判他自己的宗教吧，因为这是《新约》根据最早的教会先例定下的法则。我们这些可怜的人怎么能压制和熄灭上帝在其他人心中点燃的神圣的精神之火呢？我们谁能说惟有他通晓《圣经》？我们为什么不记住，我们惟一的主就是耶稣基督，我们大家都是兄弟，没有人被赋予了压服别人的力量呢？可能我们其中的一个兄弟比其他人更博学一点，但是在自由和基督的关系上，我们都是平等的。"

所有这些是非常完善和精彩的，只是比时代早了 300 年。索兹尼派和其他新教派都不能指望在这个动荡的世界上长期坚守住自己的立场。反对宗教改革的逆流已经来势汹汹地开始了。成群结队的耶稣会神父在丢失的省份里开始变得放纵起来。在他们活动之际，新教徒却在争吵，致使东部边境的人很快又回到罗马（天主教）信徒的行列中。今天来到这些远离文明欧洲的地方参观的旅游者，很难猜想到，曾几何时这里是当时最先进最自由的思想的坚强堡垒，也不会想到在沉闷的立陶宛山林里曾经有一个小村子，世界在那儿第一次获得了实践宽容体系的明确纲领。

最近，我出于闲来无事的好奇心的驱使，来到图书馆，花了一个上午的时间浏览了供我国青年了解过去的最流行的教科书。没有一本书提到索兹尼派或索兹尼叔侄，所有的书都从社会民主派跳到汉诺威的索菲亚，从索比斯基跳到索格蒂亚娜。其实在这些被跳过的时期里，有伟大的宗教改革的领袖们，包括厄可兰帕鸠斯和一些次要人物。

只有一卷提及了这两个锡耶纳人文主义者，不过是出现在一个不明确的附录里，这个附录是对罗列路德或加尔文所说所做的事情做的一个补充说明。

预测的确是危险的，但是我却怀疑，在以后 300 年的大众历史中，这一切都会发生改变，索兹尼叔侄会独自享有他们自己的一小章，而宗教改革的传统主角只配放在页末。

他们的名字即使放在脚注里也会显得了不起。

第十八章　蒙田

在中世纪，人们常说，城市的空气有利于自由。

的确如此。

一个人躲在高高的石墙后面可以安全地对男爵和教士嗤之以鼻。

不久以后，当欧洲大陆的条件大幅改进时，国际商业再次成为可能，另一种历史现象开始显现出来。

以三个双字词组表示，便是：商业利于宽容。

你在一周内的任何一天，尤其是星期天，都可以改变这个论点。

温斯堡和俄亥俄可以支持三K党，纽约却不行。纽约如果掀起一场驱逐所有犹太人、天主教徒和外籍人的运动，华尔街就会乱成一团糟，劳工运动会风起云涌，社会将陷入崩溃，一发不可收拾。

中世纪后半期正是如此。莫斯科是一个貌似大公爵的小伯爵的所在地，可以激恼新教徒；但是国际商业中心诺夫格罗德却必须小心，惟恐惹恼前来经商的瑞典、挪威、德意志和佛兰芒人，这将把他们赶到维斯比去。

　　一个纯粹的农业国可以用一整套节日的丰盛饭菜来泰然款待农民，但是，如果威尼斯人、热那亚人或布吕赫人开始在其城内迫害异教徒，那么代表外国公司的人便会立即逃亡，随之而来的是资金被抽走，这将使城市陷于破产。

　　那些不能从根本上汲取教训的国家（如西班牙、教皇统治区和哈布斯堡的领地），被一种他们自豪地称为"忠于信仰"的感情所驱使，无情地驱逐真正信仰的敌人。结果，它们不是不复存在，就是缩小为第七等骑士国家。

　　然而，商业国家和城市的统治者通常都很尊重既成事实，知道自己的利益所在，所以维持精神上的中立状态，天主教、新教、犹太教和中国的顾客都能照常经商，同时继续忠于各自的特定宗教。

　　为了表面的尊重，威尼斯可能通过一项反对加尔文教派的法律，但是十人内阁小心地向宪兵解释说，这条法律不必执行得太严厉，除非异教徒真的试图占领圣马可广场并把它改为他们的聚会场所，否则就随他们去吧，允许他们按照自认为合适的方式做礼拜。

　　他们在阿姆斯特丹的好朋友做法与此类似。每个星期天，牧师们都在叱责"淫荡女人"的罪责。但是就在附近，可怕的天主教徒正在一所不显眼的房子里静静地做弥撒，外面还有新教的警长盯着，免得《日内瓦教义问答手册》的狂热崇拜者闯入这个犯禁的聚会，把可以带来利润的法国和意大利客人吓跑。

　　这丝毫不意味着威尼斯和阿姆斯特丹的人们不再是各自教会的忠诚子民。他们和从前一样，仍然是忠诚的天主教徒或新教徒。不过他们记得，一个汉堡、吕贝克或里斯本的可以带来利润的异教徒的善良愿望，要比日内瓦或罗马的一个寒酸教士的允诺更有价值，于是他们就这样做了。

把蒙田的开明和自由的见解（它们并不总是一致的）与他父亲和祖父经营鲱鱼生意、母亲是西班牙犹太人的后裔这样一个事实联系起来，似乎有点牵强。但是据我看来，这些从事商业的长辈与蒙田的观点有很大关系，他作为战士和政治家，整个一生的特点就是强烈厌

顶楼里的主

恶狂热和偏执，这源于离波尔多市主要码头不远的一家小鱼铺。

我如果当着蒙田的面这么说，他是不会感谢我的。因为当他出生的时候，所有"经商"的痕迹都从华丽的家族纹章中小心地抹掉了。

他的父亲获得了一点产业，便毫不吝惜地花钱，想把儿子培养成为绅士。蒙田刚刚学会走路，私人教师便往他可怜的小脑瓜里塞满了拉丁文和希腊文。他6岁的时候被送进中学，13岁时开始学习法律，不到20岁便成为波尔多市议会的成熟议员了。

然后，他在军队和宫廷里工作过一段时间，38岁时父亲去世，他退出了所有外界活动，把21年的余生（除去几次违心地短暂介入政治外）都消磨在他的马、狗和书上面，而且都有研究成果。

蒙田是他那个时代非常重要的人物，但有几个缺点。他从未彻底摆脱某些感情和礼节，这个鱼贩的孙子相信这是真正的绅士风度必不可少的。直到临终，他还坚持说他不是真正的作家，只是一个乡村绅士，为了消磨冬天乏味的时光，才对稍微有点哲学意味的题目写下一些杂乱的思想。这全是废话。如果说有谁把他整个的心、灵魂、美德和罪恶以及他所有的一切都献给自己的书，那就是这位能和不朽的达尔塔昂①匹敌的开朗的绅士。

由于心、灵魂、美德和罪恶都属于这个基本上宽宏大量、有教养和性格宜人的人，蒙田的全部作品已经不仅仅是文学作品，它们已经发展成为明确的生活哲理，它们以常识和通常实际的社会行为标准为基础。

蒙田生为天主教徒，死时也是天主教徒，年轻的时候还是法

---

① 达尔塔昂，大仲马名著《三个火枪手》中的主人公。——译注

国贵族为把加尔文主义驱逐出法国而成立的天主教贵族联盟中的一员。

但是在 1572 年 8 月的一个具有重大意义的一天，教皇格列高里八世庆贺杀死三万名法国新教徒的消息传来后，蒙田就永远离开了天主教会。他从来没有加入另外一派，而且继续参加某些重大仪式，免得他的邻居议论纷纷。然而自从圣巴托罗缪节大屠杀之夜以后，他的作品的内容便与马库斯·奥里利厄斯、爱比克泰德或其他十几位希腊或罗马哲学家的著作如出一辙了。在一篇题为《论良心的自由》的值得纪念的文章中，他使用的语言就好像是伯里克利的同时代人，而不是法国凯瑟琳·德·美第奇陛下的仆人；他还以背教者儒略的经历为例子，阐述真正宽容的政治家应该取得的业绩。

文章很短，只有 5 页，你可以在第 2 册的第 19 章找到。

蒙田已经看够了顽固不化的新教徒和天主教徒鼓吹的绝对自

蒙田

由的体制，这种体制（在当时的环境中）只会导致新的内战爆发。但是当条件许可时，当新教徒和天主教徒睡觉时不再把几把匕首和手枪放在枕头下面时，明智的政府应该尽量避免干涉别人的良心，应该允许所有臣民依照最能使他们自己心灵获得幸福的方式热爱上帝。

蒙田既不是惟一的也不是第一个产生这种想法或敢于公开表达这一观点的法国人。早在公元1560年，凯瑟琳·德·美第奇的一位前大臣麦克尔·德·豪皮塔尔和几个意大利大学的学生（顺便提一句，他们因此被怀疑与再洗礼教徒是一丘之貉）就曾建议：对异教徒只宜用语言论战。蒙田的令人惊讶的观点是建立在这样的基础之上的：良心就是良心，不可能靠武力使之改变。两年之后，他促成了《皇家宽容法》的产生，给予胡格诺教派自己集会、举行宗教会议讨论本教事务的权利，俨然像一个自由独立的教派，而不是一个寄人篱下的小派别。

巴黎律师让·博丹是一个最令人尊敬的公民（就是他保卫了私人财产，反对托马斯·莫尔在《乌托邦》里表达的共产主义倾向），在否认国王有权使用武力强迫臣民进这个或那个教会时，他也讲过类似的话。

大臣们的演讲和政治哲学家的拉丁文论文极少受人欢迎，但蒙田的书却在有识之士以聚会或交流的名义下阅读、翻译和讨论，并且持续达300多年之久。

他的业余身份，他坚持只为乐趣写作而别无所图的做法，使他受到许多人的欢迎，不然人们绝对不会购买（或借阅）一本被官方列为"哲学"的图书。

第十九章　阿米尼乌斯

争取宽容的斗争是"有组织的社会"同精力或智力超常的公民个人之间那场古老冲突的一部分。"有组织的社会"把"群体"的持久安全放在其他所有考虑之上，而智力或精力超常的公民个人却认为，世界迄今所取得的发展全依赖个人的努力，而不是靠集体的努力（其实质就是不相信所有变革），因此个人的权力要比集体的权力重要得多。

如果我们承认此前提是正确的，那么接下来的一个结论就是：任何一个国家的宽容程度一定与该国家大多数居民所享受的个性自由程度成正比。

过去，有时会出现格外开明的统治者，他对孩子们说："我坚信'自己活，也让别人活'的原则，我希望所有可爱的臣民们都对他们的邻居施以宽容，否则就会自食其果。"

当然，如果是这种情况，热心的臣民们就会赶快储存官方徽章，上面刻有堂皇的铭文："宽容第一。"

但是这个突然的转变是出于对国王陛下的刽子手的畏惧，不能够持久下去。统治者只有在恐吓的同时，再根据实际的日常的政治方针，建立起一套逐级教育的明智的体系，才能取得成果。

16 世纪后半叶，这种幸运的条件组合在荷兰共和国出现了。

首先，这个国家由数千个半独立的城镇和乡村组成，居民大都是渔民、水手和商人。这三种人都习惯于一定程度的独立行动，商业的性质迫使他们要迅速做出决定，按照自己的价值标准判断日常事务。

我这里并不是说他们比世界其他地方的同胞更聪明，心胸更开阔。但是艰苦的工作和不达目的决不罢休的干劲使他们成为整个北欧和西欧的鱼米大亨。他们懂得，一个天主教徒的钱和一个新教徒的钱一样好用；他们喜欢付现钱的土耳其人，而不愿与要求赊账六个月的长老会教徒打交道。因此，这是一个进行一点宽容试验的理想国家，这个国家的国民是理想的试验者，这是在正确的时间、由正确的人在正确的地点实行的。

有一句古老的格言："欲统治世界的人必须了解世界。"沉默者威廉就是体现这一格言的光辉典范。他原是一个时髦、富有的年轻人，作为当时最大的君主的机要秘书，享有最令人羡慕的社会地位。他在晚宴和舞会上一掷千金，挥霍无度，与好几个颇为闻名的女继承人结过婚，生活放荡，今朝有酒今朝醉，管它明日在何方。他不是一个特别勤奋的人，对他来说，赛马图远比宗教小册子更有趣。

宗教改革引起的社会动荡起初并未引起他的注意，在他看来，这只不过是劳资双方之间的又一场争吵，没有什么严重的，只要略施小计，再出动几个身强力壮的警官，就可以解决了。

但是，他一旦了解了统治者和臣民之间争斗的真正本质时，就从一个和蔼可亲的显贵突然变成了在当时已经基本失势的事业的一个卓越的领袖。他的宫殿和马匹、金银珠宝和乡间地产一俟通知就全卖掉了。这个来自布鲁塞尔的放荡不羁的年轻人成为了哈布斯堡王朝的最顽固最难对付的敌人。

然而，财产的改变并没有影响他的个人性格。威廉在富有的时候是哲学家，住在几间出租的房子里、不知道如何付星期六洗衣费的时候还是哲学家。过去，他竭尽全力挫败了一个红衣主教想建造足够的绞架来处置所有新教徒的企图，如今他同样尽力约束要绞死所有天主教徒的热情的加尔文教徒的干劲。

他的工作几乎毫无成功的希望。

已经有两三万人遭到杀害，宗教法庭的监狱里塞满了新的牺牲品，在遥远的西班牙正在召集一支军队，准备在叛乱还没有蔓延到帝国其他地方的时候予以镇压。

要说服那些正在为自己的生存而战斗的人们，必须热爱刚刚绞死自己儿子、兄弟、叔叔和爷爷的人，是不可能的。但是，通过自己的事例和对曾经反对过他的人的和解态度，他向其追随者表明了

争吵的教授们

一个有性格的人应该超越"以眼还眼，以牙还牙"的摩西法律。

在这场争取公共道德的运动中，他得到一位杰出人物的支持。在豪达教堂里，你仍会看到一个奇特的简短碑文，记载了埋在这里的德克·孔赫特的美德。孔赫特是一个挺有趣的人，他是一个小康人家的孩子，年轻时长年在外国旅游，获得了关于德国、西班牙和法国的第一手资料。他一回到家，便爱上了一个一文不名的姑娘。他的谨慎的父亲反对这门婚事，结果儿子还是娶了那个姑娘，父亲便做了前辈家长在这种情况下必然要做的事：指责儿子忘恩负义，剥夺了他的继承权。

现在，年轻的孔赫特不得不自谋生路了，这的确有些困难。不过他是一个有才华的年轻人，学会了一门手艺，成了一名铜雕匠。

唉，荷兰人总是好为人师。每当傍晚来临，他就匆匆扔下雕刻刀，拿起鹅毛笔，撰写文章，纵论天下大事。他的写作风格绝不是现在人们所说的"引人发笑"的那一类，但是他的书里包含了许多平易近人的常识，这与伊拉斯谟的作品完全不同，这使他交了许多朋友，并结识了沉默者威廉。威廉高度赞赏他的能力，并雇他做机要顾问。

当时威廉正忙于一场奇怪的争论。国王菲利浦在教皇的支持和唆使下，正企图铲除整个人类的敌人（也就是他的敌人——威廉），谁要是去荷兰杀死这个头号异教徒，国王答应给他25000个金币，授予贵族头衔，并赦免其一切罪行。威廉已经五次大难不死，他觉得用一套小册子驳倒菲利浦国王的论点是他的职责，孔赫特助了他一臂之力。

小册子的论点直指哈布斯堡王朝，不过指望哈布斯堡王朝因此而变得宽容，那自然是妄想。然而，整个世界都在注视威廉和菲利浦之间的这场争论，小册子也被译成了各种文字，到处传诵，并引起了人们对许多问题的有益的讨论，而在以前他们从来不敢大声提及。

不幸的是，这场争论并没有持续多久。公元 1584 年 7 月 9 日，一个年轻的法国天主教徒获得了那 25000 个金币的赏金。六年以后，孔赫特也去世了，还没有完成把伊拉斯谟著作全部译成荷兰本地语的工作。

在此后的 20 年中，战争四起，就连不同神学家的怒斥也无人倾听。最终敌人被逐出了新共和国的边界，但没有威廉这样的人来掌管国内事务，在大批西班牙雇佣军的压力下暂时不自然和解的 60 余个教派，现在又要割断彼此的喉咙。

当然，他们的争战必须有个借口，可是，谁又曾听说过一个没有一点不满的神学家呢？

在莱顿大学里，有两个教授意见不一致。这既不新鲜，也很正常。但是，他们有分歧的问题是意志的自由问题，这是一件非常严肃的事情。兴奋的人们立即参加到讨论中去，不到一个月，整个国家便分成两大敌对的阵营。

一方是阿米尼乌斯的朋友。

另一方是戈马鲁斯的追随者。

后者虽然父母是荷兰人，却在德国度过了一生，是条顿教育体系的出色产品。他学识渊博，却又缺乏起码的常识。他的大脑精通希伯来语韵律的奥秘，而心脏却按照阿拉米语的语法规则跳动。

他的对手阿米尼乌斯则截然不同。他生于奥德沃特，是离伊拉斯谟度过不愉快童年的斯坦因修道院不远的一个小城市。他幼年时

阿米尼乌斯

曾赢得邻居、马尔堡大学著名数学家和天文学教授的友谊，这个人叫鲁道夫·斯内里斯，他把阿米尼乌斯带回德国，以便让他受到良好的教育。可是当这个孩子在第一个假期回家时，发现他的家乡已经被西班牙人劫掠一空，所有的亲戚都惨遭杀害。

他的生活似乎就此结束了，幸运的是，一些好心的有钱人听说了这个年幼孤儿的悲惨遭遇，便慷慨解囊，送他到莱顿大学学习神学。他刻苦学习，六年以后学完了所有应该学习的课程，又去寻找新的知识源泉了。

当时，优秀的学生总可以找到为他们的前途投资的赞助人。阿米尼乌斯很快拿到了阿姆斯特丹几个行会开出的介绍信，高高兴兴地去南方寻找未来的受教育机会。

作为一个受人尊敬的神学后起之秀，他首先来到日内瓦。加尔文已经死了，但是他的"星期五"西奥多·贝扎接替加尔文成为天使的牧羊人。这个捕捉异端邪说的老手鼻子很灵敏，立刻闻出这个年轻荷兰人的教义中有点拉梅主义气味，于是阿米尼乌斯的访问时间也就缩短了。

"拉梅主义"这个词对现代读者毫无意义。但是，300 年前它却被看成是最危险的宗教新事物，熟悉《米尔顿文集》的人都了解它。它是由一个名叫彼尔·德·拉·拉梅的法国人发明或创造的（随你怎样用词）。他做学生时，十分反感老师的陈旧教学方法，于是选了一个颇使人惊讶的题目作为他的博士论文：《亚里士多德所教的一切都是绝对错误的》。

不用说，这个题目得不到老师的好评。几年以后，他又撰写了几卷有才华的著作阐述自己的思想，这使他的死成为定局。他是圣巴托罗缪节大屠杀最早的受害者之一。

但是那些恼人的书并没有随作者一起被消灭，得以幸存，他的奇怪的逻辑体系也在西欧和北欧受到极大欢迎。然而，真正虔诚的人们相信拉梅主义是通往地狱的通行证。于是有人建议阿米尼乌斯去巴塞尔，这个不幸的城市自从被古怪的伊拉斯谟迷住以后，"自由主义者"一直受到善待。

阿米尼乌斯得到警告以后，便启程北上，接着他又做出了一个不同寻常的决定。他勇敢地踏进敌人的国界，在帕多瓦大学学习了几个星期，还去了一趟罗马。这使得他在公元 1587 年返回祖国时，成为国人同胞眼里的危险人物。但他似乎既没有长角也没有长尾巴，于是渐渐地赢得了大家的好感，被允许担任阿姆斯特丹的牧师。

他不仅使自己发挥了作用，还在鼠疫爆发的时候博得了英雄的荣誉。他很快就获得了大家的真心尊重，被委托重建阿姆斯特丹城市的公共教育系统。公元 1603 年，当他作为成熟的神学教授被调往莱顿时，首都的所有居民都依依不舍。

如果事先知道在莱顿等待着他的是什么，我敢肯定他绝对不会去。他到达的时候，正好下拉普萨里安派教徒和上拉普萨里安派教徒之间的战斗正处于白热化。

阿米尼乌斯的家庭出身和所受的教育都是下拉普萨里安派的。他试图不带偏见地对待其同事——上拉普萨里安派的戈马鲁斯。但是两派的差异不容调和。阿米尼乌斯被迫宣布自己是不折不扣的下拉普萨里安派教徒。

当然，读者会问我：下拉普萨里安派和上拉普萨里安派是什么啊？我不知道，好像也无法了解这些玩意儿。不过据我所知，两派的争论由来已久，一派（如阿米尼乌斯）认为，人们在某种程度上拥有自由的意志，可以塑造自己的命运；另一派是索福克勒斯、加尔文和戈马鲁斯之辈，说我们生命中的一切早在我们出生之前很久就注定了，因此，我们的命运取决于上帝造物时神圣骰子的那一掷。

公元 1600 年，北欧的大部分人都是上拉普萨里安派。他们喜欢听他们的大多数邻居命定要进地狱的布道。少数几个敢于宣讲善意和仁慈的福音的牧师立即会被怀疑患有罪恶的软弱症，无异于心慈手软的医生，不给病人开苦药，结果正是这种软弱心肠害了病人。

莱顿的那些长舌妇一发现阿米尼乌斯是下拉普萨里安派教徒，他的作用也就停止了。这个可怜的人在他从前的朋友和支持者的大肆咒骂中死去。然后，在 17 世纪似乎是不可避免的，这两派都进入政治领域，上拉普萨里安派在选举中获胜，下拉普萨里安派被宣布为公共秩序的敌人和国家的叛徒。

这场荒谬的争战还没有结束，奥尔登巴内维尔特就身首异处了，他曾是沉默者威廉的助手，在共和国的建立方面立下了功劳；格劳秀斯到瑞典女王的王宫里过着寄人篱下的生活，尽管他的谦和曾经使他成为国际法律公共体系的第一个伟大的倡导者；沉默者威廉的事业似乎完全失败了。

但是，加尔文派并没有获得预期的成功。

荷兰共和国只有共和之名，实际上是商人和银行家的俱乐部，由几百个有权有势的家族统治着。这些绅士对平等和博爱毫无兴趣，却坚信法律和秩序，他们承认并支持现有的教会。到了礼拜天，他们满怀热情来到四壁洁白的圣物存放地，这里过去是天主教堂，现在是新教徒的布道厅。然而到了礼拜一，当教士前往拜见市长大人和议员们，想愤愤地诉说对这人或那人不满的时候，官员们却总在"开会"，无法接见这些虔诚的绅士。如果这些虔诚的绅士坚持并煽动几千名忠诚的教民在市政厅门前"示威"（这种事常常发生），官员们也会彬彬有礼地屈尊接过这些虔诚的绅士抄写整齐的意见和建议书。可是，大门在最后一个穿黑袍的请愿者后面一关上，官员们就会用这些文稿点烟斗。

这是因为官员们已经采纳了一句实际有效的格言："一次就够了，而且已经太多了。"在上拉普萨里安教派掀起的大规模内战的恐怖年月中发生的事情把他们吓坏了，所以他们毫不妥协地压抑宗教狂热的所有可能的发展。

后代并不总是善待这些贵族。毫无疑问，他们把国家当做他们的私有财产，也不能总是把祖国的利益和他们自己的利益区分得一清二楚。他们缺乏与整个帝国相称的宽阔眼界，几乎总是小事精明大事糊涂。但是他们做了一点值得我们发自内心称赞的事情，他们把他们的国家变成了国际性的思想交流所，持有各种思想的各类人物在这里都享有最广泛的自由，可以随心所欲地去说、去想、去写、去出版。

我并不想描绘一幅过于美好的图画。在教士不满的威胁下，市镇议员们有时也会镇压天主教的某一个秘密组织，或没收某一个过于嚣张的异教徒印刷的小册子。不过一般说来，只要不在闹市中央爬到肥皂箱上诋毁宿命论，不把天主教的念珠带到公共餐厅里，不在哈莱姆的南方卫理公会教堂否认上帝的存在，就可以享有一定程度上的自由。正是这种自由，使得荷兰共和国在差不多两个世纪里，成为那些在世界其他地方因为他们的思想而受到迫害的人的名副其实的天堂。

不久，这里又重新变为天堂的消息四处传开了。在以后的 200 年里，荷兰的印刷车间和咖啡馆里挤满了形形色色的热情者，他们是新的精神解放大军的急先锋。

第二十章　布鲁诺

据说（而且有许多理由），世界大战是一场没有军衔的军官的战争。

当将军、上校和三星战略家们坐在某个被遗弃的古堡的大厅里，守着孤独的光亮，对着数英尺长的地图苦思冥想，直到想出能使他们得到半平方英里领土的新战术（以损失 3 万人为代价）时，下级军官、中士、下士却在聪明士兵的帮助和怂恿下，干着卑鄙的勾当，最终导致了德国防线的崩溃。

为精神独立进行的伟大的宗教战争采取与此类似的方法。

没有投入 50 万兵力的正面进攻。

没有为敌人的炮兵提供轻松适意的靶子的亡命冲锋。

更进一步说，大多数人根本不知道在打仗。有时，好奇心会驱使人们询问那天早晨谁被烧死了，明天下午谁又将被绞死。然后他们也许会发现有几个孤注一掷的人还在继续为天主教徒和新教徒从心底不赞成的某几项自由原则而战斗。但是他们听到这些消息，除了流露出一点惋惜，是否还有别的反应，我表示怀疑。除非他们自己的叔叔落得如此可怕的下场，这些可怜的亲戚才会感到痛不欲生。

情况几乎就是如此。殉道者为之献出了生命的事业所完成的业绩不可能简化成数学公式，也不能用安培和马力这类术语表示。

每一个研究乔达诺·布鲁诺的勤奋的博士生会仔细阅读他的作品集，通过耐心地收集所有充满感情的词句，包括像"国家无权告诉人们应该思考什么"和"社会不应该用刀剑惩处那些不同意通常公认的教义的人"，他或许能写出一篇以《乔达诺·布鲁诺（1549～1600年）和宗教自由的原则》为题目的可以被人接受的论文。

但是，不再研究这些重要文字的人，必须从另一个角度来接近这个题目。

所以，我们在最后的分析中说，有许多虔诚之士，为他们那个时代的宗教狂热、各国人民遭到的奴役所深深震撼，以至于奋起反抗。他们是不幸的人，除了背上的披风以外几乎一无所有，连睡觉的地方都没有保证，但是圣火在他们胸中燃烧。他们在陆地上穿梭、讨论、写作，把高等学府里知识渊博的教授引进学术争论，在简陋的乡间酒馆里与卑贱的乡下人谦恭地争论，不懈地向他人宣讲友善的、体谅的和博爱的福音。他们带着成捆的书和小册子，衣衫褴褛，四处奔走，直到患肺炎死在波美拉尼亚内地的某个悲惨的小山村里，或者被苏格兰小村庄里的醉醺醺的村民用私刑处死，要不就是在法国的一个地方市镇被车轮碾得粉身碎骨。

如果我提到乔达诺·布鲁诺的名字，我的意思并不是说他是他那类人中惟一的一个。不过他的生活、他的思想、他为自己认为是真理和渴望的事物所产生的不懈热情，在所有先驱者队伍中是如此的典型，他完全可以作为一个典范。

布鲁诺的父母是穷苦人，他们的儿子是个普通的意大利男孩，没有什么特别好的前途，按照通常的惯例，被送进修道院，后来成为多明我会修道士。在那个修道院里，他无事可做，因为多明我会教徒是各种形式的迫害的热情支持者，那个时代的人称之为"真正信仰的警犬"。他们是很精明的，异端者无需把思想印成文字让热心的暗探嗅出味道，一个眼神、一个手势、一耸肩膀，常常足以暴露一个人的思想，使他与宗教法庭打打交道。

布鲁诺成长在一切都要俯首听命的环境中，他是怎样成为叛逆、丢弃《圣经》而捧起塞诺和阿纳克萨哥拉的著作的，我不知道。但是这个古怪的见习修道士还没有完成规定的课程，就被赶出了多明我会，从此以后，他成了欧洲大陆上的流浪者。

他翻过阿尔卑斯山脉。在他之前，有多少年轻人冒险穿过了这个古老的山口，希望能在罗纳河和阿尔弗河交汇处的巨大堡垒找到自由！

布鲁诺去日内瓦

当他们发现这里和其他地方一样是内在的精神在指引人们的心灵，教义的改变并不一定意味着人们的心灵和思想的改变时，又有多少人心灰意冷地离开了。

布鲁诺在日内瓦住了不到三个月。城里挤满了意大利避难者，他们给这个同乡弄了一套新衣服，还给他找了一个校对员的工作。到了晚上，他就读书、写作。他得到了一本德·拉·拉梅的著作，终于找到了一个志同道合的人。德·拉·拉梅也相信，中世纪教科书所宣扬的暴政不打碎，世界就不能进步。布鲁诺并没有像自己著名的法国老师走得那样远，并不认为希腊人教诲的一切都是错的。但是16世纪的人为什么要受早在基督诞生前四个世纪写下的词句的束缚呢？究竟是为什么？

"因为事情一直都是如此。"正统信仰的支持者回答他。

"我们与我们的祖辈有什么关系，他们与我们又有什么关系呢？让死去的人死去吧。"这位年轻的反对偶像崇拜者答道。

此后不久，警察便来造访他，建议他最好打起行李到别的地方去碰碰运气。

从那以后，布鲁诺的生活成了永无休止的旅行，想找一个有某种程度的自由和安全的地方生活和工作，但他从未如愿。离开日内瓦，他来到里昂，又来到图卢兹。那时他已经从事对天文学的研究，并成为哥白尼的热情支持者，这是很危险的一步，因为在那个时代，人们都在叫嚷："世界围绕太阳转？世界是绕太阳转动的普通的小行星？呸！谁听过这种胡言乱语？"

图卢兹也使他感到不舒服。他横穿法国，走到巴黎，然后作为法国大使的私人秘书去了英国。但是那里等待他的还是失望，英国的神学家并不比大陆的强多少。也许他们更实际一点，例如在牛津大学，他们并不惩罚违反亚里士多德教诲的错误的学生，而是罚他10个先令。

布鲁诺变得爱好讽刺挖苦了。他开始写一些精彩但很危险的带有宗教、哲学、政治性质的散文和对话。在文章中，整个现存的秩序被弄得颠三倒四，受到详细的但绝无奉承之意的检查。

他还做了一些关于他喜爱的科目——天文学的演讲。

但是学院当局对受学生欢迎的教授是极少给笑脸的。布鲁诺发现自己再次被请离开。于是，他又回到法国，然后又到了马尔堡，不久前路德和茨温利曾在那里争论在匈牙利虔诚的伊丽莎白城堡里发生的化体说①的真正本质。

唉！他的"自由派"大名早已名声在外，甚至不允许他去演讲。维腾贝格是较为好客的，然而，这座路德信仰的大本营正开始被加尔文大夫的教徒占领。从此以后，像布鲁诺这样有自由倾向的人再没有了容身之地。

他转向南行，到约翰·胡斯的地盘上碰碰运气，更深的失望在等待他。布拉格成了哈布斯堡王朝的首都。哈布斯堡王朝一进入，自由就被逐出了这座城市的大门。他只好再回到大路上来，长途跋涉，前往苏黎世。

在那儿他收到一位意大利青年乔瓦尼·莫塞尼哥的信，请他前往威尼斯。我不知道是什么原因使布鲁诺接受了这个邀请。也许这个意大利农民被一个古老贵族名字的光彩所打动，对这一邀请感到

---

① 化体说，宗教用语，指领圣餐时，面包和酒即变成耶稣的血和肉的说法。

非常愉快。

乔瓦尼·莫塞尼哥的祖先敢于公开反抗苏丹和教皇，但他自己却不是这块料。他是一个意志薄弱的懦夫，当宗教法庭的官员出现在他的家里要把他的客人带往罗马时，他连手指头都没有动一下。

作为惯例，威尼斯政府对自己的权力是非常在意的。如果布鲁诺是个德意志商人或荷兰船长，他们就会强烈抗议；如果外国势力胆敢在他们的管辖区逮捕什么人，他们甚至会发起战争。可是为什么要为一个流浪汉而招致教皇的敌意呢？他除了他的思想外，不能给这个城市带来任何好处。

的确，他自称是个学者，威尼斯共和国也深感荣幸，不过她自己的学者已经绰绰有余了。

那么，再见了，布鲁诺，愿圣马可广场怜悯他的灵魂。

布鲁诺在宗教法庭的监狱里待了七年之久。

公元 1600 年 2 月 17 日，布鲁诺在火刑柱上被烧死，他的骨灰

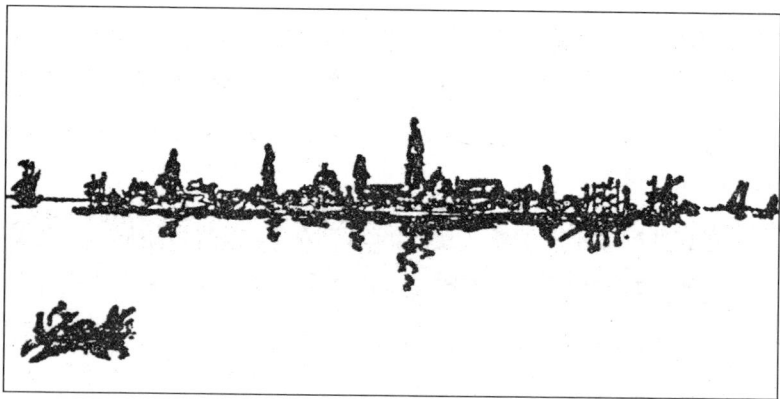

布鲁诺去威尼斯

随风飘散了。

　　他的行刑地在坎普迪菲奥利①,懂意大利文的人也许能从中找到灵感，写出一篇短小精美的寓言。

---

① 坎普迪菲奥利，Campo dei Fiori，意大利语，意为花卉的广场。

第二十一章　斯宾诺莎

历史上有一些事情我一直未能理解，其中之一就是过去年代中一些艺术家和文人的工作量。

我们现代写作协会的成员有打字机、录音机、秘书和自来水笔，每天能写三四千字。莎士比亚有其他的工作分散精力，有个整日骂骂咧咧的老婆，鹅毛笔也不太好用，他是如何设法写出 37 个戏剧的呢？

"无敌舰队"的老兵洛浦·德·维加一生都忙忙碌碌，他从哪儿弄来必要的墨水和纸张写下 1800 个喜剧和 500 篇文章呢？

那个奇怪的约翰·塞巴斯蒂安·巴赫又是何等人物，在一个充满 20 个孩子吵闹声的小屋子里，居然有时间谱写 5 部神剧，190 部教堂清唱剧，3 部婚礼清唱剧，12 首圣歌，6 首庄严弥撒曲，3 首小提琴协奏曲，1 首双小提琴协奏曲——仅此一首就足以使他的名字不朽，7 首钢琴协奏曲，3 首两架钢琴的协奏曲，2 首三架钢琴的协奏曲，30 部管弦乐谱，还为长笛、大键琴、风琴、大提琴、法国号管写了足够的曲子，足够让普通的音乐学院学生练一辈子的。

还有，像伦勃朗和鲁本斯这样的画家是怎样勤奋用功，以几乎每月 4 幅的速度创作油画或蚀刻版画的呢？像安东尼奥·斯特拉地瓦利这样一个地位卑下的公民怎样在一生中制作出 540 把小提琴、50 把大提琴和 12 把中提琴呢？

我现在不是讨论他们的头脑怎么能想出所有这些情节，听出所有这些旋律，看出各式各样的颜色和线条的组合，选择所有的木材。我只是奇怪体力的一面。他们是怎么做到这一切的呢？他们不睡觉吗？他们有时不花几个小时打打台球吗？他们从不疲倦吗？他们听说过"神经"这个东西吗？

在 17 和 18 世纪到处都是这种人：他们公然违抗卫生健康法则，大吃大喝所有对他们的身体有害的东西，根本没有意识到作为光荣的人类的一员所负有的崇高使命，但他们过着极为愉快的生活，其艺术和智慧的成果是非常了不起的。

出现在艺术和科学界的这种情形应用在像神学这种比较苛求的学科上同样正确。

走进 200 年前的任何一家图书馆，你会发现地窖和阁楼上都堆满了用皮革、羊皮纸和纸张装订的 12 开、18 开和 8 开的宗教小册子、布道书、论述、驳论、摘要和评论，上面尘土堆积，早已被人遗忘了，但无一例外都包含着大量而又无用的知识。

他们谈论的题目和使用的许多词汇对现代人来说已经失去了意义，可是这些发了霉的文字汇编却可以用于非常重要的目的。如果它们没有完成别的什么，至少还提出了事实，澄清了疑虑，或者解决了所讨论的问题，使所有有关人士满意，或者使读者相信那些特殊的问题并不是逻辑推理所能解决的，所以最好置之不理。

这听起来好像是讽刺挖苦的恭维话。不过我希望将来30世纪的批评家们在研究我们今天的文学和科学成就的遗迹时也能这样笔下留情。

巴鲁克·德·斯宾诺莎，本章的主角，在数量问题上并没有追求当时的时尚，他的全部著作只包括三四本小册子和几捆信札。

用正确的数学方法解决伦理学和哲学中的抽象问题所必需的研究工作量，会让普通的健康人望而却步，但正是它杀死了这个试图通过乘法表来理解上帝的可怜的肺结核病人。

斯宾诺莎是犹太人。不过那时的犹太人从未遭受过犹太隔离区的侮辱。他们的祖先在西班牙半岛定居的时候，那块地方还是摩尔人的一个省。西班牙征服以后，采取"西班牙人的西班牙"的政策，最后使国家陷于崩溃，斯宾诺莎一家被迫离开他们的老家。他们乘船来到荷兰，在阿姆斯特丹买了幢小房子，辛勤工作，省吃俭用，很快就成为"葡萄牙移民"中大名鼎鼎的最受尊敬的家族之一。

如果说他们的儿子巴鲁克意识到了他的犹太人血统，那么除了邻居小朋友的嘲讽，更多地要归结于在犹太法典学校接受的训练。由于荷兰共和国充满了阶级的偏见，无暇顾及种族的偏见，所以所有外来的民族可以在北海和须德海岸找到避难所，与其他民族过着和平融洽的生活。这是荷兰生活最显著的特征之一，当时的旅行家们在他们的"航行纪念"时从来不会遗漏这一点，这是合乎情理的。

在欧洲的其他大部分地方，甚至到了相当晚的年代，犹太人和非犹太人的关系远不是那么令人满意。导致这两个种族之间的无可救药的争吵的事实在于：双方同等的正确，又同等的错误，双方都

斯宾诺莎

振振有词地宣称是对方不宽容和偏见的受害者。根据本书提出的理论，不宽容仅仅是民众自我保护的一种形式，很明显，只要基督徒和犹太人忠诚于他们各自的宗教，就会认为对方是敌人。首先，双方都坚持他们自己信奉的上帝才是惟一的真正的上帝，所有其他民族的其他上帝全是假的。其次，他们是对方最危险的商业对手。犹太人来到西欧，就像最初来到巴勒斯坦一样，作为移民寻觅新家园。当时的工会，即"行会"，使得犹太人不可能找到职业，所以他们被迫开个当铺或银行聊以自慰，作为经济上的权宜之计。在中世纪，这两种职业非常相近，在正派的公民眼里，不是什么正经的行当。为什么教会直到加尔文时代还对金钱（税收除外）如此反感，认为拿利息是犯罪，实在让人难以理解。当然，没有一个政府会容忍高利贷，早在四千年以前，巴比伦人就通过一项针对那些企图利用别人的钱谋利的金钱交易者的严厉的法律。我们从两千年前写下的《旧约》的几章中读到，摩西曾经严厉禁止他的追随者以高利息借给别人钱，借给外国人除外。后来，包括亚里士多德和柏拉图在内的伟大的希腊哲学家们都表示不赞成从别人的钱中生出钱来。教会神父对这个问题的态度甚至更加明朗。在整个中世纪，放债人一直遭到强烈的蔑视，但丁甚至在地狱里为他的金融界朋友们专门准备了一个小壁龛。

从理论上也许可以证明，典当商和他的同事——银行里的人——是不受欢迎的公民，世界要是没有他们该多好啊。然而，只要世界不再是清一色的农业，我们就会发现，不借助于信贷，连最简单的商业业务都根本不可能开展起来，于是放债成了一种必需的罪恶（按照基督徒的看法），注定要下地狱的犹太人被迫从事这种必需的但没有一个受人尊敬的人愿意接触的行当。

就这样，这些不幸的流亡者被迫干上了这种不光彩的行当，这使他们自然而然地成为富人和穷人的共同敌人。一旦他们站稳脚跟，这些人便转而对付他们，谩骂他们，把他们锁在城市中最肮脏的地方，冲动之下还把他们作为不信教的恶棍绞死或作为基督教的叛徒烧死。

这一切都是如此愚蠢，而且是如此无知。无休无止的攻击和迫害并没有使犹太人喜欢他们的基督徒邻居。直接的结果是，大量第一流的智力从公共流通中退出了，成千上万聪明的年轻人，本来可以推进商业、科学和艺术事业，却把才智和精力浪费在了无用地研究那些深奥莫测的难题和钻牛角尖的诡辩的旧书上，数以百万计无依无靠的男孩女孩们注定要在散发臭味的小屋里过着畸形的生活，一面听他们的长辈讲他们是肯定会继承土地和土地上所有财富的上帝特选的子民，另一面却又被邻居的咒骂吓得要死，那些人不停地宣称他们是猪猡，只配上绞架或刑车。

让那些注定要在这种逆境中生活的人（不管是谁）保持一种正常的人生观是不可能的。

犹太人一次又一次被他们的基督徒同胞逼迫采取绝望行动，在盛怒之下起来反抗压迫者，于是他们又被称为"叛徒"、"不知报恩的恶棍"，受到更严重的侮辱和限制。但是这种限制只有一个结果，它增加了心怀怨恨的犹太人的数量，使其他人神经紧张，使犹太人聚居区成为受挫的雄心和暗藏的仇恨的可怕地区。

斯宾诺莎由于出生在阿姆斯特丹，因此幸而没有遭到他的多数亲戚与生俱来的苦难。他开始被送进犹太教堂（被恰当地称为"生命之树"）办的学校，他一学会希伯来文的动词变化以后，便被送到博学的弗朗西斯科·阿皮尼厄斯·范·登·恩德博士那儿，攻读拉丁文和科学。

弗朗西斯科博士，正如他的名字所示，出身于天主教徒家庭。传闻他是卢万大学毕业生，如果谁打算相信城中见识最广的教会执事的说法，那他就是个伪装的耶稣会教士，是个危险人物。不过这是胡说。范·登·恩德年轻时确实在天主教学校待过几年，但他对功课心不在焉。离开家乡安特卫普城以后，他来到阿姆斯特丹，自己开办了一所私立学校。

他有卓越的选择方法和鉴别能力，能让学生们喜欢古典课程。阿姆斯特丹的加尔文派自由民不顾他过去天主教的背景，情愿把孩子托付给他照顾，而且很自豪，因为他这个学校的孩子在六韵步诗和变格上总比当地其他学校的学生强。

范·登·恩德教小巴鲁克拉丁文。但是，作为科学领域的最新发现的热情追随者，以及乔达诺·布鲁诺的忠心崇拜者，他毫无疑问教给了这孩子一些正统犹太家庭一般不应提及的事情。

小斯宾诺莎一反当时的习俗，没有和其他学生同吃同住，而是住在家里。他的学识之渊博给他的家庭以如此深刻的印象，以至于亲戚们都自豪地把他称作"小教授"，并慷慨地给他零用钱。他没有把这些钱浪费在烟草上，而是买了哲学书。

有一个作者特别令他着迷。

那就是笛卡尔。

雷内·笛卡尔是法国贵族，出生在图尔和布瓦蒂耶交界处，一千年前，查理曼的祖父曾在这里挡住了穆罕默德征服欧洲。他不满十岁就被送到耶稣会接受教育，待了十年，成了一个惹人讨厌的人，因为这个孩子有自己的思想，拒不接受任何没"经过证明"的东西。耶稣会教士也许是世界上惟一知道如何调理这种难管的孩子、既不伤害他们的心灵又训练得很成功的人。要检验布丁，就要吃一吃；同样，要检验教育方法好坏，也要自己尝试一下。如果现代教育家学习耶稣会罗耀拉兄弟的方法，我们可能会有一些自己的"笛卡尔"了。

笛卡尔 20 岁时开始服兵役，他到了荷兰，在那里，拿骚的莫里斯已经彻底完善了他的军事体系，以至于他的军队成为希望当将军的雄心勃勃的年轻人的进修学校。笛卡尔对拿骚亲王司令部的造访也许有点不合常规。一个虔诚的天主教徒为新教徒首领服务！这听起来十分不忠。不过笛卡尔感兴趣的是数学和炮兵问题，不是宗教或政治。因此，荷兰和西班牙一停火，他就辞去职务，来到慕尼黑，一度在巴伐利亚的天主教公爵麾下效力。

但是那场战争没有持续多长时间，惟一一场重要的战斗是在拉罗谢尔附近进行的，胡格诺派正在抵御黎塞留。所以，笛卡尔回到法国，这样他可以学一点围攻的高级艺术。但是他开始厌倦军营生活，决定放弃军事生涯，致力于哲学和科学。

他自己有一笔小收入。他不想结婚，奢望也不多，只想过一种安静快乐的生活，而且如愿以偿。

我不知道他为什么选择荷兰作为居住地。不过这是一个充满印刷商、出版商和书店的国家，只要不公开攻击政府和宗教的现有体制，现有的有关检查的法律就形同虚设。况且，因为他从未学会他所移居的国家的语言的一个单词（这种语言对真正的法国人来说并不难），所以他能避开不喜欢的聚会和无用的谈话，能够把全部时间（每天差不多 20 个小时）用在自己的工作上。

对于一个当过兵的人来说，这种生活似乎很枯燥。但是笛卡尔有生活的目的，似乎非常满足于这种自我折磨的背井离乡的生活。在这么多年的经历中，他逐渐相信，世界仍被深不可测的无知包围着，被称做"科学"的东西其实与真正的科学毫无相似之处，在将古代的错误和荒谬的结构夷为平地之前，不可能有普遍的进步。这可不是件小事。但笛卡尔拥有无穷的耐心，到了 30 岁，他开始向我们奉献一个崭新的哲学体系。他为自己的工作所激励，在最初的提纲里加进了几何学、天文学和物理学。他用高尚的不带偏见的思想工作，这使得天主教宣布他是加尔文派，而加尔文派又咒骂他是无神论者。

这些喧闹就算传到他的耳朵里，也丝毫不会干扰他。他平静地继续自己的探索，最后安详地在斯德哥尔摩去世，他曾在那儿同瑞典女王谈论哲学。

在公元 17 世纪的人们中，笛卡尔主义（这个名称源于他的闻名遐迩的哲学）产生的影响，就如同维多利亚女王时代的达尔文主义。当一名笛卡尔主义者，在公元 1680 年是一件可怕的事，不光彩的事，它表明某人是既定社会制度的敌人，是索西奴斯教徒，是自认不能与其受人尊敬的邻居为伍的下等人。但这并没能阻止知识分子阶层中的大多数人如饥似渴地接受笛卡尔主义，就像我们的前辈接受达尔文主义一样。但是在阿姆斯特丹的正统犹太人中，这类问题甚至从未有人提及，在犹太法典和经文中都没有提到笛卡尔主义，因此它也就不存在。当巴鲁克·德·斯宾诺莎的思想中明显存在同样的东西时，只要犹太教会当局出面调查此事，采取官方行动，斯宾诺莎也会同样不复存在。

那时，阿姆斯特丹的犹太教会刚刚度过一场严重的危机。小巴鲁克 15 岁的时候，一个名叫尤里尔·艾考斯塔的葡萄牙流亡者来到阿姆斯特丹。他抛弃了在死亡威胁下被迫接受的天主教，又回归他父辈的信仰。可是这个叫艾考斯塔的家伙不是一个普通的犹太人，而是一个习惯于在帽子上插根羽毛、腰边佩把剑的绅士。那些在德意志和波兰学校受过训练的荷兰犹太教士的自高自大使他十分惊讶和不高兴，而他太骄傲，太不在乎，不去掩饰自己的观点。

在那种小社区内，如此公开的蔑视是不可能被容忍的。一场剧烈的斗争开始了。一方是孤独的梦想家，一半是无知，一半是贵族；另一方是铁面无情的法律卫道士。

这场斗争以悲剧告终。

首先，在当地警察局，艾考斯塔被控是几种否认灵魂不朽的亵渎神灵的小册子的作者，这使他与加尔文派教士发生了摩擦。但这件事很快得到澄清，指控也撤销了。随即犹太教会把这个顽固的反叛者逐出教会，剥夺了他的生计。

在以后的几个月里，这个可怜的人在阿姆斯特丹的街头流浪，最后贫困和孤独又驱使他回到族人中间。但是他要首先对自己邪恶的行径公开认罪，并遭受所有犹太教会成员鞭挞脚踢之后，才能被批准重新入会。这些侮辱使他精神错乱，他买了一支手枪，把自己的脑袋打开了花。

这一自杀事件在阿姆斯特丹的主要市民中引起诸多议论。犹太社区感到不能再冒引起另一场公开丑闻的危险。当"生命之树"的最有前途的学生已经被笛卡尔的新异端邪说所污染这一事实变得明显之时，犹太教会采取了直接的措施，试图把事情遮掩起来。他们找巴鲁克谈话，只要他答应行为规矩，继续去犹太教堂，不再发表或散布任何反对法律的言论，就可以给他一笔年金。

现在，斯宾诺莎是最后一个考虑这种妥协的人，他简洁明了地拒绝做任何这类事情。结果，根据那个著名的古老的《惩处准则》，他理所当然地被逐出教会。那个准则不留丝毫余地，全是照搬耶利哥时代的诅咒漫骂的字眼。

而这位五花八门的咒骂的受害者，却泰然坐在家里，从报纸上了解前一天发生的事情；甚至当一个狂热地信奉律法的人想结果他的性命时，他也不肯离开这座城市。

这对犹太教士的威信是一个沉重的打击。他们显然徒劳地祈求于约书亚和以西结的名字，在不到六年的时间里再次遭到公开的蔑视。情急之下，他们竟然求助于市政厅，他们请求和市长见面，告诉他这个刚刚被他们赶出教会的巴鲁克·德·斯宾诺莎的确是个最危险的人物，是拒绝信仰上帝的不可知论者，在阿姆斯特丹这样受人尊敬的基督教社区中不应该容忍这种人。

他们的长官有个好习惯，凡事不插手，而是推给牧师小组委员会处理。这个小组委员会研究了这个问题，发现斯宾诺莎并没有任何违犯城市法律的事，便如实向市政长官做了汇报。同时，他们觉得一个教派的人能如此团结是件好事，因此建议市长，请这个似乎独立性很强的年轻人离开阿姆斯特丹几个月，等事态平息了再回来。

从那以后，斯宾诺莎的生活就像他从卧室窗口看到的风景一样平静无奇。他离开了阿姆斯特丹，在莱顿附近的莱茵斯贝格村子里租了一间房子，白天打磨光学仪器的透镜，晚上抽着烟斗读书，或在灵感到来的时候写作。他一直没有结婚。有传闻说，他和他以前的拉丁文老师范·登·恩德的女儿有一段风流韵事，可是当斯宾诺莎离开阿姆斯特丹时那女孩才十岁，所以这似乎不太可能。

他有几个非常忠实的朋友，每年至少两次提出要给他一点接济，以便他能将全部时间致力于研究。他回答说，感谢他们的好意，但他更愿意独立。除了接受一个有钱的笛卡尔主义者每年给他80美元之外，他不再多要一分钱，生活在真正的哲学家的高尚的贫穷之中。

他曾经有机会去德国当教授，但他谢绝了。他收到口信说，著名的普鲁士国王愿意当他的资助人和保护人，他也给予了否定的回答，继续过他的平静快活的流亡生活。

在莱茵斯贝格住了几年后，他搬到了海牙。他的身体一直不好，半成品透镜的玻璃粉已感染了他的肺。

公元 1677 年，他孤零零地猝然去世。

使当地教士愤然的是，不下六辆宫廷重要成员的私人马车陪伴着这个"无神论者"直到墓地。200 年后，当纪念他的雕像落成的时候，不得不出动后备警察保护参加这个隆重仪式的人，使他们不被成群的狂热的加尔文教徒的怒火所伤害。

关于这个人，我们就谈到这里。他的影响如何？他难道只是一个把没完没了的理论塞进没完没了的书里、使用连奥马尔·卡雅姆都头痛的语言的勤奋哲学家吗？

不，他不是那样的人。

他取得的成就既不是靠他非同寻常的才智，也不是因为他的理论合理真实。斯宾诺莎是伟大的，主要是靠他的勇气的力量。他属于那种只知道一种法律的人，该种法律是在早已被忘却的遥远的黑暗年代为所有时代制定的不可更改的一套规矩，是为那些职业教士阶级创立的精神专制体系，他自命可以解释这个神灵的法典。

在他生活的世界中，知识自由的观念与政治上的无政府主义几乎是同义词。

他知道他的逻辑体系既会得罪犹太人，也会得罪非犹太人。

但他从不动摇。

他把所有问题都视为普遍问题，无一例外地把它们看做是一个无所不在的意志的体现，是终极现实的表现，它将适用于最后审判日，就像适用于创世之时那样。

他用这种方式为人类的宽容事业做出了巨大贡献。

斯宾诺莎像他之前的笛卡尔一样，摈弃了古老宗教体系设置的狭隘界线，在千百万先驱者的基石上，勇敢地建立起了一套他自己的崭新思想体系。

就这样，他使人类恢复了从古希腊和罗马时代就被歪曲的地位——宇宙真正的公民。

第二十二章　新的天国

没有理由害怕斯宾诺莎的著作会流传开来。他的书很像三角学教科书那么有趣，然而几乎没有人读过任何一章的两三句。

需要由另一种人向人民大众传播思想。

在法国，国家一旦转为专制君主制度，个人独立思考和调查的热情也就终止了。

在德国，紧跟着"三十年战争"而来的是贫穷和恐怖，它扼杀个人的创造力至少达 200 年之久。

17 世纪下半叶，英国是欧洲大国中惟一一个可能沿着独立思考道路前进的国家，国王与议会间的长期争吵增加了不稳定的因素，结果却极大地帮助了个性自由的事业。

首先我们要谈谈英国君主。多年来，不幸的君主们一直夹在天主教的魔鬼和清教的深海之间。

他们的天主教臣民（包括许多暗地里投靠罗马的圣公会教徒）一直叫嚷着要回到英国国王当教皇仆从的幸福时代。

另一方面，清教的臣民却用一只眼睛紧紧地盯着日内瓦这个楷模，梦想着英国有一天没有什么国王，英格兰成为隐藏在瑞士山脉的一个小角落里的那个幸福的共和国的复制品。

问题还不止于此。

统治英格兰的人也是苏格兰的国王，苏格兰臣民在宗教方面清楚地知道他们需要什么。他们完全相信自己是对的，所以坚决反对良心自由的思想。在他们看来，在新教徒的土地上有其他教派存在，还能信仰自由，这简直就是邪恶。他们坚持认为，不仅天主教徒和再洗礼会教徒应该被赶出不列颠群岛，而且索西奴斯教徒、亚美尼亚教徒、笛卡尔主义者，总之所有在存在一个活着的上帝方面与他们观点不同的人，统统应该被绞死。

新的天国

然而，这个三角冲突产生了一个意想不到的结果。这使得那些被迫在相互充满敌意的教派之间维持和平的人不得不采取宽容的态度。

如果斯图亚特王朝和克伦威尔在一生的不同时间里都坚持所有教派享有同等的权利——历史告诉我们他们也是这样做的——那绝对不是由于他们对长老会教徒和高教会教徒有什么偏爱，或者是他们受到那些教徒的爱戴。他们只是在一个非常困难的交易中争取最好结果。马萨诸塞湾殖民地发生了可怕的事情，一个教派最后变得权力巨大，这告诉我们，如果英国的许多相互争斗的教派中的任何一个建立了对整个国家的绝对专制，那么英格兰的命运会变成什么样子。

当然，克伦威尔达到了为所欲为的程度，但是这位护国公是个非常明智的人，他知道他的统治是靠钢铁军队维持的，便小心地避免会使他的反对者联手对付他的极端行为或法令。不过，除此之外，他的宽容思想就没有下文了。

至于可怕的"无神论者"——也就是前面提到的索西奴斯教徒、亚美尼亚教徒、笛卡尔主义者和其他主张享有神圣权力的人——他们的处境仍然像以前一样艰难。

当然，英国的"自由主义者"有一个巨大的优势。他们靠近大海，只要经受住36个小时的晕船就能到达安全的避难所——荷兰的城市。因为，荷兰城市的印刷厂出版南欧和西欧大多数遭禁的文学作品，因此穿越北海就意味着去出版商那儿领取版税，还可以看一看思想反抗文学的最新发展。

不少人利用这个好机会进行安静的研究和宁静的思考，其中最

新世界的冬天

有名望的莫过于约翰·洛克。

他和斯宾诺莎同年出生。他像斯宾诺莎一样（实际上就与大多数独立的思想家一样）是一个虔诚信教的家庭的儿子。斯宾诺莎的父母是正统的犹太教徒，约翰的父母亲则是正统的基督徒。毫无疑问，当他们用不同教旨的严格教义训练孩子时，都是出于好意。不过这样的教育不是摧毁孩子们的心灵，就是使他们变成叛逆。约翰同巴鲁克都不是那种易于屈服的人，他们紧咬牙关，离开家门，出去自谋生路。

20岁时，洛克来到牛津，在那里他第一次听说了笛卡尔。可是在凯瑟琳大街尘土堆积的书店里，他发现了其他一些对他口味的书，譬如那里有托马斯·霍布斯的著作。

霍布斯是个有趣的人物，曾在马格达朗学院求过学。他总不安分，去过意大利，和伽利略谈过话，与伟大的笛卡尔有过书信往来，在欧洲大陆度过了他一生中的大部分时光，为的是逃避清教徒的怒火。其间他完成了一本大部头的书，包含了他对所有可以想到的题目的观点，并用了一个引人注目的书名：《极权主义国家，或基督教会和非宗教共和国的物质、形式和权力》。

这本博学巨著问世的时候，洛克正在大学里上二年级。该书坦率地指明了君主的本质、权力，尤其是他们的责任，就连最彻底的克伦威尔分子也不得不赞同。许多克伦威尔支持者都倾向于宽恕这个一贯抱怀疑态度的托马斯，因为他尽管是一个坚决的保皇派，却在一本重量不足五磅的书里揭露了保皇派的虚伪。当然，霍布斯属于那种不易划分类别的人。当时的人称他是"不拘于教条的人"，意思是，他更感兴趣的是基督教的伦理，而不是基督教的教义，主张允许人们在非关键的问题上有一定程度的"自由"。

洛克与霍布斯具有相同的气质。他也一生都在教会，直到生命的最后一刻，但他又从心底赞同对生活和信仰应做开明大度的解释。他和朋友们认为，如果一个国家除掉一个暴君（戴金冠的），只是导致另一个暴君（戴黑色垂边帽的）重新滥用权力，那有什么用处呢？为什么今天要放弃对这一拨教士的忠诚，而第二天又接受另一拨同样傲慢专横的教士的统治呢？无疑，从逻辑上讲洛克是对的，不过是不可能被某些人接受的，对他们来说，如果"自由主义者"一旦成功，把僵化的社会体系变成在伦理上有争议的社会，他们就会丢掉饭碗。

尽管洛克似乎是一个具有极大个人魅力的人，有几个颇有势力的朋友，能保护他不受好奇的地方长官的怀疑，但是没过多久，他便不能再逃避"无神论者"的嫌疑了，这一天终于来临了。

事情发生在公元1683年的秋天，洛克此时来到阿姆斯特丹。斯宾诺莎已去世六年了，但荷兰首都的学术气氛仍然充分自由，洛克就有机会学习和写作，丝毫不受当局的干涉。他是个很勤奋的人，在流亡的四年间写下了著名的《关于宽容的信》，这使他成为我们这本小历史书的主角之一。在这封信中（在反对者的批评之下，后来发展成了三封信），他断然否定国家有权干涉宗教。洛克认为（这源于另一个流亡者，法国人皮埃尔·贝尔，那时他住在鹿特丹，正在编撰令人难以置信的博学的个人百科全书），国家只是为了相互间的利益和安全、由一批人创立和维持的一个保护性的组织。这么一个组织为什么要擅自发号施令，让公民个人信仰什么、不信仰什么，洛克和他的信徒不理解。国家并没有规定他们应该吃什么喝什么，为什么非要强迫他们去这个教堂而不许去那个教堂呢？

公元 17 世纪是一个奇怪的宗教妥协的时代，这是新教不彻底的胜利的结果。

意在结束所有宗教战争的《威斯特伐利亚和约》规定了"所有臣民都必须遵从他们统治者的宗教信仰"的原则。因此，一个公国（大公爵是路德教徒）的臣民全是路德教徒，而其邻国（男爵恰好信奉天主教）公民全是天主教徒。

洛克推理说："如果国家有权力强行规定人们的灵魂的归宿，那么就有一半人预先注定要进地狱，因为既然不可能两种宗教都正确（按照《教义问答手册》第一条的说法），那么生在边界线这一边的肯定会进天堂，而生在另一边的则注定要下地狱。这样一来，出生时的地理位置的偶然性便能决定一个人的灵魂将来能否被拯救。"

洛克没有把天主教徒包括在他的宽容计划中，这是令人感到遗憾的，但是可以理解。对公元 17 世纪的不列颠百姓来说，天主教不是一种宗教形式，而是一个政党，它从来没有停止过危害英国的安全，它建立了"无敌舰队"，还弄来大桶大桶的炸药要摧毁本该是友好国家的议会。

所以洛克拒绝把他愿意授予殖民地的异教徒的权利给予天主教徒，并要求继续把天主教徒排斥在英王陛下的领地之外，但这只是因为他们危险的政治活动，不是因为他们拥有的信仰不同。

要听到这种观点就必须让时光倒转 16 个世纪。当时的一个罗马皇帝曾经制定一条著名的原则：宗教是个人同他的上帝之间的事，如果那个上帝感到自己的尊严受到了损害，他完全有能力照顾自己。

英国人在不到 60 年的时间里经历了四次政府的更迭，他们较容易明白这种基于常识的宽容理想所包含的基本道理。

当公元 1688 年奥兰治的威廉渡过北海时，洛克也同英格兰新女王一起乘下一艘船回到英国。从此，他的生活安定无事，到他 72 岁高龄去世之时，人们只知道他是一个受人尊敬的作家，不再把他看做异教徒了。

内战是一件可怕的事情，但也有一大好处：它可以净化气氛。

公元 17 世纪英国的政治分歧彻底耗尽了这个国家的多余精力，当其他国家的公民还在为三位一体和生前就注定入地狱等问题相互拼杀的时候，在大不列颠，宗教迫害已经停止。偶尔有一个像丹尼尔·笛福那样过于放肆批评国教的人，也许会与法律发生不愉快的碰撞。不过这位《鲁滨逊漂流记》的作者被戴上颈手枷，不是因为他是业余神学家，而是因为他是个幽默家。盎格鲁·萨克森民族自远古时代就对讽刺有一种天生的怀疑。假如笛福写的是一部严肃捍卫宽容的书，顶多被申斥一顿了事。他把对教会暴政的攻击融进一本半幽默的小册子——名叫《不信奉国教者的捷径》，这表明他是个不知体面的粗人，他到监狱里与小偷为伍也就不足为怪了。

即使那时，笛福还是幸运的，因为他的旅行从没有超出不列颠群岛。不宽容从母国被赶出去以后，在大洋彼岸的某些殖民地找到了备受欢迎的避难所。与其说这归因于移居到这些刚刚被发现的土地上的人们的性格，不如说是因为"新世界"确实比旧世界提供了更大的经济优势。

英格兰是个小岛，人口稠密，只能为它的大部分居民提供立足之地，人们如果不愿意实行古老可敬的"平等交换"的规则，所有的商业很快会终止。但是在美国，一个地域不知有多大、富裕得令人难以置信的国家，一个只有很少的农民和工人的大陆，这种妥协就没有必要了。

于是，在马萨诸塞湾岸边的一个小小的共产主义的定居点，能够发展成为自诩正确的正统学说的堡垒，自从加尔文在瑞士西部充当了警察署长和最高审判长以后，这种地方还从来没有出现过。

在寒冷的查尔斯河地区的第一批永久居民的荣誉通常属于被称为"朝圣者之父"的一小批人。"朝圣者"这个词通常含义是指"为表达宗教虔诚而专门去圣地朝拜的人"。按照这个意思，"五月花"号轮船的乘客并不是朝圣者，他们是英国的泥瓦匠、裁缝、制鞋匠和修车匠，他们离开自己的国家是为了逃避仍然主宰他们周围大部分教堂的某种可恨的天主教教义。

首先他们渡过北海来到荷兰，在那里他们遇到了经济大萧条。教科书常常把他们继续旅行的原因归结为他们不愿意让自己的孩子学习荷兰语，否则就会被这个居住国同化。然而，这些淳朴的人似乎不大可能如此忘恩负义，有意选择一条最受指责的道路。事实是，他们大部分时间不得不住在贫民窟里，他们发现在一个人口已经过度稠密的国家里谋生非常困难。他们期望在北美洲种植烟草比在莱顿梳理羊毛得到的收入更高，于是他们驾船前往弗吉尼亚，却被逆流抛在了马萨诸塞岸边，他们的驾船技术又差，故决定就地住下，不再冒险乘着破船继续航行了。

但是他们尽管逃脱了被淹死和晕船的危险，他们的处境仍然十分危险。他们大部分人来自英格兰内地的小城镇，缺乏开拓生活的能力。寒冷粉碎了他们的共产主义思想，不息的狂风冷却了他们的公民的热情，食物的匮乏夺去了他们妻子和孩子的生命，最后，只有很少的人熬过了头三个冬天。他们本性善良，习惯了祖国的粗略和质朴的宽容，可是他们被后来的成千上万的新的殖民地开拓者完全淹没了。那些后来者无一例外全是更严厉、更不妥协的清教徒，他们把马萨诸塞变成了查尔斯河畔的日内瓦，为时达数世纪之久。

为了生活，他们拼命抓住那一小块土地不放，时时处于灾难的边缘，他们感到比从前任何时候都更倾向于从《旧约》中为他们所想所做的所有事情找到依据。他们与彬彬有礼的人类社会和书籍隔绝了，开始形成他们自己的奇特的宗教精神。他们把自己看做是摩西和纪登的继承人，很快会成为西部印第安人的马卡比（拯救叙利亚犹太人脱离希腊王暴政的人）。他们没有什么可以说服自己过这种艰苦乏味的生活，只能相信他们受难是为了惟一的真正的信仰。还由此得出结论（很容易得出这个结论），所有其他的人都是错误的。于是他们就粗暴地对待那些与他们观点不一致的人、那些含蓄地认为清教徒的做事和思考方式并非惟一正确方式的人。于是，他们将所有并无危害的持异议者排除在他们的国家之外。这些持异议者不是被无情地鞭笞一顿赶到荒野里，就是被割去耳朵和舌头，除非他们万幸逃到邻近的瑞典和荷兰的殖民地。

马里兰的基础

除了以间接的、无意识的方式之外，这块殖民地并没有对宗教自由或宽容事业做出任何贡献，这在人类进步的历史中是很常见的。他们的宗教专制的暴力引起了赞成自由的政策的反应。在差不多两个世纪的教士专制以后，新的一代崛起了，他们是各种形式的教士统治的公开的敌人，他们深信政教分离的必要性，对祖先把宗教和政治混为一体十分反感。

幸运的是，这种发展发生得很缓慢，直到大不列颠和它的北美洲殖民地的敌意爆发之前危机才出现。结果，美国宪法的起草者不是自由思想家，就是旧式加尔文主义的秘密敌人，他们将某些高度现代化的原则融进了这个文件，事实证明，这些原则在维持共和国的和平稳定中是有巨大价值的。

可是在这以前，"新世界"在宽容领域里已经经历了一次最出人意料的发展，尤其奇怪的是，它发生在一个天主教社区里，在现在马里兰州的一个地方。

这场有趣的试验的领导者是卡尔佛特家族，原籍是佛兰芒，不过后来迁居到了英国，为斯图亚特王朝效劳，而且干得很不错。他们起先是新教徒，但是乔治·卡尔佛特——国王詹姆士一世的私人秘书和总管——烦透了当时人们在神学问题上无用的争论不休，便又回到古老的信仰上。老的信仰不管是好是坏，还是不好不坏，毕竟它黑的就说是黑的，白的就说是白的，不把每项教义的最后解释权留给一帮半文盲的教士。

这个乔治·卡尔佛特似乎是一个多才多艺的人。他的倒退（那时是一项很严重的罪名！）并没有使他丧失他的皇室主人对他的恩宠。相反，他被封为巴尔的摩男爵，而且当他在计划为受迫害的天主教徒建立一小块他自己的殖民地时，王室还许诺给予各种帮助。他先在纽芬兰试试运气，但是他的移民耐不过那儿的寒冷，于是他申请在弗吉尼亚要了几千平方英里的土地。然而，弗吉尼亚人是坚定的圣公会教徒，他们也不愿与这些危险分子为邻。巴尔的摩男爵于是申请得到弗吉尼亚和北部荷兰与瑞典殖民地之间的一片荒野，但没等拿到特许状他就死了。他的儿子塞西尔继续完成这件好事，公元 1633 年至公元 1634 年冬天，"方舟"号和"鸽子"号两只小船在乔治的兄弟伦纳德的指挥下，越过大洋，于公元 1634 年 3 月满载乘客安全抵达切萨皮克海湾。这个新国家被叫做马里兰，这个名字是为了纪念法兰西国王亨利四世的女儿玛丽。亨利四世本来计划建立一个欧洲各国联盟，却被一个疯狂的教士用匕首暗杀了。玛丽成为那位不久后在清教徒臣民手里掉了脑袋的英国国王查理一世的妻子。

马里兰这块殖民地的确与众不同，它不灭绝印第安邻居，对天主教徒和新教徒也提供平等的机会，度过了许多困难的年月。首先，它遭到了圣公会教徒的蹂躏，他们是为了逃避马萨诸塞的清教徒残酷的迫害才来的。后来它又遭到清教徒的入侵，他们是为了逃避弗吉尼亚圣公会教徒的残酷迫害。这两伙逃亡者，带着他们那种人惯有的傲慢本性，都竭力把自己的"正确信仰"带进这个刚刚给他们提供安身之地的地方。由于"所有可能引发宗教狂热的争执"在马里兰的土地上都被明令禁止，因此，老移民者完全有权力命令圣公会教徒和清教徒和平共处。但是不久，在他们的祖国爆发了保皇党和圆颅党之间的战争，马里兰人害怕不管哪一方获胜，他们都会丧失过去的自由。因此，公元 1649 年 4 月，刚刚获得查理一世被处以极刑的消息不久，在塞西尔·卡尔佛特的直接建议下，他们通过了著名的《宽容法案》，其中有这样一段精彩的内容：

"由于在宗教问题上，对思想的高压统治在实行这种制度的社会里常常产生非常有害的后果，为了本省政权的更加安定和平，为了更好地保护本省居民相互之间的友爱和团结，特此决定，不得以任何宗教或宗教信仰为理由，对本省所有非信仰耶稣基督的人进行干预、骚扰和迫害。"

在一个耶稣会会士占据有利地位的国家里，能够通过这样的法案，表明巴尔的摩家族具有杰出的政治能力和非凡的勇气。这种宽宏大度的精神在很大程度上受到一些客人的赞扬，当年就显示出来了。一伙清教徒逃亡者推翻了马里兰的政府，废除了《宽容法案》，以他们自己的《关于宗教的法案》取而代之，授予所有宣布自己是基督徒的人充分的宗教自由，但"天主教徒和圣公会教徒除外"。

幸运的是，这个反动的时期没有持续多久。公元 1660 年斯图亚特家族重新当权，巴尔的摩家族也恢复了在马里兰的统治。

对他们的政策的又一次攻击来自另一方，圣公会教徒在他们的祖国大获全胜，因此坚持他们自己的教会成为所有殖民地的官方宗教。卡尔佛特家族继续奋战，但他们看到，要把新移民者吸引到自己这一边是不可能了。不久，经过了又一代人的斗争，这次试验结束了。

新教徒胜利了。

专制也胜利了。

第二十三章　太阳王

18 世纪通常被称为专制主义的年代。在信仰民主的年代里，专制政府无论多么开明，都不会被认为是理想的政府形式。

对人类怀有善意的历史学家也都倾向于对路易十四这位伟大的君主伸出嘲笑的手指，并让我们自己去得出结论。这个聪明的国王登上王位的时候，在他继承的国家里，天主教和新教两派势均力敌。他们经过一个世纪的相互残杀（形势大大有利于天主教徒），最后终于达成了和平，并许诺将对方作为不受欢迎但无法躲避的邻居和同胞接受下来。公元 1598 年颁布的"永久的和不可撤销的"《南特敕令》包括了双方达成的协议条款，即：天主教为国教，但新教徒享有充分的信仰自由，不得因其信仰而遭迫害；他们还被允许建造自己的教堂和担任公职。为了表示诚意，新教徒获准掌管法国境内200 个城堡和村庄。

当然，这是不可能实现的安排。胡格诺派教徒不是天使，把法国 200 多个繁荣的城市和乡村交给一个誓与政府为敌的政党手中，是荒谬无稽的。

黎塞留是个聪明的统治者，他认识到了这一点。经过长期斗争，他剥夺了新教徒的政治权利，但却小心翼翼地避免干涉他们的宗教自由，尽管他本人的职业是红衣主教。胡格诺派教徒不能再与国家的敌人进行单独的外交谈判了，但在其他方面，他们享有的权利还和从前一样，可以唱赞美诗，听布道，悉听尊便。

继黎塞留之后，下一个在实际意义上统治法国的是马扎然，但是他于1661年就去世了。年轻的路易十四开始亲自统治他的国家，他执行与黎塞留类似的政策，码头的时代结束了。

看起来最不幸的事情是，当这位聪明但声名狼藉的陛下一生中只有一次不得不与正派人为伴的时候，却落入了一个也是宗教狂热分子的女人之手，她叫弗朗索丝·多碧娜，是雇佣文人斯科隆的遗孀。她在法国王宫中担任路易十四和蒙特斯潘侯爵夫人七个私生子女的家庭女教师，并由此开始发迹。等到那位夫人的春药丧失了预期效果，国王开始偶尔表露出厌烦的时候，这位家庭女教师便取而代之。但她与国王以前所有的情妇都不同，在同意搬入国王的寝宫之前，巴黎大主教为她和这位圣路易后裔的婚礼举行了正式的宗教仪式。

在以后的20年里，王位后面的权力就落入了这个完全听凭她的忏悔神父摆布的女人之手。法国的教士们从来没有原谅过黎塞留或马扎然对新教徒的和解态度。现在他们终于有机会破坏那些明智的政治家的成就了，便起劲地大干起来，因为他们不仅是王后的官方顾问，而且还是国王的银行家。那又是一个奇怪的故事。

在过去的八个世纪里，修道院积聚了法国的大部分财富。由于

国王的废纸篓

国库长久空虚，他们却不向国家交税，因而他们过剩的财富就非常重要了。国王陛下——他的荣耀要比他的信誉大得多——乐得利用这个机会，重新填满了自己的金库。作为他给支持他的教士进行庇护的交换条件，他被允许随意向教会借钱，想借多少就给多少。

　　这样一来，"不可撤销"的《南特敕令》的各项条款一项一项地被撤销了。起初，新教虽然还没有被禁止，但是坚持忠于胡格诺事业的人的生活总是令人恼怒地得不到安宁。整团整团的龙骑兵来到那些被认为是错误教义最顽固的省份，士兵被分配住进当地居民的家中，他们得到指示，可以为所欲为。他们吃肉喝酒，偷走叉子和勺子，毁坏家具，侮辱安分公民的妻女，就好像他们在被征服的国土上一样。当那些可怜的房东在绝望之下冲到法庭要求赔偿和保护时，却遭到了嘲笑，还被告知这是他们自作自受，自己应该清楚知道怎样摆脱这些不受欢迎的房客，重新博得政府的好感。

只有很少的人听从了这个建议，找了一个最近的乡间牧师接受洗礼。但是这些淳朴的人绝大部分还是坚持忠于自幼就信仰的理想。最后当他们的教堂一个接着一个被关闭，他们的教士被送上轮船做苦役时，他们才开始明白他们的命运注定如此。他们不愿屈服，便决定流亡国外。当他们到达边境时，却被告知任何人也不许离开这个国家，如有此事，抓住就被绞死，同谋者会被送到轮船上，终生做苦役。

显然，有些事情是这个世界永远都不会知道的。

从古埃及法老时代到列宁时代，所有政府也都不时地试图实行"关闭边境"的政策，但没有一个曾获得成功。

那些决意要走、愿意冒各种危险的人，总是可以找到一条道路的。成千上万的法国新教徒通过"地下通道"，不久就出现在伦敦、阿姆斯特丹、柏林和巴塞尔。当然，这些逃亡者不可能携带大量现金，但他们是以诚实勤劳而闻名的商人和工匠，信誉很好，精力又充沛，没过几年便重新发达起来，就像在原来那个国家一样，他们祖国的政府则失去了一笔活生生的经济财富，而这笔财富的价值是不可估量的。

的确，可以毫不夸张地说，《南特敕令》的取消是法国大革命的前奏。

法国一直是而且当时仍然是一个十分富有的国家，但是商业和宗教从来没有能够合作。

从法国政府拜倒在女人的石榴裙和教士的黑袍之下的那一刻起，她的命运就注定了。曾经颁布命令驱逐胡格诺教徒的那支笔，后来也签署了路易十六的死亡书。

第二十四章　腓特烈大帝

　　霍亨索伦王族从来也没有因为热衷于为大众所接受的政府形式而闻名。但是这个头脑清醒的记账员和监督员的家族在被巴伐利亚的维特尔斯巴赫家族的疯狂气质腐蚀之前，还是为宽容事业做了一些非常有益的贡献。

　　在部分意义上，这是实际需要的结果。霍亨索伦王族继承了欧洲最贫穷的地方，大片大片的沙地和森林，只有一半的地方有人居住。"三十年战争"已经使得霍亨索伦王族濒临崩溃，他们既需要人，也需要资金。为了重新振兴家族，他们四处招揽人才，不论其种族、信仰和以前的卑贱身份。

　　腓特烈大帝的父亲是个粗俗的人，言谈举止像个采煤工，个人趣味与酒吧招待无异。不过当他会见外国流亡者代表团时，倒是能彬彬有礼。在所有涉及他的王国的重要统计数字的事情上，他的座右铭是"越多越好"。他招纳被其他各国剥夺继承权的人，就像他选拔 6 英尺 3 英寸高的掷弹手作为卫队一样精心。

他的儿子与他不同，是一个非常有教养的人。他的父亲不允许他学习拉丁文和法文，可他偏要专门研究这两种语言。他喜欢蒙田的随笔胜过路德的诗歌，喜欢爱比克泰德的智慧胜过喜欢先知的智慧。他的父亲按照《旧约》中的教义对孩子很严厉（为了给他一个教训，让他懂得服从，他的父亲命令把他最要好的朋友在他的窗前斩首），但这没有使他的心灵倾向于正直的犹太理想，而那时路德派和加尔文派牧师都对此赞不绝口。腓特烈认为所有的宗教是史前时期的恐惧和无知的遗留物，是一种被一小撮聪明却又无耻的家伙小心操纵的奴性状态，这些家伙知道如何利用自己的优越地位通过损人利己来取乐。腓特烈对基督教颇感兴趣，甚至对基督本人的兴趣更大，但是他是按照洛克和索兹尼的观点来对待这个问题的，因此，至少在宗教问题上他是个宽宏大量的人，而且完全可以骄傲地说，在他的国家里，"每个人都能按照自己的方法寻求被拯救"。

　　这种英明言论为他沿着宽容的道路做进一步的试验奠定了基础。例如他颁布法令，宣布只要宣称信奉宗教的人是正直的，过着正派和遵纪守法的生活，那么所有的宗教就都是好的，因此所有的教义都必须享有同等的权利，政府必须永远不干涉宗教事务，只需扮演警察的角色，维持不同宗派之间的和平就足够了。他的确相信这一点，只要求他的臣民顺从和忠诚，把对思想和行为的最终评判权留给上帝，"只有上帝才了解人类的良心"。他从不冒险发表意见，从不相信神需要人的帮助、运用暴力和残暴手段可以推行神的旨意。

　　腓特烈的思想超越了他的时代好几百年。当这位国王陛下在首都的中心给他的天主教臣民拨出一块土地，让他们修建自己的教堂时，当时的人都摇头不止。当他出面保护刚刚被大多数天主教国家赶出来的耶稣会成员时，人们开始嘟哝一些恶毒的警告。而当他宣称道德和宗教彼此没有任何关系，只要依法纳税和服兵役，人人都可以随自己的意愿信奉各种宗教时，人们再也不认为他是个基督徒了。

由于当时这些批评者恰好都生活在普鲁士境内，也就只好缄口不言了。因为陛下是个警句大师，皇家法令页边上的一句妙语，足以让那些在这些或那些方面惹他不快的人一生头痛的了。

然而事实上，正是这个至高无上的一国之君，独揽大权30年的独裁者，第一次使欧洲尝到了几乎是完全的宗教自由的滋味。

在欧洲这个偏远的角落里，新教徒、天主教徒、犹太人、土耳其人和不可知论者平生第一次享受到了平等的权利和平等的特权。喜欢穿红外套的人不能对穿绿外套的人称王称霸，反之亦然。

那些回到尼西亚寻找精神安慰的人，被迫与那些既和魔鬼打交道、又和罗马主教打交道的人和平友好地相处。

有人说，腓特烈完全满意于他的努力成果，对此我很怀疑。他在大限将近之时，让人牵来了他忠实的狗。在这重要的时刻，它们看来是比"所谓的人类"更好的伴侣。（陛下是一个能力很强的报刊专栏作家。）

他就这样去世了，他像罗马皇帝马可·奥勒留一样生不逢时，但他像他的先辈一样，给他的继承者们留下了一份非常非常好的遗产。

第二十五章 伏尔泰

在当今时代里，我们常常听到关于新闻宣传员不法活动的议论，许多好人都指责"宣传"是现代魔鬼的一项成功发明，是吸引人们注意某个人或某项事业的一种新奇的、声名狼藉的方法。不过这种责备自古就有。一般认为"宣传"是最近才发明的东西，但如果不带偏见地看待过去的事件，就会发现这与事实完全相抵触。

《旧约》中的预言家们，不管大小，都是吸引老百姓注意力的大师。用新闻专业的话说，希腊和罗马的历史是一长串连绵不断的"宣传噱头"。有些宣传是高尚的，但很大部分是现在连百老汇都会拒绝的明显厚颜无耻的东西。

像路德和加尔文这样的改革家完全理解预先精心炮制的宣传的巨大价值。我们不能责怪他们。有些人像路边的雏菊一样，谦卑地愉快地生长，但他们不是那种人。他们非常认真，他们想让自己的观点存在下去发扬光大。如果不吸引一大群追随者，他们如何期望能够获得成功呢？

像托马斯·肯姆皮斯这样的人，可以由于在一个修道院的安静角落里生活了 80 年而产生巨大的道德影响力，因为这种长期的自愿流放，如果适当地加以宣传（就像已经做过的那样），就会成为一个极好的卖点，让人们感到好奇，要去阅读那本经他一生祈祷和思考结晶的小书。方济各的弗朗西斯或罗耀拉，希望在有生之年看到自己的工作成果，不管情愿不情愿，他们一定要求助于现在常常与马戏团或电影新星联系在一起的方法。

基督教特别强调谦虚，赞美那些精神谦卑的人。但是赞扬这些美德的布道却是在现在还成为人们谈论的话题的情况下进行的。

难怪那些被谴责为教会之大敌的男人和女人，在向统治西方世界的精神宗教展开伟大的斗争时，都从《圣经》上撕下一页来，并采用某种相当明显的宣传手法。

伏尔泰去法国上学

我这里略作解释，是因为这位自由宣传领域最伟大的能手——伏尔泰，经常因为有时不择手段地利用公众意识而受到责备。也许他并不总是显示出高雅品位，但是那些被他救过命的人或许不这么看。

进一步说，就像检验布丁要通过品尝一样，像伏尔泰这样的人，衡量他的成功或失败，应该根据他实际上为他的同胞做了什么贡献，而不是根据他对长袍、玩笑或壁纸的偏好。

有一次，这个怪人忽然怀着理所当然的自豪感，说："我没有王权又有什么关系？我有一支笔。"他说对了。他有一支笔，他有许多支笔。他是鹅的天敌，因为他使用的鹅毛管比20个普通作家还要多。他属于文学巨人那一类人，孤身一人在最可怕的逆境中也能写出与现代所有体育专栏作家全体一样多的文章。他在肮脏的乡村客栈里伏案疾书，他在冰冷孤独的乡下客房里创作出了难以数计的六韵步诗歌。他的潦草的手稿散乱地堆满了他在格林尼治寄宿的屋子的破地板上。他把墨水飞溅到普鲁士王宫的地毯上，还使用了大量印有巴士底狱监狱长名字的私人信笺。当他还在玩滚铁环和做弹球游戏时，尼农·德·兰克罗曾送给他一笔数目可观的零用钱，让他"买些书读"。80年后在巴黎的一个城镇里，我们听见他说要一捆大页纸和无限量的咖啡，以便在无法逃脱的黑暗和长眠到来之前再写完一部书。

但是，他撰写的悲剧、小说、诗歌、哲学和物理学的论文，都不值得本书用整整一章的篇幅加以评论。他的诗并不比同时代的随便50个十四行诗人写得好。作为历史学家，他的资料并不可靠，而且乏味得很。他在科学领域的探险也就是我们在星期日的报纸上看到的那种东西的水平。

但作为所有愚蠢、狭隘、顽固和残忍之人的勇敢而不屈不挠的敌人，他的影响却一直持续到 1914 年第一次世界大战爆发之前。

伏尔泰生活的时代是个走极端的时代。一方面是早已无用的极端自私和腐败的宗教、社会和经济制度；另一方面，有一大批积极但过分热忱的青年男女，准备实现千年的太平盛世，但除了他们的良好愿望外，完全没有其他的实际基础。幽默的命运把这位不引人注意的、苍白而略带病容的公证员的儿子扔进了鲨鱼和蝌蚪的大漩涡里，命令他要么溺死，要么游出来。

他选择了游泳，冲到岸边。他在长期同逆境作斗争当中所使用的方法，其性质常常是令人怀疑的。他乞求，谄媚，充当小丑的角色，但这是在没有版税和著作权代理人之前的年代。让这个从来也不为混饭吃而粗制滥造作品的人抛出第一块石头吧！

再给伏尔泰多扔几块砖头，他也不会太在意的。在他献身于与愚蠢作斗争的漫长而忙碌的一生中，经历了太多的失败，不会再在

伏尔泰去英国上学

乎被当众打一顿或是挨了人家扔来的香蕉皮这类小事。但他是一个不管遇到什么挫折都不屈不挠、兴致勃勃的人。如果今天他必须在陛下的监狱里消磨时光，明天他又会在驱逐他的同一个宫廷里得到一个高贵的有头衔的职位。如果说他的一生都被迫聆听那些愤怒的乡村教士骂他是基督教的敌人，那么在一个塞满了昔日情书的碗橱的某个角落里，不是有那枚教皇赠送给他的漂亮的勋章吗？不是证明他既能受到圣教会的赞许，也能受到它的非难吗？

这是不足为奇的。

他尽情地享受人间的快乐，年复一年、日复一日地过着奇怪的、丰富多彩的生活。

按家庭出身，伏尔泰属于上等的中产阶级。他的父亲，由于缺乏一个得体的名称，我们可以称之为开私营信托公司的那类人。他是一批富豪贵族的心腹差役，照顾他们的法律和财务利益。因此，年轻的亚鲁艾（这是他家族的姓）习惯于接触稍高于自己的社会阶层，这在后来的生活中给予了他压倒大多数文学对手的有利条件。他的母亲原是德·奥玛尔德小姐，是个穷姑娘，没给丈夫带来一分钱的嫁妆。但是她的姓前拥有一个小小的"d"字①，所有法国中产阶级（以及所有欧洲人，特别是一些美国人）对此都肃然起敬，她丈夫也觉得获得这样的奖赏相当幸运。她的儿子也沉浸在被封为贵族的外祖父母给他带来的荣耀里，他一开始写作就把带有平民色彩的弗朗索瓦·玛利·亚鲁艾改为更具贵族色彩的弗朗索瓦·玛利·德·伏尔泰，但是他是如何和在什么地方看上这个姓的，还是

---

① 法国姓氏前冠以"d"，表明是贵族家庭出身。——译注

一个谜。他有一个哥哥和一个姐姐。姐姐在母亲去世后一直照料他，他衷心地热爱他的姐姐。他哥哥是詹森教派的忠实教士，非常热情和正直，但使伏尔泰心烦意乱，这是他尽可能不在父亲名下生活的一个原因。

父亲亚鲁艾不是傻瓜，他很快就发现小儿子是一个很难管束的人，为此把儿子送到耶稣会，以便他能精通拉丁文六韵步诗和适应斯巴达式的纪律。善良的神父们尽心指教，给这个下肢细长的学生进行已经消亡和正在使用的语言的扎扎实实的基础训练。但是他们发现不可能根除这孩子的某种"古怪的"才能，这使他一开始就有别于其他的学生。

伏尔泰17岁的时候，教士们都愿意让他离开耶稣会。为了让父亲高兴，年轻的弗朗索瓦开始学习法律。不幸的是，一个人不可能一天到晚地读书，懒散的晚上有许多漫长的时光。为了消磨掉这些时光，伏尔泰不是为地方报纸撰写一些滑稽的小短文，就是在附近的咖啡馆给他的哥们儿朗读他的文学新作。两个世纪以前过这种生活一般被认为是要下地狱的。父亲亚鲁艾充分估计到了他的儿子所冒的危险。他求助于一个有势力的朋友，为弗朗索瓦在法国驻海牙公使馆里谋得一个秘书职位。作为荷兰的首都，海牙当时和现在一样，沉闷得令人发疯。由于闲极无聊，伏尔泰开始和一个并不特别吸引人的女孩谈起了恋爱。女孩的母亲是一个社交界的记者，一个可怕的老太婆。这位夫人希望自己的宝贝女儿嫁一个更有前途的丈夫，就急匆匆地找到法国公使，请求他在整个城市还不知道这件丑闻之前，调走这个危险的罗密欧。公使自己的麻烦事已经够多了，不想再有麻烦，便把自己的秘书匆忙撵上下一班去巴黎的公共马车。

弗朗索瓦丢了工作，发现自己再次处于父亲的支配之中。

在这紧急的时刻，亚鲁艾想了一个权宜之计，这种方法常常被有朋友在法庭工作的法国人采用。他请求并得到了一封"盖有国王封印的监禁信"，迫使儿子做出选择，要么到监狱去过强制的空闲生活，要么到法律学校勤奋努力。儿子说他选择后者，并保证做勤奋和努力的模范。他果然信守诺言，但投入的是自由创作小册子的幸福生活，他是如此勤奋，以至于整个城镇都议论纷纷。这不符合他与父亲达成的协议，于是他父亲决定运用做父亲的权力，把儿子从塞纳河畔的寻欢作乐的场所弄走，送到乡下的一位朋友家里，让这个年轻人在那里待一年。

在那里，每一周的每一天都有24小时的闲暇时间（包括星期日在内），伏尔泰开始非常认真地学习文学，并且创作出了他的第一个剧本。经过了12个月的清新空气和非常健康的单调生活之后，他被准许回到空气中充满香水味的首都，他马上写了一系列讽刺摄政王的文章来弥补失去的时间。其实那个卑鄙的老家伙，骂他什么都不过分，但是他一点也不喜欢伏尔泰这样替他做"宣传"。于是，伏尔泰被第二次流放到乡下，但接着他写得更多了，最后还不得不去巴士底狱待一段时间。但是当时的监狱，也就是说，为像伏尔泰这样在社会上很有名望的年轻绅士准备的监狱，并不是一个坏地方。囚犯不允许擅自离开房间，但是除此之外，愿干什么，悉听尊便。这正是伏尔泰所需要的。巴黎中心的一间孤单的牢房给了他认真工作的机会。他被释放的时候已经完成了好几个剧本，上演都非常成功，其中一部连续上演了45个晚上，打破了18世纪的所有纪录。

这不仅使他赚了一笔钱（他非常需要钱），而且也使他获得了"才子"的名声，这对于一个仍然必须为前途奋斗的年轻人来说是最不幸的了，因为从此以后，人们把凡在林荫道上或是咖啡馆里流行几个小时的玩笑的责任都推到他身上。顺便说一句，这是他到英国学习文科政治学的研究生课程的原因。

1725 年发生了一件事，伏尔泰讽刺了（或是没有讽刺）那个古老而又无用的罗汉家族几句，罗汉爵士感到自己的荣誉受到了侵犯，必须采取措施。当然，布列塔尼（法国一地区）古代统治者的后代是不可能和一个公证员的儿子举行决斗的，这位爵士就把复仇的事交给了他的侍从们。

一天晚上，伏尔泰正与父亲的一个主顾苏里公爵一起吃饭，有人来报，外面有人要找他谈谈。他到了门口，就被罗汉爵士的侍从们击倒在地，狠揍了一顿。第二天，这件事传遍了全城。伏尔泰在气色最好的时候也活像漫画上的丑陋的小猴子。他眼圈乌黑，头上缠满了绷带，成了人们评论的再好不过的话题。只有采取强烈措施才能挽救他的声誉不毁在滑稽小报的手里。肚子里刚吃的生牛排一发生作用，德·伏尔泰先生就把他的决斗的见证人送到德·罗汉爵士那里，然后开始进行强化击剑训练，准备进行一场殊死的决斗。

哎呀，等到那场伟大的决斗来临的那天早晨，伏尔泰发现自己再次被送进监狱。无赖到家的罗汉爵士把这场决斗交给警察去办了。于是决斗的作家被拘留起来，直到给了他一张去英国的车票，被打发向西北方向旅行，并且被告知，不许返回法国，除非陛下的宪兵邀请他回来。

伏尔泰在伦敦和伦敦附近住了整整四年。不列颠王国并不是个真正的天堂，但和法国相比，多少还有一点天国的样子。

皇家断头台给这块土地撒下了一道阴影。1649 年 1 月 30 日是所有身居高位的人牢记的日子。发生在死去的查理国王身上的事可能（在略有改变的环境下）发生在任何胆敢把自己凌驾于法律之上的人身上。至于这个国家的宗教，当然正式的国教教堂要享受某种有利和舒适的待遇，但是喜欢在别的地方做礼拜的人也可以平平安安度日。与法国相比，教会官员对国家事务的直接影响几乎是微不足道的。承认是无神论者的人和一些令人讨厌的不信奉国教的人，偶尔可能到监狱里走一走，不过对于法国国王路易十五的臣民来说，英国生活总的状况几乎是完美无缺的。

1729 年，伏尔泰回到法国，虽然他获准住在巴黎，但是他很少利用这种特权。他像是惊弓之鸟，愿意从朋友们手里接受一点白糖，但永远处于十分警觉之中，稍微有一点危险的迹象就会逃之夭夭。他努力地工作，写了大量作品，一点儿也不管时间和事实，自己选择题目，从利马到莫斯科，写了一系列知识渊博、通俗易懂的历史剧、悲剧和喜剧。因此当他 40 岁时，他已经是当时最成功的文学家了。

接着，另一段小插曲，使伏尔泰接触到了另外一种不同的文明。

在遥远的普鲁士，善良的腓特烈国王在土里土气的宫廷里被一帮乡巴佬簇拥着，大声地打着哈欠，想找几个能使他开心的人做伴。他极其钦佩伏尔泰，多年来一直想把伏尔泰请到柏林来。但是对于1750 年的法国人来说，这样的移居等于迁到荒无人烟的西伯利亚，腓特烈一再提高金钱的诱惑，伏尔泰终于接受了邀请。

他来到柏林，争吵也就开始了。那位普鲁士国王和这位法国剧作家都是不可救药的个人主义者，不可能在同一个屋顶下生活而互不讨厌。经过两年的极端不和之后，两人为了一件无关紧要的事发生了剧烈的争吵，普鲁士国王就把伏尔泰赶回了他称为"文明"的地方。

不过伏尔泰汲取了一个有益的教训。也许他是对的，普鲁士国王写的法国诗歌是很糟糕的。但是国王陛下对宗教自由问题的态度是无可指责的，这是欧洲其他任何一位君主所无法比拟的。

差不多 60 岁的时候，伏尔泰回到了自己的故乡，他没有心情去接受严酷的判决，而法国的法庭正是靠这种判决来维护其秩序的，不允许有丝毫激烈的反抗词句。上帝在创世的第六天赐予了他的最伟大的创造物以神圣的智慧火花，而人类却不愿意利用它，伏尔泰一生都对此极为愤怒。他痛恨各种形式、各种表现的愚蠢。他的大部分愤恨都针对那些"臭名昭著的敌人"，一直威胁要摧毁它。这个"臭名昭著的敌人"不是别的，正是那些只要有吃有喝、有地方休息就拒绝思考的民众的懒惰愚蠢。

从孩提时代，伏尔泰就感到自己被一部巨大的机器追逐着，这架机器似乎是通过一种完全没有生气的力量，把残酷和固执联系在了一起。摧毁或至少打翻这个怪物成了他晚年朝思暮想的一件事。而法国政府，平心而论，给这个世界提供了一大堆法律丑闻，帮了伏尔泰的大忙。

第一件法律丑闻发生在 1761 年。

在法国南部的图卢兹城里住着一个叫让·卡拉的人，是个店主，新教徒。图卢兹一直是个虔诚的城市，那儿的新教徒不许担任公职，也不许当医生、律师、书商或是助产士。天主教的家庭里不准雇用新教徒仆人。每年的 8 月 23 日和 24 日，全城居民要用隆重的赞美和感恩仪式来庆祝圣巴托罗缪节大屠杀的光辉的周年纪念日。

尽管有许多不利，卡拉一辈子还是和左邻右舍和睦相处。他的一个儿子改信了天主教，但是做父亲的继续同儿子保持良好关系，他还对人们说，就他自己来说，他的孩子们完全能自由选择最喜爱的宗教。

但是卡拉家发生了一件不可外扬的家丑，那就是关于他的大儿子马克·安东尼。马克是个不幸的人，他想成为一名律师，但是这个职业的大门对新教徒是关闭的。他是虔诚的加尔文派教徒，拒绝改变自己的信仰。思想冲突使他患了忧郁症，这种病看起来摧残了这位年轻人的心灵，他开始向父母背诵哈姆雷特的著名独白；他独自长时间散步，并常常向朋友们谈起自杀的好处。

这样过了一段时间，一天晚上，家里正在招待一个朋友，这个可怜的孩子溜进他父亲的储藏室，拿了一根打包用的绳子，在门柱上吊死了。

他父亲几小时以后发现了他，他的外衣和内衣都叠得整整齐齐地放在柜台上。

家里人绝望了。那时凡是自杀的人要脸朝下、赤身裸体地被拖着穿过城里的街道，然后绑在门外的示众架上，让鸟把尸体吃掉。

卡拉一家是受人尊敬的，他们不愿意去想这样一件丢脸的事。他们站成一圈，讨论应该做什么、准备做什么，直到一个邻居听到了嘈杂的声音，报告了警察，这件丑闻就迅速传开了。那条街上马上挤满了愤怒的人群，他们大声叫嚷要处死老卡拉，"因为他为了不让儿子成为天主教徒把他杀了"。

在一个小城镇里所有事情都是可能的，而在18世纪法国的外省，无聊就像一个黑色的棺材，沉重地压在全体居民的身上，因而最无知离奇的奇谈怪论也有人相信，它们能使人们如释重负地松一口气。

地方高级官员完全清楚在这种可疑的情况下他们的职责，于是他们立即逮捕了卡拉全家及其客人、仆人及最近去过或接近过卡拉家的所有人。他们把犯人押到市政厅，给他们戴上镣铐，投入专门关押最危险的罪犯的地牢里。第二天他们遭到了审查。他们所有人讲的都一样，马克·安东尼如何神情同往日一样地进了家门，如何离开了房间，他们如何认为他又是一个人去散步了，如此等等。

然而这一次图卢兹城的教士们插手此事，在他们的"帮助"下，可怕的消息传遍了朗格多克大地的远远近近，这个血腥的胡格诺派教徒杀害了自己的儿子，因为他要回归真正的信仰。

熟悉现代刑事犯罪侦察方法的人们也许认为当局一定会当天调查谋杀现场。马克·安东尼素以身强力壮而闻名，他28岁，他的父亲63岁，他父亲不经过任何搏斗就把他挂到门柱上吊死的可能性实在很小。但是没有一个市议员为这样的细枝末节费费脑筋，他们在忙着处理受害者的尸体，因为自杀者马克·安东尼现在受到了殉教者的待遇，尸体在市政厅停放了三个星期，然后由白衣忏悔教士们按最隆重的仪式埋葬了。他们出于一些神秘的原因把这个死去的加尔文派教徒作为自己组织的当然成员，把他的涂抹了防腐药料的尸体隆重地送到大教堂，这通常是为大主教或当地最富有的施主采用的仪式。

在这三个星期中，城里的每个布道坛都一再敦促图卢兹的善良的人们尽可能提供反对让·卡拉及其家人的证据，最后，该案在公

卡拉

共新闻媒体上彻底研究够了，马克自杀了五个月之后，审判开始了。

其中一个法官一时神志清醒起来，建议到这位老人的铺子里查访一下，看看他所描述的那种自杀是否可能，但他被 12 票对 1 票压倒了。卡拉被宣判施以酷刑，用车轮把他撕裂。

他被带到刑讯室，手腕被吊起来，双脚离地有一米高，然后使劲拽他的四肢，直到"同关节分了家"（我抄自官方的报告）。由于他拒不承认自己根本没有犯过的罪行，就又被放了下来，灌了大量的水，很快他的身体就"膨胀到原来的两倍"。他还是坚持拒不承认自己的罪行，就被抬上死囚车，拖到刑场，胳膊和腿都被刽子手分成两段。在其后的两个小时里，他绝望地躺在断头台上，地方官员和教士们还继续喋喋不休地用问题打扰他，这位老人以令人难以置信的勇气继续申辩自己无罪。首席法官被这种固执的言辞弄得火冒三丈，便放弃了对这个无望案子的审理，命令把他勒死。

到了此时，民众的怒火已经平息了，他家里的其他成员都免于一死。卡拉的遗孀被剥夺了所有财产，在忠心耿耿的女仆人陪伴下，忍饥挨饿地隐居起来。至于孩子们，他们被打发到不同的修道院去了，只有最小的儿子例外，哥哥自杀的时候他不在家，正在尼姆读书，他很明智地跑到了日内瓦。

这个案子引起了好多人的关注。伏尔泰居住在费内的城堡里（城堡建得离瑞士的边界很近，只要步行几分钟，就可到达外国边界），听到了这个案件，但一开始他拒绝理会此事。他一直与日内瓦的加尔文派牧师不和，他们也把那座在他们的城市视线之内的他的小小的私人戏院视为挑衅，是魔王撒旦的建筑。因此，伏尔泰用傲慢的口吻写道，这个所谓的新教殉难者并不能激起他的任何热情，因为如果天主教不好的话，那么极端偏执地抵制他的戏剧的胡格诺教徒就更坏！另外，在他看来（与其他许多人一样），12个按照推测应该是受人尊敬的法官，如果没有强有力的理由就把一个无辜的人判处这样可怕的死刑，这简直是不可能的。

费内的这位哲人对所有客人都是大门敞开的，来者不拒。几天之后从马赛来了一个正直的商人，他在这个案件审判期间碰巧在图卢兹，能够给伏尔泰提供一些第一手的信息。伏尔泰终于开始明白这个案件已经犯下的罪行的可怕，从那时起，他就再也放不下这个案件了。

勇气有许多种，但特等功勋章应该留给那些杰出的精英人物，他们实际上单枪匹马，竟敢于面对整个现存的社会秩序，在高等法庭宣布了判决，而且整个社会都认为他们的判决是公平正义而加以接受的时候，敢于大声疾呼正义。

伏尔泰清楚地知道，如果他胆敢控告图卢兹法院"合法但不公正的死刑判决"，会引起轩然大波。他像一个职业律师那样，精心准备这个案件。他与卡拉家那个跑到日内瓦的男孩面谈；他给每个可能知道案件内情的人写信；他还雇用了顾问来检查和修改他的结论，以免自己由于满腔怒火和义愤而丧失了理智。等他感到自己的根据有了把握，就开始了这场战斗。

首先，伏尔泰动员他在法国范围内认识的有点影响的人给王国大法官写信，要求修正卡拉案件。然后他开始寻找卡拉的遗孀，找到她以后，又出资把她带到巴黎，并雇了一个最有名的律师照看她。这个女人的精神已经完全崩溃了，她含糊地祈祷在她死之前把女儿们从修道院里领出来，除此之外，她再没有任何希望。

然后，伏尔泰又和卡拉那个信奉天主教的儿子取得了联系，帮助他逃出学校，到日内瓦找他。最后，他把全部事实以题为《关于卡拉家庭的原始文档》的小册子出版，这个小册子由这场悲剧的幸存者们的书信组成，一点也没有涉及伏尔泰自己。

后来，在修正这个案件过程中，伏尔泰仍然小心翼翼地躲在幕后。但是他策划的这场宣传战非常好，不久卡拉家的诉讼就成为欧洲所有国家所有家庭都关注的案件，各地成千上万的人（包括英格兰国王和俄国女沙皇）都捐款帮助被告。

最后伏尔泰取得了胜利，但那是在他打了他全部生涯中最激烈的一仗之后才取得的。

当时，法国王位由路易十五占据着，他留给人们的是很不愉快的回忆。幸亏他的女圣人对耶稣会和他们所做的一切（包括教堂在内）都深恶痛绝，因此站到了伏尔泰一边。但是国王喜欢舒适高于一切，人们对这样一个死了的区区无名的新教徒小题大做，他感到很恼火。当然国王陛下只要不签署命令批准重新审理此案，大法官就不会采取行动，而只要大法官不采取行动，图卢兹法庭就绝对安全。他们认为自己很强大，以最专横的方式公然蔑视公众舆论，拒绝让伏尔泰或他的律师们接触他们判决依据的原始文档。

在可怕的 9 个月的时间里，伏尔泰坚持不懈地做宣传鼓动工作，最后在 1763 年 3 月，大法官要求图卢兹法庭交出卡拉案件的所有记录，提议进行重审。当这项决定公之于众时，让·卡拉的遗孀和最后回到她身边的两个女儿，当时都在凡尔赛。一年以后，奉命调查这个上诉案件的特别法庭报告说，让·卡拉是由于一项他没有犯过的罪被处死的。经过巨大的努力，国王被说服赐给卡拉的遗孀和孩子们一小笔钱。而且，原先处理卡拉案件的地方官们都被解除了职务；并客气地向图卢兹人民建议以后不要再发生类似事件。

虽然法国政府对这一事件可以采取不冷不热的态度，但是法国人民的内心里却激起了愤怒。伏尔泰突然意识到这并不是司法记录上惟一的一件误判案，还有许多像卡拉那样清白的人蒙受冤屈。

1760 年，图卢兹附近的一个信仰新教的乡绅在家里盛情招待了一位来访的加尔文派牧师。由于这个可怕的罪行，他被剥夺了财产，并被发配到船上终身做苦工。他一定是个极其强壮的人，因为 13 年后他居然还活着。伏尔泰知道了他的困境，就开始工作，把这个不幸的人从船上弄走，带到瑞士，他的妻子儿女也在那儿靠公共慈善救济度日。伏尔泰一直照料他们全家，直到政府返还了一部分被没收的财产，并允许他们回到荒废的家园为止。

下一个是绍蒙的案件，这个可怜的人在一次参加新教徒的露天会上被抓了起来，由于这个罪行，被遣送到船上做无期苦役，但是后来经过伏尔泰的仗义执言，他获释了。

然而，这些案件对于下面所发生的事情来说，不过是主菜前所上的一个开胃小菜而已。

地点还是在法国多灾多难的朗格多克，阿尔比和瓦尔多异教徒灭绝之后，留下的是无知和偏见的荒野。

在靠近图卢兹附近的一个村庄里，住着一位名叫瑟文的信奉新教的老人，他是位受人尊敬的公民，以中世纪法律专家的身份谋生，而当时的封建制度已经变得如此复杂，以至于连一张普通的租契都像今天的所得税申报单一样，因此，做个法律专家能赚大钱。

瑟文有三个女儿，最小的是个与世无争的傻姑娘，专爱坐着发呆。1764 年 3 月她离家出走，父母四处寻找，但找不到这孩子的踪迹，几天之后，该地区的主教告诉瑟文说，他的女儿拜访了他，表示愿意当修女，现在她在一所女修道院里。

几个世纪的迫害已经击垮了法国这个地方的新教徒的精神。瑟文毕恭毕敬地回答说，在这个糟糕得不能再糟糕的世界里，毫无疑问，事情总会好的，并温顺地接受了这不可避免的命运。但是在修道院不习惯的气氛里，这个可怜的孩子很快就丧失了她的最后一点理智，等她开始惹人生厌时，就被送回了她自己的家。那时她处于一种非常沮丧的精神状态之中，总是害怕声音和鬼，以至于她的父母都担心她的生命。没过多久她再次失踪，两个星期后，人们从一口旧井里打捞出了她的尸体。

当时让·卡拉正在受审，人们都处于对任何不利于新教徒的传闻都信以为真的心情之中。瑟文一家还记得无辜的让·卡拉的遭遇，便决定不再重蹈覆辙。他们逃跑了，在穿过阿尔卑斯山的可怕的旅行中，他们的一个外孙冻死了，最后他们到达了瑞士。他们的逃跑一点儿也不算早。几个月之后，这对父母被判处犯有谋杀自己孩子的罪行（在他们缺席的情况下），并命令要把他们吊死；女儿们被判处要亲眼目睹父母的死刑，然后终身流放。

卢梭的一个朋友把这个案件告诉了伏尔泰，于是卡拉案子一结束，他就把注意力转到瑟文一家人身上。这时，瑟文的妻子已经死了，剩下的任务只是为做丈夫的辩护。伏尔泰花了整整七年的时间做这项工作。图卢兹法院再次拒绝提供任何信息或者提交任何文件，伏尔泰只好又一次敲起宣传的大鼓，请求普鲁士的腓特烈大帝、俄国的叶卡捷琳娜女沙皇、波兰的波尼亚托夫斯基亲王募捐款项，直到迫使法国国王关注此事。最后，在伏尔泰72岁那年，也就是在这场没完没了的诉讼案第九个年头，瑟文一家被免除罪名，幸存者被允许重返家园。

第二个案件就这样结束了。

第三个案件接踵而来。

1765年8月，在离亚眠不远的阿布维尔镇子里，有两个竖立在路边有耶稣受难像的十字架不知被谁打碎了。三个男孩被怀疑犯了"亵渎神圣"罪，就下令把他们逮捕。其中一人逃到了普鲁士，其余二人被抓住了。这两个人中，大一点儿的名叫德·拉·巴尔爵士，被怀疑是个无神论者。在他的书堆里发现了一本《哲学辞典》，这是一本思想自由的大师都参与撰稿的名著，这一点就很值得怀疑。法官们决定调查这个年轻人的历史。的确，他们无法把他和阿布维尔案件联系在一起，但是，在一次宗教游行队伍经过时，他不是拒绝下跪并脱帽吗？

德·拉·巴尔说是的，但当时他正忙着赶乘一辆公共马车，并不是有意冒犯。

随后，他遭到了拷打，由于年轻，他不像老卡拉那样能忍受痛苦，就承认毁坏了其中的一个十字架，于是就被判处死刑，罪名是"不虔诚，故意在圣饼前行走，不下跪，不脱帽，唱亵渎歌曲，在渎神的书上写有赞许的标记"，还有类似被认为对教会不尊敬的罪行。

判处非常野蛮（要用烧得通红的烙铁撕下他的舌头来，砍掉右手，并要把他慢慢烧死，而这一切只是一个半世纪以前发生的事！），激起了民众的愤怒，纷纷表示不赞成。即使犯了起诉书罗列的所有罪行，也不能用这种惨绝人寰的方法来屠杀一个少年！请愿书纷纷提交给国王，大臣们被请求缓刑的呼声包围了。但是国家动荡不安，必须杀一儆百，巴尔经受了和卡拉相同的折磨后，被送上断头台斩首（这就是对他的特别恩惠了）。他的尸体、《哲学辞典》以及我们的老朋友拜勒的一些书，都在大庭广众之下被刽子手们付之一炬。

对于那些害怕索兹尼、斯宾诺莎和笛卡尔的影响不断增长的人们来说，这倒是令人高兴的一天。它表明，那些误入歧途的年轻人，如果离开正确与错误之间的狭窄道路，追随一小撮激进的哲学家，他们是不可避免会落得这样的下场的。

伏尔泰听到这件事，接受了挑战。他很快就要过 80 岁生日了，但他还是以一贯的热情和充满正直怒火的头脑投入到这个案件中。

德·拉·巴尔由于"亵渎"而被处死。首先，伏尔泰要找出是否有这样一条法律，人们犯了那样假设的罪就应该被判处死刑。他没有找到，于是他问他的律师朋友们，他们也找不到。人们渐渐明白了，是法官们用他们邪恶的狂热"发明"了这样一个合法捏造的罪名，以便干掉犯人。

在处决德·拉·巴尔的时候，到处都是不堪入耳的谣言。现在出现的这场风暴迫使法官们非常小心谨慎，对第三个年轻犯人的审判也就不了了之。至于巴尔，他一直未获昭雪。案件的复审拖了许多年，到伏尔泰去世的时候还没有结果。但是他打出的这一击已经开始奏效了，它即使不是为了宽容，至少也反对了不宽容。

由爱搬弄是非的老太婆和腐朽的法院煽动起来的官方的恐怖行径到此结束了。

那些怀有宗教企图的法院只有在黑暗中干他们的勾当，并秘密地把自己隐藏起来，才能成功。伏尔泰所采取的这种进攻方法，法院是没有办法的。

伏尔泰打开了所有的灯，雇用了庞大的乐队，邀请公众来参与，逼得敌人走投无路。

结果，他们什么都干不成。

第二十六章　百科全书

有三种不同学派的政治家。第一种人讲授这样的学说："我们这个星球上居住着可怜的愚昧无知的人，他们不能为自己着想，每当需要被迫独立做出决定的时候，精神就十分痛苦，因而被第一个出现的游说煽动家引入歧途。如果这些老百姓被某个深知自己需要的人统治，不仅对整个世界来说是件好事，而且他们自己也一定会很高兴，因为他们不必再去操心议会和投票箱的事，可以把他们的全部时间都致力于自己的车间、孩子、廉价小汽车和菜园上。"

这一学派的信徒们成为皇帝、苏丹、巨头、酋长和大主教，他们很少认为工会是文明的必不可少的部分。他们努力工作，修筑道路、营房、大教堂和监狱。

第二种政治思想学派的支持者主张如下："普通人是上帝最高尚的发明。他本身就是一个统治者，他具有超凡绝伦的智慧、谨慎和高尚的动机。他完全有能力照顾好自己的利益，他想通过一个委员会来统治世界，但这个委员会在处理国家的棘手问题时是出名的慢。因此，大众应该把一切行政事务交给几位可以信赖的朋友，他们用不着为生活所累，能把全部时间用于为人们谋幸福。"

不用说，这种光辉理想的倡导者是寡头政治执政者、独裁者、第一执政官和贵族保护者的合乎逻辑的修补者。

他们努力工作，修筑道路和营房，但是把教堂变成了监狱。

但是还有第三种人。他们用严肃的科学眼光观察人类，并全盘接受下来。他们喜欢人的优良品质，也了解人的局限性。他们通过对过去事件的长期观察，相信一般的公民只要不受感情或自身利益的影响，确实能竭尽全力做正确的事情。但是他们不使自己抱任何虚假的幻想。他们知道生长的自然过程极其缓慢，试图加快潮汐的涨落或季节的变换，像加快人类智慧的增长一样是徒劳的。他们很少被邀请到一个州政府任职，但是他们一有机会把他们的思想付诸实施时，他们就开始修筑道路，改进监狱，并把可支配资金的剩余部分用于中小学校和大学上。这些人是不可救药的乐观主义者，他们相信，正确的教育将会逐步消除世界上的大部分年代久远的弊病，因此应该不惜一切代价予以支持。

作为实现这个理想的最后一步，他们通常是写一部百科全书。

像其他许多证明巨大智慧和极度耐心的东西一样，百科全书的习惯源于中国。中国的康熙皇帝试图用 5020 卷的百科全书让他的臣民高兴。

在西方引入百科全书的是普林尼，他满足于他 37 卷本的百科全书。

基督教时代的最初 1500 年，沿着这条启蒙的道路没有搞出一点有价值的东西。圣·奥古斯丁的一个同乡、非洲的菲利克斯·卡

编写百科全书的人

佩拉浪费了他一生中的许多年写成了一本书，自以为是各种知识的名副其实的宝库。为了使人们能够更容易地记住他提供的许多有趣的事实，他采用了诗歌的形式。这一大堆可怕的错误信息，却被中世纪的 18 代孩子牢牢记住了，他们把这些玩意儿当成了文学、音乐和科学领域的定论。

200 年以后，塞维利亚的一个叫伊西多尔的主教撰写了一部全新的百科全书，此后，百科全书以每 100 年 2 本的速度递增。这些书的情况如何，我一无所知。蛀书虫（最有用的家畜）可能担当了我们的搬运工。如果所有这些书都保存下来的话，地球上就没有其他任何东西了。

最后，在 18 世纪上半叶，欧洲出现了声势浩大的求知运动，百科全书的撰写人进入了真正的天堂。这些书和现在一样，通常是由贫困的学者们编辑的，他们靠每星期 8 美元生活，他们的劳动所得还不够买纸和墨水的。英国尤其是这种文学的伟大国家，所以生活在巴黎的英国人约翰·米尔斯自然想到要把伊弗雷姆·钱伯斯成功的《通用辞典》译成法文,以便向路易国王的臣民们兜售他的作品,从中渔利。出于这个目的,他和德国的一位教授合伙,然后又和国王的印刷商雷伯莱顿打交道,做实际的出版工作。长话短说,雷伯莱顿发现了这个能发一笔小财的机会,就故意欺骗他的合伙人,他把米尔斯和那个条顿博士赶出企业,自行继续盗印。他把即将出版的著作称为《百科全书或科学、艺术、技艺详解辞典》,并发出了一系列颇能招徕顾客的漂亮的内容说明书,很有吸引力,订单蜂拥而至。

然后,他雇用了法兰西大学的一名哲学教授做总编辑,买了大量的纸张,然后就坐等结果。

不幸的是,撰写一部大百科全书看来并不像雷伯莱顿想像的那样简单。教授写出了笔记,但是没有条目,预订者大吵大闹地要得到第一卷,一切都乱七八糟。

在这紧急时刻,雷伯莱顿想起了刚出版几个月的很受欢迎的《通用医学辞典》。他把这本医学手册的编辑找来,当场就雇用了他。这样,一本医学专科的全书就变成了《百科全书》的一卷。这个新编辑不是别人,正是丹尼·狄德罗,这项本来辛苦乏味的工作变成了18世纪对人类启蒙的最重要贡献之一。

狄德罗那时37岁,他的生活既不舒适也不幸福。他拒绝做一个年轻的品质端正的法国人应做的事,不愿意去上大学。相反,他一离开耶稣会的老师,就到巴黎当了一个文人。经过短时间忍饥挨饿的生活,(按照两个人挨饿和一个人挨饿是一样的原则)他和一位后来证明是极其虔诚的、从不让步的泼妇结了婚,这种结合并不像有些人认为的那样稀少。但是,由于有义务养活她,他被迫做各种稀奇古怪的工作，编辑各种各样的书，从《关于美德与价值的调查》到名声扫地的改写薄伽丘的《十日谈》。然而，这位拜勒的学生在心里还是忠于他的自由理想的。不久，政府（像处于非常时期的政府一样）发现这个面貌并不使人讨厌的年轻作者对《创世记》第一章描述的创世故事持严重怀疑的态度，而且在其他方面也是个大异教徒。结果，狄德罗被带到了万塞纳监狱，监禁达三个月之久。

从监狱释放以后，他才为雷伯莱顿工作的。狄德罗是他那个时代最善于雄辩的人。在这个他将要掌管的企业中，他看到了他一生中的一次机会。当时正是一个思想极为活跃的时代，仅仅修改钱伯斯的旧资料似乎完全不合他的身份。雷伯莱顿的百科全书要让每一个可以想到的题目具有最新信息，每个词条都要让每个领域最有权威的人撰写。太好了！

狄德罗充满了热情，他实际上说服了雷伯莱顿给他全部的指挥权和无限制的时间。然后，他拟定了一个合作者的暂定名单，拿出一张大纸，开始写道："A：字母表的第一个字母……"

20 年后，他写到了 Z，工作完成了。然而，很少人在这种极为不利的条件下工作。雷伯莱顿雇用狄德罗时，他原有的资本已经增加了，但他每年给他的编辑的钱从不超过 500 美元。至于那些应该提供帮助的人，唉，我们都知道会是怎么一种情况。他们要么当时很忙，要么下个月再说，要么必须去乡下探望祖母。结果，狄德罗不得不亲自做大部分的工作，同时，还得忍受教会和政府官员的谩骂对他造成的痛苦。

现在他的《百科全书》的版本非常罕见了。这不是因为很多人想得到它，而是因为很多人都想扔掉它。这本在一个半世纪之前就作为有毒的激进主义表现形式被怒吼声吞没的书，今天读起来却像一本关于喂养婴儿的单调无害的小册子。但是，对于18世纪的教士中较为保守的分子来说，这部书就像吹响了呼唤毁灭、无政府、无神论和无秩序的嘹亮号角。

当然，有人像往常一样，指责这位总编辑是社会和宗教的敌人，是既不信仰上帝和国家、也不相信神圣的家庭关系的放荡恶棍。但是，1770年的巴黎只是一个规模大点儿的乡村，人们之间相互认识。狄德罗不但主张生活的目的应该是"做好事，寻找真理"，而且他真正实践了自己的信条。他敞开大门招待饥饿的人，为了人类每天工作20个小时，除了一张床、一个写字台和一叠纸外，从没有要求任何回报。这个淳朴、勤奋的人是这些美德的光辉典范，而这正是高级教士和君主们明显缺少的，因此要从这个角度攻击他是不容易的。于是当局就想方设法找他的麻烦，建立了一个长期的间谍网，不停地窥探他的办公室，突然搜查他的家，没收他的笔记，有时还禁止他工作。

然而这些阻挠措施都不能压制他的热情。最后，狄德罗的工作完成了，《百科全书》真的按他所期望的那样完成了——它成了所有或多或少感受到新时代精神以及知道世界亟须全面检修的人重新振作的转折点。

看起来我似乎把这位编辑的形象写得有点脱离实际了。这位丹尼·狄德罗到底是谁呢？他穿着破旧的衣服；他那富有、聪明的朋友霍尔巴赫男爵每星期请他去吃一顿丰盛的饭菜，他就认为自己十分幸福了；当他的书销售到4000套时，他感到非常满意。他和卢梭、达朗贝尔、杜尔哥、爱尔维修、沃尔涅、孔多塞，还有其他许多人都是同时代的人，所有这些人都比他享有高得多的声誉。但是如果没有《百科全书》，这些好人就不可能发挥他们的影响。这不只是一部书，它是社会和经济的纲领，它告诉我们那个时代的真实的主导思想，它具体陈述了很快就统治整个世界的那些思想，这是人类历史上的一个决定性时刻。

那些有眼睛能看、有耳朵能听的人都知道，法国已经到了紧要关头，必须采取某种严厉措施才能避免即将到来的大灾难。然而，那些有耳朵有眼睛却拒绝使用的人非常顽固地坚持认为，只有严格执行墨洛温王朝的过时的法律，和平和秩序才能得以维持。当时这两派势均力敌，一切保持原样，这导致了奇怪的复杂现象。法国在保卫自由中扮演了引人注目的角色，它给乔治·华盛顿先生（他是一名共济会成员）写了最亲切的信件，并且给本杰明·富兰克林部长先生（其邻居称他是"不可知论者"，我们称他是"朴素的无神论者"）安排了愉快的周末晚会。同样是这个国家，它又是各种思想进步的凶恶的敌人，只有在不带偏见地判处哲学家和农民都要过同一种单调贫困的生活时，才表现出一点民主意识。

最后，这一切都改变了。

然而，改变的方式却是出乎所有人的预料。这次斗争是要打碎所有生为平民的人在精神上和社会上的枷锁，而斗争却不是奴隶们自己发起的。这是一些公正无私的公民的工作，新教徒对他们恨之入骨，就像他们的天主教压迫者一样，他们的惟一指望就是在天堂等待所有诚实的人。

18 世纪保卫宽容事业的人很少属于某个特定的教派。为了个人方便起见，他们有时也参加一些表面上的宗教活动，这样可以使宪兵远离他们的写字台。然而就其精神生活来说，他们不妨说是生活在公元前 4 世纪的雅典或孔子时代的中国。

令人非常遗憾的是，他们通常没有大多数同时代人对各种事物的敬畏感，认为这不过是过去遗留下来的、虽然没有什么害处却很幼稚的东西。

他们很少注意古代民族的历史，西方的人们出于某些好奇的原因，从巴比伦人、亚述人、埃及人、赫梯人和迦勒底人的历史中挑出一些记载，接受下来作为道德和习俗的指南。但是作为大师苏格拉底的真正信徒们，他们只倾听自己良心的呼唤，根本不管后果，他们无所畏惧地生活在早已变得温顺的世界上。

第二十七章　革命的不宽容

一座标志着统治者荣誉和平民百姓痛苦的古老大厦，法兰西王国，在 1789 年 8 月一个令人难忘的夜晚倒塌了。

在那个闷热的夜晚，随着人们的怒火不断上涨，沉浸在真正的兄弟博爱的狂欢之中的国民议会这个特权阶层直到群情激昂的时刻，才交出了他们花了三个世纪获得的所有古老的权力和特权；普通的民众宣布赞成人权理论，从而为以后的民众自治采取进一步的措施奠定了基石。

就法国而言，这意味着封建制度的灭亡。实际上由社会上最具有进取心的人组成的政府勇敢地担当起领导权，决定着这个普通国家的命运发展，获得了生存的机会。贵族们都自愿从他们现任的职务上退下来，如果能在政府的不同部门里做一些体面的办事员的工作就满足了，但他们现在只配在大街上喝茶或者开一个低档的饭馆。

是好是坏，我不知道。

然而它不复存在了，随同它一起消亡的是一个最残暴的看不见的统治，自从黎塞留时代以来，教会一直统治着涂了圣油的圣路易的子孙们。

毫无疑问，人类又获得了一次前所未有的机会。

此时所有诚实的男男女女都热情奔放，这自不用说。

太平盛世已近在眼前，甚至可以说已经到来了。

独裁政府的许多固有的不宽容的邪恶都要永远从美好的地球上彻底清除掉。

前进吧，祖国的后代，暴政的时代一去不复返了！

对于它所产生的后果有很多的话要说。

帷幕落下来了，社会上许多邪恶的事物被荡涤一空，一切都步入一个崭新的阶段。但是当这一切都结束时，我们又见到了我们的老友"不宽容"，它穿着无产阶级的裤子，梳着罗伯斯庇尔式的发型，与检查官坐在一起，度过它罪恶的晚年。

十年前，要是有人说惟有靠上帝的恩典才能维持的当权者有时可能也是错的，"不宽容"便会把他送上断头台。

现在，要是谁坚持认为人民的意愿不一定永远是上帝的意愿，"不宽容"也会逼迫他们走向毁灭。

一个多么可怕的玩笑！

然而这个玩笑（在迷人性质的背后）是以百万个无辜旁观者的鲜血为代价的。

遗憾的是，我要讲的并不是我的独到见解。人们可以在许多古人的作品中找到更文雅的词以不同的方式表达同样的意思。

在人类的精神生活方面，一直明显地存在、而且将来很可能永远存在着两种完全不同类型的人。

一些人无止境地学习和思考，认真探究自己的不朽灵魂，以得出某些适度的哲学结论，这样使得他们不至于陷入人类通常的烦恼之中。

然而大多数人并不满足于精神上口感温和的"淡酒"，他们需要的是刺激性的烈酒，烧坏舌头、刺痛食管、引起他们注意使他们坐起来的东西。这个"东西"是什么倒无关紧要，只要符合上述的标准，可以直截了当地得到它而且不受数量限制就行了。

历史学家似乎不理解这一事实，这使许多人非常失望。愤怒的民众刚刚摧毁了过去的城堡（当地的希罗多德和塔西佗及时而又热情地对此事进行了报道），就马上让泥瓦匠用马车将旧城堡的废墟运往城市的另一个地方，重新建起一个新的城堡，它和旧的一样卑鄙、专横，并同样是为了达到镇压和进行恐怖统治的目的。

就在这个时候，许多自尊的民族终于成功地摆脱了"一贯正确的人"强加在他们头上的枷锁，但他们却听命于一本"一贯正确的

革命

书"的支配。

而且就在旧掌权人装扮成仆人骑着马向边境疾奔而去的这一天，自由党进入了这座废弃了的宫殿，穿上被丢下的皇袍，又立即将自己推入了迫使他们的前任背井离乡的错误和残酷之中。

这是非常令人沮丧的，却是我们故事里真实的一部分，必须说出来。

毫无疑问，那些对法国大动乱负有直接责任的人的本意是好的。《人权宣言》规定的原则是，任何公民都不受干预地按照自己的观点，"包括宗教观点"，和平地寻求自己的道路，只要他的思想不扰乱由各项法令和法律规定的公共秩序就可以。

然而这并不意味所有的宗教派别都享有同等的权力。新教从此以后被容许存在，新教徒也不会因为和天主教徒在不同的教堂里做礼拜而招惹上麻烦，但天主教仍然是法定的"占统治地位"的国教。

米拉波生来就具有准确无误地认识政治生活本质的本能，他知道这种声名远扬的让步只是一个折衷的措施。然而试图把一场伟大的社会变革变成一个人的革命的米拉波尚未获得成功就辞世了。许多贵族和主教后悔他们在8月4日晚上作出的慷慨姿态，已经开始采用故意妨碍方案通过的策略，给他们的国王主子造成了致命的后果。直到两年以后的1791年（整整两年，这对于任何实际目的来说是太迟了），包括新教徒和犹太人在内的所有宗教派别，才被置于完全平等的基础之上，并被宣布在法律面前享有同等的自由。

从那时起，各种角色开始颠倒起来。法国人民的代表最终赋予这个满怀期望的国家的宪法，坚持要求所有的教士们无论信仰什么，都必须立下忠于新政体的誓言，把自己完全视为与学校的教师、邮局职员、灯塔看守人和海关官员一样的国家公仆。

　　教皇庇护六世反对这样做。新宪法有关教士的条款直接违反了自 1516 年以来法国和罗马教廷签订的所有正式协定。但是议会没有心情考虑先例和条约这类小事，教士要么宣誓效忠宪法，要么辞职饿死。一些主教和教士接受了似乎不可避免的这一切，他们把双手的手指交叉在一起，履行了宣誓手续。但是绝大多数教士是正直的人，他们拒绝发假誓。现在他们又要效仿被他们迫害了许多年的胡格诺派教徒，开始在废弃了的马厩里作弥撒，在猪圈里分发圣餐，在乡下的树篱后面布道，并且在深夜的时候到他们以前教区的教民家里进行秘密访问。

革命的宽容

总的来说，他们比新教徒在类似的情况下过得好得多，因为法国已病入膏肓，甚至无力采取敷衍的措施来对付宪法的敌人。由于他们似乎没有人愿冒做苦工的危险，所以那些优秀的神职人员很快壮着胆子要求官方承认他们是"可以容忍的教派"，当时人们一般称他们是不宣誓的"倔强分子"，并且他们要求得到过去三个世纪他们坚决拒绝赋予他们的加尔文教同胞的那些特权。

这种情形对于处在安全的 1925 年来回顾它的我们来说，不失为一个残忍的幽默。然而官方还没有做出什么明确的决定，议会就很快完全处于极端的激进分子控制之下了，加上法院的变节，国王陛下的外国同盟的愚蠢所导致的恐慌在不到一个星期的时间里就从比利时海岸蔓延到地中海之滨；并引起了从 1792 年 9 月 2 日到 9 月 7 日的一连串大规模的疯狂大屠杀。

从那时起，这场革命注定要变质为恐怖统治。

当饥饿的大众开始怀疑自己的领袖正在进行把国家出卖给敌人的大阴谋时，哲学家们循序渐进的努力已化为乌有。接着发生的剧变在历史上是常见的。在这样大的危机中，对事务的处理很可能落入无耻的残忍的领袖之手，这是认真学习历史的学生都非常熟悉的史实。但是这场戏的主角竟是一个一本正经的人，一个模范公民，一个完美的美德化身，这的确是谁也没有预见到的。

当法国开始了解到新主人的真正本质时，已经太迟了，这已被那些从协和广场的断头台上徒然地发出一阵过时的警告的人所验证。

至此，我们已经从政治、经济和社会组织的角度研究了这场革命。但是只有等历史学家变成了心理学家，或者心理学家变成了历史学家，我们才能真正解释和理解那些在极度痛苦和剧痛中决定民族命运的黑暗力量。

有些人认为世界是受快乐和光明支配的。有些人主张人类只尊重一个东西：暴力。从现在起的数百年后，我们或许能够做出选择。不管怎样，对我们来说，有一点似乎是肯定的，在社会学的试验室里，所有试验中最伟大的试验——法国革命是暴力登峰造极的体现。

一些人试图通过理性的方式建立一个更仁慈的世界，他们不是已经辞世，就是被他们曾想处死的人处死了。随着伏尔泰、狄德罗、杜尔哥、孔多塞这些人的离去，新至善论的无知倡导者无可争辩地被推向了国家命运的主人的位置上，他们把这项崇高的使命搞得一团糟。

在他们统治的第一阶段，胜利掌握在彻头彻尾的宗教的敌人手里，这些人出于某些原因，痛恨纯属基督教的标志。在过去教士拥有至高无上的权力的日子里，他们忍气吞声地忍受着极大的痛苦，仅仅看一眼教士们穿的黑色长袍就厌恶不已，闻一下香火的气味就使他们的面色发白，心中充满早已忘却的狂怒。还有一些人认为他们可以借助数学和化学来证明上帝本身是不存在的，他们开始摧毁教会及其作品。这是毫无希望的，充其量是一项徒劳的艰巨任务，但它是革命心理的特征之一，正常的变成了不正常的，不可能的事变成了每天发生的事。于是一纸会议公文就废除了基督的旧历，废除了万圣节，废除了圣诞节和复活节，废除了星期和月份，重新划分一年为十天一段，每十天有一个异教徒的休息日。接着，一张废除崇拜上帝的公告使世界没有了主宰。

然而这样的情形为时不长。

在雅各宾派俱乐部空空的房间里，进行的解释和辩解无论有多么雄辩，这种无限的和空泛的观点令大多数公民厌恶，连两个星期都忍受不了。旧上帝不再能满足大众，那为什么不效仿摩西和穆罕默德，创造出一个符合时代要求的新上帝呢？

结果，理智女神就应运而生了！

她的确切身份还是到后来才明确下来的。在这期间，一个标致的女演员，适当地穿上古希腊的服装，就完全可以领衔出演了。这位女士是从前任国王的芭蕾舞团舞蹈演员中发现的，在一个适当的机会，她被人们极其隆重地引导到早已被旧信仰的忠实信徒抛弃了的巴黎圣母院的高高的祭坛上。

至于圣母玛利亚，许多世纪以来她一直以完全理解的容忍目光温柔地注视着灵魂受到创伤的人们。现在她也消失了，在被送进石灰窑变成灰浆之前，被一双爱之手匆忙藏了起来。她的位置被自由女神的塑像取代了。这是一个业余雕塑家引以为豪的作品，是用白色的石膏不经意地雕塑而成。然而还不止这些，巴黎圣母院还有其他的新东西。在唱诗班的教堂中间有四根柱子和一个屋顶，象征着"哲学神殿"，在国家的重大节日里就成为了新舞神的宝座。当这个可怜的女孩不举行受觐礼、不接受她的信徒崇拜时，哲学神殿就怀抱着"真理的火炬"，高举启蒙世界燃烧着的火焰，直到最后的时刻。

"最后的时刻"不到六个月就来临了。

在 1794 年 5 月 7 日的早晨，法国人民得到官方的通知，上帝又重新确立了，灵魂的不朽再次被确认为信条。6 月 8 日，新上帝（匆忙根据刚刚故去的让·雅克·卢梭遗留下的旧材料创造出来的）正式出现在他的望眼欲穿的信徒们面前。

身着崭新的蓝色马甲的罗伯斯庇尔发表就职演讲。他达到了事业的顶峰。这个来自三流城市的无名法律职员变成了革命的高级教士。而且不止于此，一位名叫凯瑟琳·泰奥特的可怜的发狂的修女竟被千万人尊为真正的上帝之母，因为她刚刚宣布了救世主即将返回，并透露了救世主的名字。这个救世主就是马克西米利安·罗伯斯庇尔。就是这个马克西米利安穿着自己设计的古怪制服，不无骄傲地尽情表现他的演说才能，向上帝保证说从此他所掌管的小世界一切都会令人满意。

为了更稳妥起见，两天后他通过了一项法律规定，凡被怀疑犯有叛国罪和异教罪的人（二者再次被同样对待，就像在旧时的"宗教法庭"时代一样）都被剥夺了一切辩解的权利。这个措施可谓是奇招，在后来的六个星期中，就有1400多人在断头台刀下丢掉了脑袋。

余下的故事是大家所熟知的。

罗伯斯庇尔认为自己是他所认为善（用大写字母G表示）的完美的化身，其本质是一个逻辑的狂热者，因此不可能承认其他不够完美的人有和他一同生活在同一星球上的权利。随着时间的推移，他对罪恶（用大写字母E表示）的仇恨变得如此疯狂，以致将法国推向了人口濒临灭绝的边缘。

最后，由于担心自己的性命，美德的敌人开始予以回击。经过一场短暂的殊死斗争，终于消灭了这个"正直得可怕的信徒"。

此后不久，法国革命的力量就耗尽了。当时法国人民采用的宪法承认了不同宗教派别的存在，赋予它们平等的权利和特权，至少

罗伯斯庇尔

共和国官方不再插手宗教的事务了。那些希望成立教堂、公理会和协会的人不再受到限制，但是他们必须拥护自己的教长和教士，并承认国家的至高无上的权力和个人选择的完全自由。

从那时起，法国的天主教徒和新教徒一起和平共存。

事实上，天主教会从未承认过自己的失败，它仍然拒绝承认政教分离的原则（参见 1864 年 12 月 8 日的罗马教皇庇护九世的教令），并且继续支持那些妄图重掌大权的政党，达到推翻共和国体制、复辟君主政体和帝王制的目的。但是这些战斗一般都是在大臣太太的起居室里或者是在退伍将军加上一个野心勃勃的岳母在打兔子的山林小屋里进行的。

至此，他们为趣味读物提供了一些极好的素材，但越来越证明他们是枉费心机。

第二十八章　莱辛

1792 年 9 月 20 日晚上，在法国的革命军和前来剿灭这场可怕的大暴动的君主联盟间爆发了一场战争。

这是一场辉煌的胜利，但胜利不属于联盟军。联盟军的步兵无法在瓦尔密村滑溜溜的山坡上作战。战斗因此只能采取连续不断的炮击，可是叛军的炮火比皇家军队更猛烈更迅速，后者只好率先撤离战场，借着夜幕的掩护向北方撤退。参加这次战斗的有一个名叫约翰·沃夫冈·冯·歌德的人，他是世袭魏玛王子的助手。

几年后，这个年轻人出版了他对这一天的回忆录。当他站在洛林齐踝的黏稠的泥浆里时，已经变成一个先知。他预言经过这次炮战，世界再也不会是过去的样子了。他是对的。在那个永远难忘的日子，受上帝恩典的君主权力被扫进了垃圾堆。人权运动的参加者们并没有像人们料想的那样落荒而逃。他们扛着枪，向前穿过山谷，越过高山，把"自由、平等、博爱"的理想传播到欧洲最远的角落，把他们的马拴在整个大陆的每座城堡和教堂的马厩里。

对我们来说，写这样的话是太容易了。这场革命的领袖们已经死去差不多有 150 年了，我们可以爱怎么取笑就怎么取笑他们。我们甚至可以感谢他们为这个世界做了许多好事。

但是从那些日子里活过来的男男女女们，某一天早晨他们还在围着"自由之树"欢快地跳舞，却在接下来的三个月中又像城市下水道里的耗子一样被人到处追赶，因此不可能以超然的态度看待这场城市动乱中的那些问题。他们一从地窖和阁楼里爬出来，梳掉假发上的蜘蛛网，就开始着手制定避免这场可怕的灾难重演的措施。

但是为了使回击获得成功，他们首先必须埋葬过去。这不是泛泛地指历史学意义上的那个不明确的过去，而是指他们自己个人的过去。他们曾偷偷摸摸地阅读伏尔泰先生的作品，并公开表达了对百科全书派的钦佩。现在他们把伏尔泰先生的书收集起来藏在阁楼里，把狄德罗先生的书卖给废品商人。那些曾作为理性的启示来虔诚阅读的小册子被扔进了煤箱。他们想方设法掩盖可能暴露他们曾在自由主义领域里短暂逗留的痕迹。

哎呀，就像经常发生的那样，所有的文字材料都被精心销毁了，这些悔改了的兄弟们忽视了更重要的一条，真实地表达民众思想的戏剧。曾经将整车的鲜花抛向《费加罗的婚礼》的一代人，现在宣称他们从不相信存在人人平等的可能，真是有些幼稚。他们曾为"智者南森"流过泪，再也无法成功地证明他们一贯坚持认为宗教宽容是政府软弱的误入歧途的表现。

这部戏剧和它的成功从反面证明了他们是错的。

这部迎合了 18 世纪后期大众情感的著名戏剧的作者是一个德国人，名叫戈思赫德·伊弗拉姆·莱辛。他是一名路德教教士的儿子，在莱比锡大学学习神学。但是他不喜欢宗教职业，不断地玩逃学的游戏。他的父亲听说后，把他叫回家，让他在马上退学和写一份到医学系学习的申请书之间做出选择。戈思赫德不愿意当牧师也不愿意当医生，他保证一切按父亲的要求去做，于是他又回到了莱比锡。他不断地为一些他喜爱的演员朋友们做担保人。当这些人相继从城里失踪之后，莱辛为避免因负债而被捕，被迫匆忙逃往维腾贝格。

他的逃跑意味着开始了长期的逃亡和忍饥挨饿的生活。他先来到柏林，在那里靠为几家戏剧神学刊物写稿赚得的微薄稿费过了好几年。后来他又为一个计划环游世界的富有的朋友当私人秘书。然而他们刚一启程，"七年战争"就爆发了，这个朋友被迫参军，坐上第一辆驿递马车回了家乡。莱辛发现自己流落在莱比锡城里，又一次失业了。

然而莱辛生性好交际，不久又找到了一个名叫艾沃华·克里斯汀·冯·克莱斯特的新朋友。这个人白天做官，晚上做诗人，是个敏感的人。他使这个饥饿的前神学家洞察到慢慢走向这个世界的新精神。但是冯·克莱斯特在库内道夫战役中被打死了，莱辛被逼到了极端悲惨和贫困的境地，他只好当了一名报刊专栏作家。

接下来的一个时期，莱辛作了布雷斯劳要塞指挥官的私人秘书，在那里，他靠深入研究斯宾诺莎的著作来打发无聊的驻军生活。这位哲学家去世一百年之后，他的著作才开始被人设法传到国外的。

然而所有这一切还是解决不了莱辛的生计问题，这时他差不多40岁了，想有一个自己的家。他的朋友们提议他担任"皇家图书馆"的管理员。但是许多年前发生的事已经使莱辛成为普鲁士宫廷不受欢迎的人。他在第一次访问柏林期间就结识了伏尔泰。这个法国哲

莱辛

学家极为慷慨，是一个没有一点"秩序"观念的人。他允许这个年轻人借阅当时正准备出版的《路易十四世纪》的手稿。不幸的是，当莱辛匆匆忙忙离开柏林时，把手稿与自己的行李一起装进了箱子（纯属偶然）。本来就对吝啬的普鲁士宫廷的劣质咖啡和硬板床很恼火的伏尔泰，立即大声抱怨说自己被盗了，年轻的德国人偷走了他最重要的手稿，警方必须监视边界等等，其表现就像一个旅居国外的情绪激动的法国人。几天之内，邮递员送回了丢失的手稿，并附有一封莱辛的信，这个率直的年轻条顿人对敢于怀疑他的诚实的人表达了自己的看法。

这场巧克力罐里的风波应该很容易被忘掉，但是 18 世纪是巧克力罐在人们的生活中起巨大作用的时期。甚至将近过去 20 年之后，腓特烈国王仍然喜爱他的麻烦颇多的法国朋友伏尔泰，所以也不愿意莱辛在宫廷里做事。

因此莱辛告别了柏林，来到汉堡。那里有一个关于要建一个新的国家剧院的传闻，但这项计划终未付诸实施。莱辛在绝望中接受了世袭大公爵布朗斯威克的图书馆的工作。沃尔芬布特尔城成了他的家，这座城市算不上大城市，大公爵的图书馆却是德国最好的图书馆。它藏有一万多部手稿，其中有几部是基督教改革运动历史的最重要的史料。

无聊当然就会滋生恶意中伤和流言蜚语。在沃尔芬布特尔城，因为曾当过艺术批评家、专栏作家和戏剧家的人很令人怀疑，莱辛很快就再次遇到了麻烦。这倒不是因为他做了什么事，而是因为他被模糊地认定干了什么事情，即：出版一系列攻击老路德神学派正统思想的文章。

这些布道（因为它们是布道）实际上是由一位前任汉堡教长写的，但是布朗斯威克大公爵对于在他的领地里开展一场宗教战争的前景深感恐慌，便命令他的图书馆管理员小心避开一切争论。莱辛满足了雇主的要求，却没有说会以戏剧的方式对待这个主题，于是莱辛开始利用戏剧形式重新评价他的思想。

脱胎于这场小镇纷争的戏剧名叫《智者南森》，这是一个非常古老的主题，我在本书的前面提到过。古典文学爱好者可以在薄伽丘《十日谈》中找到它，在那里它被称为《三个戒指的悲惨故事》。故事是这样的：

从前，一位穆斯林王子想从他的一位犹太臣民那里榨取一大笔钱，但是他没有什么合理的理由来剥夺这位可怜人的财产，于是就想出了一条计策。他派人把这个受害者找来，得体地恭维了一番他的学识和智慧之后，然后就问他，在三种传播最广的宗教——伊斯兰教、犹太教和基督教中，他认为哪一个最能代表真理？这位可敬的老人没有正面回答王子的问题，只是说："噢，伟大的苏丹，让我来讲一个小故事吧！从前，有一个非常富有的人，他有一个非常漂亮的戒指。他立下一个遗嘱，他死的时候，戒指戴在哪个儿子的手上，哪个儿子就继承他的全部财产。他的儿子也立了同样的遗嘱，孙子也这样做了，于是那枚戒指一代一代地传了好几百年，而且完好无损。但是最后传到一个有三个儿子的主人手上时，他对这三个儿子都喜爱，简直无法决定他们三个中哪一个应该拥有他的财产。于是他到金匠那里，让他做了两个和他手上的一模一样的戒指。在他临终之际，把三个孩子依次叫到床前，对每个人说了一些祝福的话，他们都认为自己得到了那个惟一的戒指。当一安葬完这位父亲，三个孩子都宣称自己是父亲的继承人，因为他们都有那枚戒指。这导致了许多争吵，最后这件事摆到了法官的面前。由于这三个戒指完全一样，连法官也不能确定哪个是真的，所以这个案件就被拖了下来，一直拖着，很可能要拖到世界的末日。阿门。"

莱辛用这个古老的民间故事来证明他的没有一种宗教可以垄断真理的信仰。人的内心世界被认为比表面上遵从某种规定的礼仪和教条更有价值，因此人们就应该友好互爱地相处，任何人也无权自诩为让别人崇拜的完美的偶像，说"我比其他任何人都好，因为惟有我掌握真理"。

然而这个在1778年颇受欢迎的思想，却不得小诸侯们的欢心。30年后，他们返回来抢救在大革命风暴中残存的财产。为了恢复他们丧失了的声望，他们不惜把土地交给警察管理，并期望那些依靠他们维持生计的牧师先生起到精神民兵的作用，帮助正规警察重建法律和秩序。

虽然这场纯粹的政治反动取得了完全成功，但按照50年前的模式重塑人们思想的企图以失败而告终。结果必然如此。事实上，各个国家大多数人都厌倦了革命和骚乱、议会和那些无益的讲演以及完全破坏了工商业的各种关税。他们需要和平，不惜任何代价的和平。他们想做生意，想坐在他们自家的客厅里喝咖啡，不再受到宿营在家里的士兵的打扰，不再被迫喝令人恶心的橡树汁。假使能享受到这样愉快的幸福生活，他们就宁愿容忍一些小小的不便，比如向戴有黄铜纽扣的人敬礼，在看到的每个皇家信箱前鞠躬，并称呼替官方打扫烟囱的人为"先生"。

但是这种谦卑顺从的态度是纯粹需要的结果。在经历了漫长的动荡岁月之后，需要有一个短暂的喘息时间。在那个动荡的年代，每天早晨都会出现新制服、新政治讲台、新治安条例和新的天上人间的统治者。然而，从这惯常的顺从的态度、从对上天指定的主人的欢呼中，就得出人们在心灵深处已经忘记了那些深深地打动过他们的思想和心灵的雷·格朗特军士的鼓动的新学说，那可就大错特错了。

他们的政府具有所有反动专制固有的道义上的玩世不恭，主要要求表面的循规蹈矩和秩序的伪装，毫不关心人们内心的精神生活，这样平民百姓就享有了很大程度的自主权利。星期天他们挟着一大本《圣经》去教堂，一周其余的时间便爱想什么就想什么。但他们必须管好自己的舌头，不公开个人的见解，发表观点之前要仔细查看一下房间，先要保证没有暗探藏在沙发底下或火炉后面。然后尽管他们可以兴致勃勃地谈论时事，但从经过充分检查、消毒的报纸上得知他们的统治者又采取了某种新的愚蠢措施以确保王国的和平，并想恢复公元 1600 年宗教时代的状态时，他们又会凄惨地摇摇头。

他们的统治者所做的，与自从公元元年以来所有对人性历史不甚了解的类似的统治者们在类似情况下所做的事情别无二致。这些统治者以为，当他们命令搬走人们站在上面发表了猛烈抨击政府的演讲的木桶时，就摧毁了言论自由。只要有可能，他们就把出言不逊的演说者送进监狱，从严判处（关上40年、50年或100年），使这些可怜的人享有了殉道者的崇高声誉。不过在许多情况下，这些人只不过是轻率浮躁的白痴，只读过一些他们根本理解不了的书和小册子而已。

　　以此为戒，其他的人都远离了公共游憩场，躲到阴暗的酒馆里或拥挤不堪的城市中的出租房里发牢骚，因为在这里是一些谨慎的听众，他们的影响比在公共讲台上所产生的危害大得多。

　　这个世界上没有什么比人更可怜了，神灵运用其智慧赋予某人一丁点儿权利，他就会时刻担心丧失自己的官方声望。一个国王可能会失去他的王位，可能对有趣地中断他枯燥无味的生活这样的不幸付之一笑。无论如何他是一个国王，不管是戴上男仆的褐色圆顶礼帽，还是戴上他祖父的王冠。然而对于一个三流小镇的镇长来说，一旦他被剥夺了官职头衔，就只是一位普通的比尔·史密斯，一个可笑的摆着臭架子的家伙，现在因陷入困境而遭到嘲笑。因此，谁要是胆敢接近这样一个一时得势的人而没有明显向他表示应有的尊敬和崇拜，灾难就会降临到他的头上。

　　但是对于那些不愿在市长面前停下来的人们，那些用学术巨著、地质手册、人类学、经济学来公开质疑现有秩序的人们，他们的遭遇就惨不忍睹了。

　　他们立即被耻辱地剥夺了生计，然后从他们传播有害的学说的镇子里被驱逐出去，留下来的妻子和儿女生活在邻居们的怜悯和同情之中。

这种反动精神的爆发给许多满怀诚挚之情、只想根除许多社会弊病的人带来很大不便。然而时间这个伟大的洗衣工，早就洗去了地方警察官能够在这些和善学者们的职业服装上找到的污迹。今天普鲁士的弗雷德里克·威廉国王能够被人记住，主要是因为他干预了伊曼纽尔·康德的学说，这个危险的激进分子教导说，我们行动的准则必须是值得化为普遍原则的，根据警方的报告，他的学说只能吸引"嘴上无毛的年轻人和无聊的胡言乱语者"。大公昆布兰之所以总是声名狼藉，是因为他当汉诺威的国王时，流放了一位名叫雅各布·格勒姆的人，这个人在一份《陛下非法地废除国家宪法》的抗议书上签过字。梅特涅也是一个臭名昭著的人，他把怀有戒备的疑心投向了音乐领域，曾审查过舒伯特的音乐。

可怜的古老的奥地利！

既然它已经消亡了，整个世界就对"快乐帝国"感到亲切，忘记了它曾经有过自己的积极的学术生活，有一些远胜于乡村集市上的物美价廉的酒、粗劣的雪茄，不亚于由约翰·施特劳斯本人作曲和指挥的迷人的华尔兹。

我们甚至可以进一步地说，在整个18世纪中，奥地利在宗教宽容思想发展方面起到了非常重要的作用。复辟时期刚过不久，新教徒马上在多瑙河和喀尔巴阡山脉之间的富裕省份找到一块肥沃的土地作为他们的据点。但是当鲁道夫二世当上皇帝时，这种情况就变了。

这位鲁道夫是西班牙菲利普的德国翻版，在他看来，一个统治者和异教徒签订的条约无足轻重。尽管鲁道夫是在耶稣会接受教育的，他却懒得不可救药，这倒使他的帝国免遭政策上剧烈变动之苦。

当费迪南被选为皇帝时，剧烈的政策变动就发生了。他之所以有资格当君主，主要是因为在哈布斯堡皇室中惟有他有好几个儿子。在他统治的初期还参观了著名的"天使报喜房"，1291年它被一群天使从拿撒勒整体移到达尔马提亚，接着又搬迁到意大利的中心。在宗教热情爆发之际，他发下可怕的誓言，要把他的国家变成一个百分之百的天主教国家。

他一直都按照他所说的那样做。1629年，天主教再一次被宣布为奥地利、施蒂里亚、波希米亚和西里西亚的官方惟一信仰。

在此期间，匈牙利通过联姻加入这个奇怪家族，每娶一个新妻子就从欧洲获得大量的地产，并采取措施把新教徒从马扎尔人聚居地赶出去。但是，在惟一神教派教徒的特兰西瓦尼亚人和异教徒的土耳其人的支持下，匈牙利的独立得以保持到18世纪的后半叶，到那时奥地利自身也发生了巨大变化。

哈布斯堡王室是教会的忠诚的子民，但是最后就连他们这些懒得动脑筋的人也逐渐厌烦了对他们的事务的不断干涉，于是他们冒险在政策上对抗了一次罗马的意愿。

在本书的前面我已经讲过，有许多中世纪的天主教徒认为教会的组织体制是完全错误的。而批评家辩论道，在殉道者的时代，教会是由年长者和主教管理的真正的民主机构，这些人是经全体教区居民同意而任命的。他们乐意承认罗马主教有权在教会事务会中占有特殊地位，因为他宣称是圣徒彼得的直接继承人。然而他们坚决主张这种权力纯粹是荣誉性的，因此教皇永不应该将自己视为高于其他主教，也不应该试图把他的影响扩大到其辖区以外。

教皇这方面则利用所有的训令、诅咒、随意逐出教会的手段来对付这种思想，有好几个勇敢的改革者为他们大胆地鼓吹教权下放付出了生命的代价。

这个问题一直没有得到明确解决，后来到了 18 世纪中期，这种思想被有钱有势的特利尔主教的代理主教再次复活了。他的名字叫约翰·冯·霍塞姆，他以拉丁文的笔名弗布朗纽斯而闻名。他充分享受了自由思想的教育。在卢万大学学习几年以后，他暂时离开家人去了莱顿大学。他到达那里时，正值纯加尔文主义的老城堡开始被怀疑有自由倾向。当法律学院的教授杰勒·诺特得到获准进入神学界、并被准许发表吹捧宗教宽容的理想的讲演时，就到了将这种怀疑公开定罪的时候了。

至少可以说，诺特的推理方法是巧妙的。

"上帝是万能的，"他如是说，"他能够制定出某些无论什么时间什么情况下都适用于所有人的科学定律；如果上帝想这样做，他就可以很容易地引导人们在宗教问题上具有相同的思想。我们知道上帝并没有这样做。因此，如果我们用武力迫使他人相信我们自己掌握的是真理，那么我们的行为就违背了上帝的特殊旨意。"

很难说霍塞姆是否直接受到了诺特的影响。但是从霍塞姆的那些体现了他后来在主教权限和罗马教皇分权问题上发展了自己思想的著作中，能够找到同样的伊拉斯谟理性主义精神的东西。

果然不出所料，他的书立即受到了罗马（在 1764 年 2 月）的谴责。但这碰巧符合了玛丽亚·特丽萨的利益，因而她支持了霍塞姆，使得他发起的这场被称为费布罗尼主义或主教派主义的运动继续在奥地利繁荣起来，最后实际形成了《宽容特许状》，玛丽亚·特丽萨的儿子约瑟夫二世在 1781 年 10 月 3 日把它赐予了自己的臣民。

约瑟夫与他母亲的大敌、普鲁士的腓特烈有一点相同，那就是具有在错误时刻做出正确事情的奇妙天赋。最近的 200 年里，奥地利的大人都采用要是不马上睡觉、新教徒就把他领走的恐吓办法哄孩子睡觉。要求这样长大的孩子今后把周围的新教徒（就他们知道的新教徒的样子是长着角和一条又黑又长的尾巴的人）当做他们亲爱的兄弟姐妹对待是根本不可能的。同样，可怜、诚实、勤奋、易犯错误的约瑟夫的周围总是围绕着一群享有主教、红衣主教和女执事一样高薪厚禄的伯父、伯母和表兄妹，因此他这种突如其来的勇气很值得称赞。他是第一个敢于将宽容作为实用而可行的治国方略提出来的天主教统治者。

他三个月以后所做的事更令人震惊。在 1782 年 2 月 2 日，他颁布了关于犹太人的著名法令，把新教徒和天主教徒享有的自由扩展到那些获准与他们的基督邻居呼吸同样空气的犹太人身上，至此他们才感到自己是幸运的犹太人。

我们应该就此搁笔，让读者们相信这项好的工作还在继续，奥地利现在变成了那些希望只受自己的良心支配的人们的天堂。

我希望这是真的。约瑟夫和他的几位大臣可能在常识上突然有了一个提高，但是奥地利的农民自古以来就一直接受这样的教育，犹太人是他们的天敌，新教徒是叛逆者和背教者，所以他们不可能克服曾告诉他们将犹太人和新教徒视为天敌的根深蒂固的偏见。

这个卓越的《宽容法令》已经颁布一个半世纪了，可是那些不属于天主教会的人所处的地位仍然和 16 世纪一样不利。从理论上说，一个犹太人或一个新教徒可以指望当首相或被任命为军队总司令。但实际上，对于他们来说，被邀请与为皇帝擦皮鞋的仆人吃一顿饭都不可能。

关于这份纸上的法令就讲这么多吧。

第二十九章　汤姆·佩因

在某个地方流传着一首诗，它的大意是，上帝在神秘地活动，在创造奇迹。

对于那些研究过大西洋沿海地区历史的人来说，这种描述的真实性是极其明显的。

在 17 世纪的上半叶，美洲大陆北部仍然住着一些虔诚地信仰《旧约》理想的人，不了解内情的参观者可能会把他们当做摩西的信徒而不是基督的信徒。浩瀚的寒冷的波涛汹涌的大海把这片土地与欧洲隔开了，这些开拓者在这里建起了一种恐怖的精神统治，并且在对马瑟家族的大规模政治迫害中达到了顶点。

现在乍一看，要那两位值得尊敬的绅士以任何一种方式对这种宽容倾向负责似乎是不可能的，而这种宽容倾向在英国与前殖民地之间的敌对情绪爆发前的《美国宪法》和其他许多文件里讲得非常明白。然而这是毋庸置疑的，17 世纪的镇压是如此可怕，以至于必然引起比较有利于自由思想的强烈的反作用。

这并不是说，所有的殖民主义者都突然派人去收集索兹尼的著作，不再用罪恶之地和罪恶之城的故事来吓唬小孩子了。但是他们的领袖几乎无一例外的都是新思想党派的代表，运用其才能和机智，将他们自己的宽容思想注入羊皮宣言中，新的独立民族的大厦就要在这上面建立起来了。

　　如果他们被迫对付一个统一的国家，那么就不会这么成功。但是在美洲的北部建立殖民地一直是非常复杂的。瑞士路德派的人开拓了一片土地，法国运来了一些胡格诺教徒，荷兰的阿米尼教徒占领了大片土地，而此时英国的各个宗派则一直试图在哈德逊湾和墨西哥湾之间的荒野中找到自己的一方小天堂。

　　这有助于各种宗教的发展，并使得不同宗教之间得到很好的平衡，在这样一些移民区里，一种最原始的初级的相互容忍的形式强加于人们的身上，而在一般情况下，人们一刻也不会停止互相残杀。

　　对于那些靠坐收渔翁之利获得成功的可敬的绅士来说，这种发展是极不受欢迎的。在新的仁慈精神出现许多年之后，他们继续为维护旧的正直理想而斗争。虽然他们几乎一无所获，却成功地使许多年轻人疏远了一种信条，这种信条似乎借用了更野蛮的印第安邻居的仁慈善良的概念。

　　对美国来说，在这场长期的争取自由的斗争中，首当其冲的是为数不多的勇敢的持异见者。

　　思想轻灵地传播着，甚至一只小小的 80 吨重的双桅杆纵帆船就可以载来使整个大陆天翻地覆的新观念。18 世纪的美国殖民开拓者没有什么雕塑和大钢琴，却不缺乏书籍。13 个殖民区中的有识之士开始懂得，这个大世界存在着骚动不安的因素，这在星期日的布道中从未听到过。那时的书商成了他们的先知。他们虽然没有正式脱离已有的教会，表面的生活方式也几乎没有什么改变。但是时机一到，他们就表示自己是那个拒绝迫害惟一神教教徒的特兰西瓦尼亚老王储最忠实的信徒，理由是因为上帝已经明确给自己保留了做三件事的权力："能够从无中创造出有；知道未来；支配人的良知。"

当需要制定一个指导未来国家的具体的政治和社会纲领时，这些勇敢的爱国者就将自己的思想具体地写进了文件里，把理想置于舆论的高级法庭面前。

如果弗吉尼亚善良的公民知道他们满怀敬意聆听的一些讲演是由不共戴天的敌人即持有自由思想的人直接授意的，他们无疑会感到十分可怕。然而他们的最成功的政治家托马斯·杰斐逊本人就是一个持极端自由观点的人，当他说宗教只能通过讲道理和劝服，而不能通过武力或暴力来管理时，当他又说所有的人都享有同等权利根据自己的良知支配自由信仰宗教时，他只是在重复以前伏尔泰、拜勒、斯宾诺莎和伊拉斯谟的思想和作品而已。

后来美国的叛逆者听到如下邪说："在美国不应将宣布信仰作为获得公职的条件"或"国会不应制定与宗教的建立相关的或者禁止自由信仰的法律"时，他们默许并接受了。

就这样，美国成为第一个宗教与政治明确分离的国家，成为第一个竞选公职的候选人在接受提名前不必出示他的主日学校毕业证的国家，成为第一个在法律上人民可以自由信仰或不信仰宗教的国家。

然而这里正如在奥地利一样（或就此而言，其他地方也一样），普通百姓远远落后于他们的领袖，领袖们稍微有一点偏离常规，老百姓就跟不上步伐了。许多州不仅继续对不属于主要宗教信徒的百姓施加限制，而且纽约、波士顿和费城的公民们仍然对那些持不同观点的人抱着不宽容的态度，好像他们从未读过一行他们自己的宪法一样。对于汤姆·佩因来说，此后所有这一切都降临到他的头上。

汤姆·佩因为美国的事业做出了巨大的贡献。

他是美国独立战争的宣传员。

他生于英国，职业是水手，在天性和后天上都是个叛逆者。他访问各移民区的时候已经40岁了。他访问伦敦时，遇见了本杰明·富兰克林，并接受了"到西方去"的不错的建议。1774年，他带着本杰明为他写的介绍信，启航驶往费城，帮助富兰克林的女婿理查德·贝奇创办了杂志《费城公报》。

汤姆是个资深的业余政治家，他很快就发现自己卷进了那些考验人的灵魂的大事件之中。他拥有非凡的思路清晰的头脑，他掌握了许多美国人不满情绪的凌乱材料，将它们收集成一本小册子，篇幅短小，内容亲切。小册子完全运用"常识"，使人们信服美国的事业是正义的，值得所有的忠诚爱国者衷心合作。

这本小册子很快设法传到英国，传到欧洲大陆，使许多人有生以来第一次知道有这样一个"美国民族"，这个民族完全有权利向母国开战，并且这也是他们的神圣职责。

独立战争刚一结束，佩因就回到欧洲，告诉英国人民他所看到的他们生活之下的那个政府的种种愚蠢行为。那时塞纳河沿岸正发生着可怕的事情，可敬的英国人开始满怀疑虑地注视着海峡对岸的情况。

一个叫埃德蒙·伯克的人刚刚发表了他惊慌失措写成的《法国

革命反思录》。佩因立即用《人权论》的强烈抗议予以回击，结果英国政府下令以最高罪叛国罪审判他。

与此同时，他的法国崇拜者将他选进了国会。一个法文单词也不懂的佩因是一个乐观主义者，他接受了这项殊荣，去了巴黎。他一直住在那，直到受到罗伯斯庇尔怀疑为止。佩因知道自己随时有可能被捕或被斩首，就急忙完成了包含他的人生哲学的一本书。这本书叫《理性时代》，第一部分是在他刚要被关进监狱时发表的；第二部分是他在狱中花了十个月的时间写成的。

佩因认为，真正的宗教——他称之为"人性的宗教"，有两个敌人，一个是无神论，另一个是盲信。但是当他将这种思想表述出来时，受到了人们的攻击。他于1802年返回美国时，受到人们极度的和无情的仇视，他背负着"肮脏可鄙的无神论者"的名声，一直到他死后的一个多世纪。

什么也没有在他身上发生倒是真的，他既没有被绞死、烧死，也没有遭车轮分尸，只是周围的人都躲着他。当他鼓足勇气走出家门时，受到怂恿的孩子们就向他吐舌头。他去世的时候已经变成令人怨恨而被遗忘的人。他通过撰写反对独立战争中其他英雄人物的

汤姆·佩因

愚蠢的政治短文，作为报复的方式。

对于一个壮丽的开端来说，这似乎是最不幸的结局。

但这是过去两千年的历史中不断发生的典型事情。

公众的不宽容刚一发泄完自己的愤怒，个人的不宽容就又开始了。

官方死刑刚告终止，私刑处死就问世了。

第三十章　最近一百年

如果在 12 年前写这本书，那会相当容易。那时"不宽容"一词在大多数人的思想中，几乎完全等于"宗教不宽容"的概念，历史学家写"某某人是一个宽容的斗士"，大家一般都认为他毕生都在与教会的弊病和职业教士的暴虐做斗争。

然后爆发了第一次世界大战。

世界发生了许多变化。

相反，我们得到的不是一种不宽容的制度，而是十几种。

我们得到的不是人施于其同伴的一种形式的残酷，而是一百种。

社会刚开始摆脱宗教偏执的恐怖，又不得不忍受无数更痛苦的可鄙的种族不宽容、社会不宽容以及许多不足挂齿的不宽容，对于它们的存在，十年前的人们甚至都没有想到过。

对于许多直到最近还生活在愉快的幻想之中的善良的人们来

说，这似乎太可怕了：竟然认为发展是一种自动时针，只要他们偶尔认可一下，就不要再上发条了。

他们悲哀地摇着头，低声嘟哝着"虚荣，虚荣，一切都是虚荣"。他们抱怨体现人类固执本性的令人讨厌的事情，人类一直不断地经受逆境，却总是不愿从中吸取教训。

直至完全绝望的时候，他们才加入到迅速壮大的精神失败主义者的队伍中，依附于这个或那个宗教机构（他们把自己的负担转移到别人身上），用最令人悲哀的语调承认自己已精疲力竭了，从此以后从所有社会事务中退出来。

我不喜欢这种人。

他们不只是懦夫。

他们是人类未来的背叛者。

到目前为止，一切顺利。然而解决的办法是什么呢？是否有解决的办法呢？

我们要对自己诚实。

没有解决的办法。

至少从当今世界来看，还没有解决的办法。人们寻求能立即见效的方法，并希望借助于数学或医药公式，或"国会的法案"，迅速而又轻松地解决这个世界上的所有难题。但是我们这些习惯用发展的眼光看待历史，并且知道文明不会随着 20 世纪开始而开始、消亡而消亡的人，倒觉得还有些希望。

现在我们听到的这么多关于绝望的恶性循环的言论（如"人类总是那个样子"，"人类将一直是那个样子"），都是不存在的。

这是一种错觉。

进步之路经常被阻断，但是我们如果将所有情感上的偏见置于一旁，对两万年来的历史作一个理智的评价（就这段历史来说，我们或多或少掌握了一些具体的材料），我们会注意到一个毋庸置疑的事实，发展虽然缓慢，事情却总是从几乎无法形容的残忍和粗野的状态向更高尚更完善的无限广阔的前景发展，即使是世界大战的可怕错误也不能动摇这一点，这是千真万确的。

人类具有难以置信的旺盛生命力。

它比神学的生命力更强。

在一定的时候，它将比工业主义生存得更久远。

它经历了霍乱和瘟疫、高压监禁和清教徒法规。

它将学会怎样克服许多困扰当代人的精神罪恶。

历史谨慎地揭示了自己的秘密，至此给我们上了重大的一课。

人可以亲手创造东西，也可以亲手将它毁灭。

这是一个勇气的问题，仅次于勇气的是教育。

当然这听起来像是陈词滥调。最近一百年来，"教育"一词灌满了我们的耳朵，我们对这个词深恶痛绝。这不禁使我们向往过去，那时的人们既不会读也不会写，只用多余的精力进行偶尔的独立思考。

我这里说的"教育"，不是指纯粹的知识积累，而是被看成现代孩子们必需的精神稳定因素。而且，我认为，对现实的真正理解源于对过去的宽厚的了解。

在这本书中我力图证明，不宽容仅仅是民众自卫本能的一种表现。

一群狼不容忍一只与众不同的狼（或弱或强），总是要想方设法除掉这个令它们不舒服的和不受欢迎的伙伴。

在一个吃人的部落里，要是谁的癖性可能会激起上帝的愤怒，给整个村庄带来灾难，部落就不会容忍这样的人，并残忍地把他（或她）赶到荒野中。

希腊联邦几乎不可能允许一个胆敢向这个社会赖以成功生存的基础提出质疑的公民生活在它的神圣国度里，在一次可悲的不宽容爆发中，一位敢于冒犯的哲学家被仁慈地判处饮毒而死。

古罗马如果允许一小撮本意善良的狂热者玩弄自从罗慕路斯时代以来就一直被认为是不可缺少的某些法律，那它就不可能有希望生存下去，因而它只得违背自己的意愿去做不宽容的事情，而这完全背离了它的传统的自由政策。

教会实际上是这个古老帝国领域内的精神继承人，它完全依赖于它的最恭顺的臣民的绝对服从而生存，因而它被迫走向镇压与凶残的极端，致使许多人宁愿忍受土耳其人的残酷，也不愿意要基督教的慈悲。

陷入重重困难之中的反对神权专制的伟大斗士，如果对所有的精神革新和科学试验表示不宽容，并借着"改革"的名义犯了（或者更确切地说试图犯）与敌人同样的错误，——正是这些错误才使敌人失去了权力和势力，那么也只能维持其统治而已。

多少个时代过去了，生命本来是一场壮丽的冒险，却变成了可

怕的经历，所有这一切都是因为迄今为止人类的生存完全为恐惧所
笼罩。

关于恐惧，我再重复一遍，它是所有不宽容的起因。

无论采取什么形式和类型的迫害，都是因恐惧导致的，它的强
烈程度可以从树起绞刑架的人和把木柴扔向火葬柴堆的人的极端痛
苦中得到淋漓尽致的体现。

我们一旦认清这个事实，问题马上就有了解决的办法。

当人们不受恐惧影响的时候，是非常倾向于正义和公正的。

迄今为止，人们很少有机会实践这两种美德。

但是我无论如何也看不到这两种美德得到更好的实践了，这是
人类发展的必然阶段。人类是年轻的，几乎是荒唐可笑的年轻。要
求在几千年前才开始独立生活的人类这种特殊的哺乳动物具备这些
只有随着年龄和经验的增长才能获得的美德，似乎既不合理，也不
公正。

而且，它会使我们的思想观点带有偏见。

它会使我们在应该有耐心的时候感到烦躁。

它会使我们在应该表示怜悯的时候却说出一些尖酸刻薄的话来。

像这样在一本书写到最后几章时，总是有一种巨大的诱惑力，
那就是扮演不幸的预言家的角色，不遗余力地进行一些业余的说教。

上天不允许这样做。

生命是短暂的，而布道却是冗长的。

一百个单词表达不了的东西，最好什么也别说。

我们的历史学家为一个重大错误而深感内疚。他们谈论史前时代，他们告诉我们希腊和罗马的黄金时代，他们胡扯了一段假设的黑暗时期，他们创作了歌颂十倍于当代的辉煌的狂想曲。

如果这些博学的先生们偶然发现人类的某些特性看起来不适合他们如此巧妙组成的画面，他们就会谦卑地说几句道歉话，低声嘟哝着，这些不良的品质是我们的过去不幸和野蛮的产物，在一定的时候这一切都会消失，就像公共马车让位于火车一样。

这一切听起来很不错，但不是真实的。它可以满足我们自认为是时代继承人的自尊。如果我们知道自己是什么人——是住在山洞里的现代人，是叼着香烟、开着福特汽车的新石器时代的人，是乘着电梯回家的穴居人——那对我们的精神健康倒更好些。

到那时，也只有到那时，我们才能向那个还隐藏在无边的未来山脊背后的目标迈出第一步。

只要这个世界还笼罩在恐惧之中，谈论黄金时代，谈论现代和发展，纯粹是浪费时间。

只要不宽容是我们的自我保护法则中必不可少的组成部分，要求宽容就是犯罪。

当像屠杀无辜的俘虏、烧死寡妇和盲目崇拜一纸印刷文字这样的不宽容成为虚构的故事时，宽容的时代就到来了。

这可能需要一万年，也可能需要十万年。

但是，这一天一定会到来，它将紧随人类获得的第一个真正的胜利——人类克服自身恐惧的胜利而到来，历史将会作证。

《国民阅读经典》（平装）书目

论语译注　杨伯峻译注

诗经译注　周振甫译注

楚辞译注　李山译注

孟子译注　杨伯峻译注

庄子浅注　曹础基译注

周易译注　周振甫译注

山海经译注　韩高年译注

大学中庸译注　王文锦译注

战国策译注　　王延栋译注

道德经讲义　王孺童讲解

金刚经·心经释义　王孺童译注

人间词话（附手稿）　王国维著　徐调孚校注

唐诗三百首　蘅塘退士编选　张忠纲评注

宋词三百首　上彊村民编选　刘乃昌评注

元曲三百首　吕玉华评注

诗词格律　王力著

经典常谈　朱自清著

毛泽东诗词欣赏（插图本）　周振甫著

三国史话　吕思勉著

中国史纲　张荫麟著

中国近百年政治史　李剑农著

中国近代史　蒋廷黻著

乡土中国　费孝通著

朝花夕拾　鲁迅原著　周作人解说　止庵编订

中国哲学史大纲　胡适著

中国哲学简史　冯友兰著

东西文化及其哲学　梁漱溟著

世界美术名作二十讲　傅雷著

谈修养　朱光潜著

谈美书简　给青年的十二封信　朱光潜著

查拉图斯特拉如是说　［德］尼采著　黄敬甫、李柳明译

蒙田随笔　［法］蒙田著　马振聘译

宽容　［美］房龙著　刘成勇译

希腊神话　［俄］尼·库恩著　荣洁、赵为译

物种起源 ［英］达尔文著 谢蕴贞译

圣经的故事 ［美］房龙著 张稷译

人类群星闪耀时 ［奥地利］茨威格著 梁锡江、段小梅译

梦的解析 ［奥地利］弗洛伊德著 高申春译 车文博审订

菊与刀 ［美］鲁思·本尼迪克特著 胡新梅译

沉思录 ［古罗马］马可·奥勒留著 何怀宏译

理想国 ［古希腊］柏拉图著 刘国伟译

国富论 ［英］亚当·斯密著 谢祖钧译

名人传（新译新注彩插本） ［法］罗曼·罗兰著 孙凯译

拿破仑传 ［德］埃米尔·路德维希著 梁锡江、石见穿、龚艳译

君主论 ［意］马基雅维利著 吕健忠译

新月集 飞鸟集 ［印度］泰戈尔著 郑振铎译

论美国的民主 ［法］托克维尔著 周明圣译

旧制度与大革命 ［法］托克维尔著 高望译